Mille

LOUIS CROS

L'ARGENTINE POUR TOUS

Comment aller ✦ ✦ ✦ Que faire en Argentine

130000 FRANÇAIS Y SONT DÉJA

LIVRE DU COMMERÇANT — DE L'INDUSTRIEL
DU CULTIVATEUR — DE L'INGÉNIEUR
DU PROFESSEUR — DE L'EMPLOYÉ
DU CAPITALISTE — DE L'OUVRIER
LE LIVRE DE TOUS — LE LIVRE POUR TOUS
LA FEMME FRANÇAISE EN ARGENTINE

DESSINS — CARTES — DIAGRAMMES

Albin MICHEL, Éditeur
22, Rue Huyghens, 22
PARIS

L'ARGENTINE POUR TOUS

LOUIS CROS

L'Argentine

pour tous

PARIS

ALBIN MICHEL, ÉDITEUR

22, Rue Huyghens, 22

« Sois tel que tu dois être... Tu travailleras
à réaliser ton destin et celui de ta race. »

VOLTURARA.

« Les richesses du sol ne se donnent qu'à
ceux qui se baissent pour les recueillir. »

DEHÉRAIN.

AVERTISSEMENT

La lecture d'un livre de cette nature, qui doit sa substance aux faits généraux d'ordre économique, ne peut devenir immédiatement profitable qu'à l'aide d'un plan de comparaison. Où le lecteur — par ailleurs accablé d'autres soucis — le prendrait-il? J'ai donc, partout où ce contact était possible, rapproché le développement des régions argentines du développement des colonies françaises, puisque les unes et les autres sont, au même titre, des terres d'immigration et d'exploitation où l'intelligence, la technique, l'argent et les bras sont sollicités en vue d'activités identiques. Il m'a semblé que, grâce à ce dispositif favorable au jugement et à la décision, le lecteur pouvait sans effort aller du connu à l'inconnu et, en quelque sorte, regarder chez le voisin tout en demeurant chez lui. Pour que cet avantage subsiste entièrement j'ai, dans toute la mesure compatible avec le genre du sujet exposé, évité les statistiques rébarbatives et traduit le plus souvent les chiffres en expressions immédiatement compréhensibles empruntées à des éléments faciles de comparaison que viennent renforcer des gravures parlantes. En somme, dans une matière toute de réalités l'importance devait aller aux faits concrets pour permettre d'atteindre à des buts positifs.

C'est vers quoi j'ai orienté cette étude afin que simplement, sobrement, sans longueur et sans littérature, elle se résume en un livre utile.

L. C.

L'Argentine pour tous

PREMIÈRE PARTIE

CHAPITRE I

Où vont les Français ?

Le Français se déplace puisqu'on le rencontre sur tous les points du globe que ce soit en face, au Maroc, ou à 20,000 kilomètres des boulevards, aux Nouvelles-Hébrides.

Allez en Chine, à Cuba, en Australie ou au Cap. Allez à Tombouctou si cela vous chante, un Français au moins s'y rencontre pour vous y accueillir.

Serait-il mû par la bougeotte et le tracassin? Obéit-il à d'instinctives facultés ambulatoires? Est-il poussé par des fatalités ataviques cet homme qui s'est promené avec ses drapeaux de Pékin à Mexico et de Berlin à Madagascar? On le pourrait croire et pourtant les chiffres disent le contraire.

A la veille de la guerre — année 1912 — voici comment se présentait la répartition des Français dans les pays d'Europe, d'Afrique, d'Asie, des deux Amériques et de l'Océanie.

NATIONS	NOMBRE DE FRANÇAIS
Belgique	80.000
Suisse	64.000
Grande-Bretagne	32.000
Espagne	20.000
Allemagne	19.000
Russie d'Europe	12.000
Iles anglo-normandes	8.500
Monaco	8.500
Italie	8.000
Autriche-Hongrie	4.000
Turquie d'Europe	3.700
Pays-Bas	2.700
Luxembourg	2.100
Portugal	1.800
Grèce et îles	800
Roumanie	700
Danemark	400
Serbie	300
Bulgarie	200
Norvège	200
Malte	70
Suède	60
Finlande	50
Monténégro	10

Ainsi donc, nous avions entre 10 et 80.000 représentants dans les nations de l'Europe.

La guerre a bouleversé ce tableau au point qu'à l'heure actuelle nous pouvons le tenir pour inexistant. Mais il comporte un enseignement et c'est dans la valeur des zones d'attraction. Il sera, par exemple, toujours vrai de dire que les Français se rendront de préférence en Belgique qu'au Monténégro et que la Suisse les attirera avec plus de force que la Finlande.

D'autre part, l'extension ou la réduction territoriales de certaines nations résultant du fait de la guerre, de même que les sympathies nées de communes alliances peuvent modifier les courants migrateurs. Il va de soi qu'en ce qui nous concerne, la Pologne, la Roumanie, la Serbie et les jeunes nationalités nées à l'indépendance constitueront autant de terrains propices à recevoir nos représentants du commerce et de l'industrie. La politique d'affaires aura fort à s'occuper dans ces régions pour y contre-balancer l'activité allemande que l'on sent décidée aux luttes économiques les plus dures.

Mais, ramassons les chiffres. Nous trouvons qu'à la veille de la guerre 269.000 Français étaient fixés en Europe.

La fermeté démographique avec laquelle nos compatriotes se cramponnent aux frontières de la France (Belgique, Suisse, Espagne) indique suffisamment qu'ils éprouvent généralement quelque peine à s'en séparer. C'est tout à l'éloge du « plus beau royaume sous le ciel », mais c'est incontestablement regrettable pour le développement de l'influence française qu'il s'agit, cette fois, de répandre sans aucune mesure restrictive.

Quittons l'Europe.

Dans les colonies françaises et pays de protectorat on constate le nombre de Français suivant :

Afrique du Nord (Algérie-Tunisie-Maroc)........	730.000
Afrique (autres colonies)......................	29.000
Asie..	22.000
Amérique..	50.000
Océanie...	19.500

Tout cela ne donne pas un total bien considérable quand on considère que certaines de nos colonies sont tri-centenaires et que la superficie d'essaimage s'étend sur 11 millions de kilomètres carrés, place suffisante pour y caser vingt-deux fois la France !

Si nous passons *à l'étranger* les chiffres seront autrement suggestifs :

NOMBRE DE FRANÇAIS FIXÉS EN AFRIQUE

Egypte	11.500
Maroc espagnol et Tanger	2.500
Union sud-africaine	1.500
Ile Maurice	1.200

Encore ici c'est la partie nord-africaine qui l'emporte. Le pourcentage de l'île Maurice, ancienne *île de France*[1], s'explique par la survivance de notre langue et les relations que les familles de souche française ont conservées avec la métropole.

NOMBRE DE FRANÇAIS FIXÉS EN OCÉANIE

Australie	3.000
Nouvelle-Zélande	700

On comprend moins le déracinement de nos nationaux en faveur de ces terres australes quand, à quelques encablures, la Nouvelle-Calédonie et les établissements français de l'Océanie les sollicitaient de toute la puissance de leur sol et sous-sol, prodigieusement favorisés en ressources agricoles et minières.

---

1. L'île nous a appartenu de 1710 à 1810.

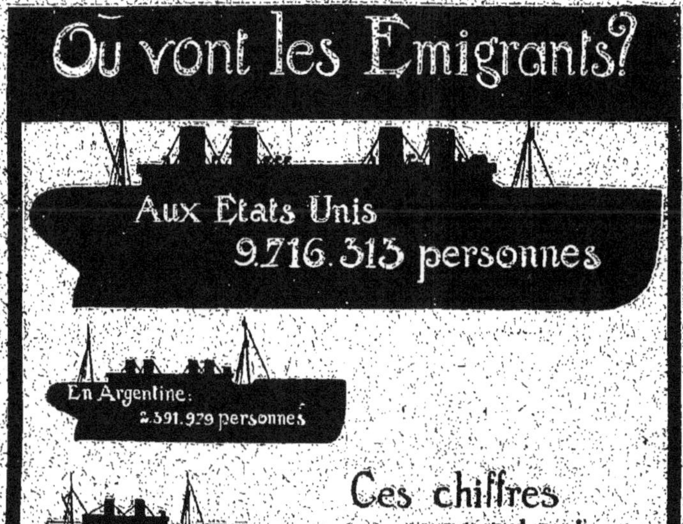

Où vont les Emigrants?
Aux Etats Unis
9.716.313 personnes
En Argentine:
2.391.979 personnes
Au Canada:
1.428.970 personnes
Au Brésil
1.033.415 personnes
A Cuba
557.232 personnes
En Uruguay
83.682 personnes
Ces chiffres se rapportent à la période 1904-1913
A destination de ces 6 pays seulement les hommes ayant quitté l'Europe
sont donc plus de 15 millions!

NOMBRE DE FRANÇAIS FIXÉS EN ASIE

Turquie d'Asie...................................... 4.600
Chine... 3.000
Indes britanniques................................. 1.000
Russie d'Asie...................................... 500
Japon.. 500

Le même phénomène s'observe. Les abords du bassin méditerranéen emportent les préférences. En ce qui concerne la Chine, la presque totalité du bloc français se rencontre à Pékin.

On peut prévoir que les modifications apportées à la carte de la Turquie d'Asie vont amener une recrudescence de l'élément français vers les régions séculairement favorables à notre influence[1]. Il est à peine besoin de rappeler la situation traditionnelle que nous occupons en Syrie.

Franchissons l'Atlantique, nous allons découvrir les deux grandes courbes dessinées par l'émigration française contemporaine.

NOMBRE DE FRANÇAIS FIXÉS DANS L'AMÉRIQUE DU NORD

États-Unis... 125.000
Canada... 25.000
Mexique.. 4.000
Cuba... 2.300
Antilles anglaises................................. 2.000
Haïti.. 1.000

---

1. On ignore généralement que la France ne déclara pas la guerre à la Turquie et que celle-ci n'usa d'aucun ultimatum envers la France.

Le tableau a subitement changé et nous surprenons sur une ligne mitoyenne (États-Unis et Canada) un noyau de 150.000 de nos nationaux. Ne nous pressons pas de conclure. Ces 125.000 Français, présents aux États-Unis en qualité *d'étrangers*, sont terriblement handicapés par les étrangers d'origine européenne qui les entourent. Qu'on en juge.

Pour 125.000 Français on comptait en 1910 :

2.500.000 *Britanniques.*
2.500.000 *Allemands.*
1.750.000 *Russes-Finlandais.*
1.670.000 *Austro-Hongrois.*
1.340.000 *Italiens.*

Ainsi donc on peut dire de notre nombre qu'il est une infime fraction des 10 millions en chiffres ronds attestés par cinq seulement des nations européennes. Autrement dit, pour un *étranger* d'origine française rencontré aux États-Unis on constate 80 sujets d'origine britannique, allemande, russe, autrichienne ou italienne. L'écart est formidable.

Il n'est pas question ici des nationalités absorbées dont la masse constitue le peuple américain, mais simplement de *l'étranger résidant.*

La même observation s'applique au Canada dont le noyau fondamental est français et qui comporte — rapprochement curieux — la même population que l'Argentine. Nous ferons, par la suite, à ce sujet d'utiles comparaisons. Franchissons l'Amérique centrale pour arriver aux régions qui nous retiendront plus particulièrement.

NOMBRE DE FRANÇAIS FIXÉS DANS L'AMÉRIQUE DU SUD

Argentine	105.000
Brésil	25.000
Chili	20.000
Uruguay	9.500
Paraguay	1.500
Pérou	1.100

Ici, un nouveau pôle d'attraction nous est révélé. C'est la *République Argentine*, et nous la garderons comme objet de cette étude.

Toutefois, il est essentiel de nous placer, une fois pour toutes, devant notre situation démographique. Je la rappelle.

De ce qui précède, on compte environ 600.000 Français *résidant* dans les pays étrangers et 850.000 dans les colonies et protectorats français. Au total, 1.450.000 Français vivent *hors de France*.

Dans la métropole même, d'après le dénombrement du 5 mars 1911, il y avait 38.467.000 Français et 1.133.000 *étrangers*. Le nombre des Français répartis dans le monde entier est donc de 39.950.000 [1].

Mais, retenons surtout ces chiffres d'avant-guerre :

Français en dehors de France	1.450.000
Étrangers en France	1.133.000 [2]

---

1. Le dernier recensement fait en France date de 1911.

2. Il convient d'ajouter que, pendant la guerre, les étrangers, en nombre pourtant réduit du fait des circonstances, n'ont pas toujours eu une conduite entièrement irréprochable. En une seule année (1918), 3.811 furent expulsés par décisions ministérielles et 481 par décisions préfectorales. En outre, 15.839 étrangers furent condamnés par les divers tribunaux. Enfin 103 individus furent expulsés par application de l'article 272 du code pénal.

Encore une fois, l'effroyable conflit en mobilisant toutes les classes, jeunes et vieilles, des résidants de France, des colonies, des protectorats et de l'étranger a complètement bouleversé, sinon détruit, toute cette arithmétique de nos mouvements migratoires.

Seuls les plans de comparaison subsistent. Les valeurs ont disparu. Il ne s'en suit pas cependant que nous devons dédaigner les enseignements qui se dégagent des tableaux antérieurement établis.

Ils sont significatifs.

125.000 Français aux États-Unis et 105.000 dans l'Argentine dessinent deux routes que les événements ont temporairement dissimulées mais non supprimées.

L'émigration française va à l'ouest. C'est normal. Tous les grands déplacements ethniques — comme d'ailleurs toutes les grandes invasions — se font vers l'ouest.

Nous savons maintenant que les Amériques Nord et Sud gardent nos préférences. C'est une première constatation. L'occasion ne nous manquera pas d'en faire d'autres.

CHAPITRE II

L'émigrant va au rail.

Pourquoi les Amériques? Probablement parce que, pour travailler, il faut des outils et que les Amériques sont outillées alors que les colonies françaises de peuplement ne le sont pas.

Nous sommes en Algérie depuis quatre-vingt-huit ans et nous y relevons, en 1912, 3.341 kilomètres de voies ferrées.

Nous sommes en Tunisie depuis trente-sept ans et nous y relevons, en 1912, 1.626 kilomètres de voies ferrées.

Nous sommes officiellement établis au Maroc depuis sept années[1]. Aucun chemin de fer à voie normale n'y existe[2].

Nous sommes à la Martinique depuis bientôt trois siècles. Routes impraticables.

Nous sommes à la Guadeloupe depuis Louis XIV. Aucune voie ferrée, et mauvais chemins.

Nous sommes à la Guyane depuis Henri IV, et je ne crois pas qu'il existe au monde une région aurifère plus colossalement riche. Les routes sont inexistantes et, pour desservir ce territoire aux dimensions de 400 kilomètres × 320 kilomètres, nous ne disposons que d'un tortillard archaïque allant de Saint-Laurent à Saint-Jean, distance 12 kilomètres! Et remarquez

---

1. Reconnaissance officielle du Protectorat, 30 mars 1912.

2. Il est vrai de dire que les clauses de l'acte d'Algésiras s'opposaient à la pose rapide du rail. Nous possédons 630 kilomètres de chemins de fer à voie étroite.

que depuis soixante-sept ans, des dizaines de milliers de déportés
ont condamnés à la Guyane à des travaux *forcés*. Que serait-ce
si ces travaux étaient facultatifs ?

Nous sommes à la Nouvelle-Calédonie depuis soixante-six ans.
Après celui de la Guyane, c'est le sous-sol le plus remarquable
qui se puisse avantageusement exploiter (nickel, chrome,
cobalt, houilles, huiles minérales, etc.). Or il n'y a pas 100 kilomètres de bonnes routes et la seule voie ferrée existante ne
dépasse pas 18 kilomètres ! Encore ici, pourtant, nous disposions à l'origine de la main-d'œuvre pénale. Il faut décidément
admettre que les travaux forcés sont des travaux perlés.

À quoi bon poursuivre ces comparaisons ? Nous en savons
assez. La colonisation ne se peut comprendre qu'avec les moyens
de transporter les produits qui en résultent. Toute exploitation doit coller à la route, la route au rail et le rail au port.
Sans ce dispositif d'évacuation, les résultats de la production
perdent toute valeur puisqu'ils ne peuvent aboutir au grand
torrent des échanges.

Donc, et si on ne considère que nos trop rares colonies et nos
laboratoires *de peuplement*, nous obtiendrons la totalisation suivante de leurs voies ferrées :

Guyane [1]	0,411 kilomètres
Sénégal	1,626
Nouvelle-Calédonie [2]	718
Établissements de l'Océanie	21
Au total	**1,935 kilomètres**

1. La transportation pénale a cessé en 1867.

2. On a indiqué que la seule voie qui ne dépasse... [illegible] mais de
chemins de ce type voie étroite. Néanmoins, le pays a... en moins de cinq ans
2.000 kilomètres de routes principales, où l'on doit... qui peuvent
donner de 1917 plus de 300 voitures et 50 camions automobiles.

3. En 1913, la totalité de nos colonies comprenait 9.648 kilomètres de
chemins de fer, 36.000 kilomètres de lignes télégraphiques, 20.000 kilomètres environ conducteurs téléphoniques.

Que trouvent, aux États-Unis, nos 125.000 émigrants français? Exactement 411.000 kilomètres de chemins de fer que prolongent 67.000 kilomètres de tramways et chemins de fer électriques. C'est un réseau de 478.000 kilomètres[1] offert au déplacement des hommes et des marchandises et ce réseau représente près de *huit fois celui de la France métropolitaine*[2].

Et quel sera le ruban kilométrique mis à la disposition des 105.000 Français pénétrant dans l'Argentine? Voici :

En 1856, on y trouvait 10 kilomètres exploités.

En 1919, la longueur des voies ferrées approche de 36.300 kilomètres[3].

Et nous ferons cette comparaison fort affligeante, j'en conviens, pour notre amour-propre.

En quatre-vingt-huit ans nous avons construit en Algérie 3.341 kilomètres.

En soixante-deux ans la République Argentine en a construit *dix fois plus*.

Population de l'Argentine, 8 millions d'habitants.

Population de l'Algérie, 5 millions 500.000 habitants.

Et voilà comment deux pays, de populations sensiblement égales, entendent la colonisation.

Quoi d'étonnant à ce que nos émigrants passent l'Océan de préférence à la Méditerranée? Ils adoptent la pampa desservie ne se souciant pas du bled ignoré. C'est humain, d'autant que s'expatrier vaut qu'on y réfléchisse.

---

1. Chiffres de 1912.

2. En cette même année 1912 la France possédait 40.927 kilomètres de voies principales et 10.261 kilomètres de chemins de fer d'intérêt local.

3. On peut faire un autre rapprochement intéressant. En France, de 1828 (date du premier chemin de fer) à 1890, soit dans une période de soixante-deux ans, nous avons construit 36.895 kilomètres de voies ferrées. Or, l'Argentine, petit peuple de 8 millions d'habitants, pendant la même période de soixante-deux ans (1857-1919) en a construit presque autant!

COMMENT ON COLONISE
EN ALGÉRIE : Aucun chemin de fer
1856 ARGENTINE : 10 Kilomètres
EN ALGÉRIE-TUNISIE : 5005 k^{tres}
1919 ARGENTINE : 36300 k^{tres}
SEPT FOIS PLUS
ARGENTINE
36300 k^{tres}
de chemin de fer
ALGÉRIE-TUNISIE
5005 k^{tres}
OR L'ALGÉRIE-TUNISIE ET L'ARGENTINE
ONT LA MÊME POPULATION

Toutes les colonies françaises réunies — et nous en possédons dans le monde entier pour une superficie qui absorberait 22 fois celle de la France — ne possèdent pour leurs 50 millions d'indigènes que 19.000 kilomètres de chemins de fer, alors que l'Argentine, pour sa population de 8 millions d'habitants, en a déjà construits 34.000. Ces chiffres fixent l'avenir.

Surtout n'allez point croire qu'avec nos 16 kilomètres du chemin de fer calédonien, établis en soixante-six ans, nous sommes incapables de rien entendre au tracé et à l'exécution d'une voie coloniale.

Des chemins de fer ! Mais nous en construisons partout, excepté dans les colonies françaises : en Éthiopie, en Asie Mineure, en Chine, etc... Pour ne parler que de cette dernière puissance, nous avons construit la ligne du Yunnan (Lao-Kaï-Yunnanfou : 464 kilomètres), les lignes du Cheng-Taï (Chen-Jia-Tchouang à Taï-Yuan-Fou), la ligne Pékin-Hankeou (1.271 kilomètres), celle du Lung-Haï Lan-Tcheou-Fou à Su-Chow-Fou (1.770 kilomètres). L'épargne française a placé dans ces voies un peu plus du demi-milliard de francs.

Vous voyez bien que nous avons une politique ferroviaire.

Seulement, nous n'avons jamais compris qu'elle pût s'appliquer à nos propres intérêts. Et voilà pourquoi la Guyane qui, en moins de cinq années, nous a enrichi de pépites d'or pour une valeur de 52 millions de francs, ne possède qu'un chemin de fer de bazar long de 21 kilomètres. Si la Guyane était province chinoise, croyez bien qu'il en irait tout autrement ; malheureusement, ce n'est qu'une colonie française tri-centenaire et, comme telle, extérieure à nos préoccupations. Et nous concluerons :

L'émigrant va au rail, parce que le rail que l'on rencontre à l'origine de toute entreprise bien conduite gouverne le double mouvement des importations et des exportations. Allant au rail, l'émigrant se détermine pour l'Amérique et l'Argentine dont les plate-formes réunies se bloquent sur 512.000 kilomètres de voies ferrées, représentant *plus de la moitié de ce que possède le monde entier.*

CHAPITRE III

L'Enseignement colonial est inexistant en France.

L'émigration française se poursuit avec la régularité d'un siphon amorcé. L'Université n'y est pour rien. Sur 100 bacheliers, on n'en rencontre pas 10 capables de parler congrument des seules colonies françaises et, à plus forte raison, de s'expliquer sur l'importance et le développement des colonies étrangères[1]. Pour les jeunes diplômés de nos collèges et lycées, les colonies françaises sont définies par des tranches d'histoire. Le Canada c'est Cartier; l'Inde, c'est Dupleix; le Sénégal, c'est Faidherbe; l'Algérie, c'est Bugeaud; Madagascar, c'est Gallieni et le Maroc, c'est Lyautey. Autour de ces astres de la conquête et de l'organisation gravitent en satellites d'innombrables lieux communs qu'inlassablement les professeurs évoquent avec attendrissement : voici les « arpents de neige » de Voltaire, le « coup d'éventail » du dey d'Alger, et la « casquette » du père Bugeaud en attendant le « périssent les colonies plutôt qu'un principe », après lequel il n'y aura plus qu'à tirer l'échelle.

---

1. L'Histoire est à la même enseigne. M. Louis Madelin, agrégé de l'Université, a pu écrire : « Quiconque a su résoudre un problème de mathématiques, répondre à une question de physique, s'affirmer bon « rhétoricien » ou « philosophe » averti, peut parfaitement entrer dans la vie — voire la vie publique — sans savoir un mot de l'histoire de son pays. C'est à quoi se résignent facilement dix-neuf écoliers sur vingt : jamais l'Histoire n'a au baccalauréat, *racheté* son homme; elle est donc tenue par les candidats — gens pratiques — pour méprisable.

Allons en classe primaire :

— Vous, là-bas, Dupont, qui faites des cocottes avec les lettres de Mme de Sévigné, levez-vous et répondez :

Qu'est-ce qu'une colonie?

— Une colonie, c'est... on appelle colonie... colonie... je... on... je sais pas...

— Moi, m'sieur !

— Dites, Durand.

— Une colonie... c'est là où qu'on voit des nègres. C'est des pays avec des éléphants et des forêts vierges... et... et...

Un voisin qui a lu les « Romans extraordinaires » souffle des mots redoutables que Durand saisit au vol pour en farcir sa définition :

— ... Des forêts vierges avec des lions, des crocodiles et des cannibales...

Durand et Dupont ne sont pas responsables de ces médiocrités. On a placé entre leurs mains des atlas qui constituent autant de catalogues de ménagerie. L'Afrique s'y rencontre enguirlandée de pythons et de macaques. Des tigres rugissent sur la carte de notre Asie française et les panthères s'étirent en Algérie en des attitudes capables d'interdire à tout jamais l'accès du rayonnant Maghreb. Quand le Maroc fera son entrée dans ces albums zoologiques, j'espère que les auteurs sauront camper en bonne place le lion roux du grand Atlas.

Mais, avouons-le, toute cette géographie de mots historiques, de panoplies, de légendes et de descentes de lit devrait être réservée au roman chez la portière et aux mémoires de Bidel. Ce n'est pas sérieux. Une colonie, c'est tout simplement *un marché*.

Nous dirons donc que dans une colonie, puisque par définition elle est un marché, on y vend et on y achète des marchandises. Ces deux opérations appellent des désignations spéciales. Ce sont les *importations* et les *exportations*. Réunies, elles nous font connaître le *commerce général*.

A la faveur de cette observation, nous partons du bon pied pour aborder les études coloniales.

Ne craignez rien. Nous retrouverons les éléphants et les autruches, les panthères et les noix de coco, mais ce sera à leur place, dans le tableau des exportations, sous les rubriques : *ivoire, plumes, peaux* et *beurre végétal*. Et quand nous aurons dit qu'il nous en coûte chaque année 60 à 80 millions de francs pour procurer ces matières à notre industrie, nos jeunes gens auront le sens d'une géographie économique succédant à la géographie taxidermique dont on les bourre.

Sans doute le Sénégal c'est Faidherbe historiquement, mais, actuellement, c'est *l'arachide* et nous continuerons en employant les formules massives de la production coloniale. La Guyane, c'est *l'or*; le Maroc, c'est *l'orge*; l'Indo-Chine, c'est le *riz*; la Tunisie, c'est le *phosphate*, etc., etc. L'enfant n'éprouvera pas plus de difficulté à se rappeler ces caractéristiques qu'à débiter la nomenclature des affluents du Congo, les dimensions du Tchad et l'altitude du Kélimandjaro.

En matière coloniale, c'est moins le mot qui est utile que la chose et la culture générale dispensée par nos écoles ne saurait que se renforcer au contact des cultures exotiques absolument dédaignées jusqu'à ce jour. « Je vis de bonne soupe et non de beau langage. Vaugelas n'apprend point à bien faire un potage. »

En l'espèce, bien faire un potage c'est, pour une puissance coloniale, — je prends la France pour exemple, — bien assurer son existence agricole, industrielle et commerciale et, ainsi, consolider la fortune publique.

Dira-t-on que les colonies ne sont pas indispensables à ces réalisations? Toutes les nations demeurent plus que jamais solidaires les unes des autres.

Sans les colonies, pas de *coton*, donc pas d'industrie textile. Sans les colonies, pas de *cacao*, donc pas de chocolat et nous en mangeons, en France, pour plusieurs millions de francs. Sans les colonies, pas de *café*; or nous en achetons 90 millions de kilos chaque année. Sans les colonies, pas de *bananes*, pas de *sucre* de canne, pas de *rhum*, pas de *phosphates*, pas d'*alfa*, pas de *nickel*, pas de *chrome*, pas de *riz*, pas de *thé*, etc., etc. Nous pourrions continuer l'énumération sur plusieurs pages. Il s'agit donc bien, comme je le disais, de notre existence agricole, industrielle et commerciale, sans faire entrer en ligne de compte l'apport à la vie nationale proprement dite représenté par les admirables troupes coloniales venues seconder les armées métropolitaines dans la grande guerre, auxquelles s'ajoutent les milliers d'indigènes utilisés dans les services et fabrications de l'arrière.

Que cet argument n'apparaisse pas comme péremptoire à certains esprits, il se peut. La Suisse et l'Autriche ont pu vivre sans colonies, voire, la première, sans port. Mais on sait quels conflits le nécessaire contact de la mer a soulevé dans les règlements territoriaux de la paix. Et comme les peuples n'aspirent pas à la mer pour l'unique satisfaction de se livrer au cabotage, nous devons bien conclure que leur légitime souci de posséder un port a pour origine l'indispensable contribution de la matière première coloniale.

Si les colonies n'avaient que des vertus économiques accessoires, les nations pourraient en supporter la perte sans danger. Et tel n'a-t-il pas été, en ces derniers temps, le cas de l'Espagne? Et celui de l'Allemagne? Nous avons vu au contraire ces deux nations protester avec véhémence contre les traités qui les amputaient de leurs marchés lointains. Réduite à des éléments africains dont le Maroc constitue le bloc principal, l'Espagne n'a-t-elle pivoté de sa politique extérieure? Quant à l'Allemagne, elle a, par la plume du Dr Solf, secrétaire d'État, exprimé son sentiment en une formule définitive : « La paix durable dans le monde entier demeurera une utopie aussi longtemps que l'Allemagne sera privée de ses possessions coloniales. »

L'enseignement que nous distribuons en France est trop encyclopédique, trop diplomanique pour être profitable. Le travail-forcené imposé par les programmes ne peut conduire à rien de positif. Il est incohérent, superficiel. Mis en demeure de tout savoir, nos jeunes gens s'ils ne se livrent à une sérieuse culture post-scolaire de spécialisation se retrouvent dans la vie avec des connaissances imparfaites ou inapplicables.

Au point de vue colonial, l'ignorance est complète.

Sur 20 recrues interrogées, a pu dire M. Gervais, rapporteur des colonies, 11 ignoraient que la France possédât des colonies ! On ne relèverait pas un seul cas de cette nature en Angleterre, en Allemagne, en Hollande ou en Belgique.

C'est que nos voisins ont compris toute l'importance d'une matière liée si intimement au développement de leurs affaires.

L'institution d'une licence ès sciences coloniales n'est même pas envisagée en France, alors que ce grade est délivré par l'Université de Louvain.

Et pourtant la Belgique ne se peut flatter, comme nous, d'administrer des colonies dans toutes les parties du monde. Elle ne possède que son Congo, mais, pour quiconque a vu les manifestations de l'esprit réalisateur qui inspire son développement, ce territoire est d'un ferme avenir.

Considérons les méthodes allemandes appliquées aux 3 millions de kilomètres carrés de terres coloniales qu'elle possédait et sur lesquelles vivaient 12 millions d'indigènes. Aucune de ces colonies n'avait quarante années d'existence le jour de l'armistice[1]. Elles sont donc d'hier. Qu'a fait l'Allemagne en

---

1. Les premières débutent en Afrique en 1884.

si peu de temps? Nous sommes amenés à expliquer le processus de la politique coloniale allemande. A mon avis, on pourrait le faire tenir dans ce passage de Van der Brügger : « Nous avons un excédent annuel de population qui s'élève à 600.000 têtes. Le meilleur parti que l'on puisse tirer de notre sol, le défrichement de nos marais et de nos landes, le perfectionnement de notre agriculture, la meilleure organisation de notre travail ne sont pas en état d'assurer la nourriture à une telle augmentation au delà de quelques dizaines d'années. Faudra-t-il alors *que nous enlevions par la conquête, au prix de notre sang et de notre argent, des colonies aux États de l'Europe?*[1] »

L'orientation est donnée et les délais imposés.

En moins de 10 mois, l'inspection de la planète est terminée; l'Allemagne se fixe en Afrique et en Océanie. Mais les morceaux apparaissent insuffisants. Il convient de s'étendre en préparant l'opinion. Aussitôt, les ténors pangermanistes donnent de la voix. Écoutons-les.

Hans Delbrück : « L'empire allemand exige des Indes allemandes. »

Riedel : « Quand donc nous déciderons-nous à jeter les bases d'une grande Allemagne africaine? »

Solf, secrétaire aux Colonies : « Le plus grand océan doit être commandé par la plus grande nation. Le pavillon allemand flottera d'une rive à l'autre du Pacifique. »

Rohrbach : « Prenons l'Angola, prenons le Congo, prenons le Soudan, prenons le Sud-Africain. »

Sloël : « La Turquie nous offre un magnifique champ d'action; elle doit être nôtre. »

Prince de Hohenlohe-Langenburg : « Quand nous aurons relié par nos voies transcontinentales Constantinople au golfe Per-

---

1. Extrait des *Preussiche Jahrbücher*, fascicule de janvier 1883.

sique; toute l'Asie Mineure et la Mésopotamie seront sujettes de notre culture. »

Duc de Mecklembourg : « Aucune limite géographique ne peut être fixée à notre extension. Là où sont les intérêts allemands sont des terres allemandes. Qui dit extension dit domination. »

Von Couring : « Le Maroc ! Voilà le pays que nous devons avoir en vue. »

C'est du délire et l'on sent que l'Allemagne consciente de sa force n'hésitera pas à jeter les dés du destin. On sait maintenant qu'il ne s'est pas décidé pour elle. Mais ceci est déjà de l'histoire rétrospective. Ce qui nous intéresse est la méthode d'organisation devant les réalités.

Or, en moins de trente ans, nous constatons 30.000 blancs réunis dans les colonies allemandes et 58 sociétés d'exploitation engagent 150 millions de marck dans des entreprises diverses.

D'où vient l'élan? N'hésitons pas à répondre qu'il vient de l'argent puisque l'argent accompagne toujours l'homme et la marchandise.

L'immigré allemand peut vaquer en paix à ses affaires. Non seulement il aura chaque jour son journal dans sa langue, mais ses fonds seront gérés par ses compatriotes. La *Deutsche Bank*, la *Disconto Gesellschaft*, la *Dresdner Bank* s'installent sur tous les points du monde, non seulement pour escompter son papier, mais pour organiser une véritable assistance par le crédit. S'agit-il du Brésil? Voici la *Banque allemande du Brésil*. S'agit-il de l'Amérique du Sud en général? Voici la *Banque allemande d'outre-mer*. Toutes ces organisations, en dehors de leurs travaux avoués, centralisent en secret les renseignements dont profiteront dans la métropole les adhérents à *l'Association des traités de commerce* et les boursiers des écoles. Hommes, femmes et enfants sont entourés de toute la sollicitude d'organisations puissantes en vue de l'immigration.

La *Deutsche Kolonialgesellschaft* règle le mouvement des exportations humaines et les sections du *Frauenbund* lui obéissent avec une discipline toute prussienne. C'est qu'il convient d'arrêter le métissage en procurant à Michel expatrié la compagnie de ses rêves intertropicaux. Celle-ci, d'ailleurs, a pu se préparer à sa mission en s'appropriant les préceptes contenus dans l'un des deux ouvrages suivants, relatifs aux colonies allemandes de l'Afrique: *Eine deutsche Frau im Innern Deutsch-Ostafrikas* et *Wo sonst der Fuss des Kriegerstral*, qui lui apprendront à cuisiner comme un trappeur et à surveiller le bétail comme un cowboy.

Ainsi s'expliquent la fondation d'une *Ecole coloniale de femmes* à Witzenhausen sur la Wersa et la création d'une *Ferme* d'apprentissage colonial pour jeunes filles, dirigée par la veuve d'un colon.

Des initiatives de ce genre eussent, en France, conduit les revues de fin d'année au succès de la centième. Je me demande pourquoi puisque la méthode allemande est entièrement inspirée de celles de Richelieu et de Colbert demeurés toujours attentifs comme on sait aux soucis matrimoniaux des Français fixés dans nos Indes et isles diverses.

Relisons un passage de la charte que Richelieu accordait, en 1635, à la *Compagnie des Isles d'Amérique :*

« Lesdits associés feront passer auxdites isles le nombre de 4.000 personnes au moins de tout sexe. »

Et c'est ainsi que furent installées les premières familles françaises du Canada, des Antilles, de Madagascar, de la Réunion et de Maurice.

Autant de nationaux à jamais perdus pour la métropole, pense-t-on généralement. Erreur.

« Ordonnons, dit la charte de la *Nouvelle-France* (Canada) le 1628, que les descendants des Français qui s'habitueront audit pays soient désormais censés et réputés pour naturels

français, et, comme tels, puissent venir habiter en France quan[d]
bon leur semblera et y acquérir, tester, accepter donation[s]
legs, tout ainsi que les vrais régnicoles et naturels françai[s]
sans estre tenus de prendre aucune lettre de déclaration ni d[e]
naturalité. »

Et en quoi consistera la colonisation? Un mémoire, cel[ui]
de Choiseul, daté du 10 septembre 1763, va nous le dire :

« L'intention de Sa Majesté est que, indépendamment de [la]
culture des denrées telles que sucre, cotton, rocou, indigo, caca[o,]
caffé, vanille, tabac, etc., les gouverneurs encouragent par tou[te]
sorte de moïens la culture des denrées nécessaires à la vi[e]
telles que le ris, le bled, le mahis, le mil, le bled sarrazin, l'org[e]
l'avoine, etc., ainsi que manioc, patates, ignames, banane[s]
et de tous les légumes d'Europe, non seulement à fin d'en êt[re]
abondamment pourvus, mais encore d'en fournir... Sa Majes[té]
n'a pas moins à cœur la multiplication des bestiaux, des tro[u]
peaux, des volailles de toute espèce, ainsi que des chevau[x]
ânes, mulets et autres animaux utiles, et en cette considératic[n]
elle permet à ses gouverneurs et intendants d'avoir tel commer[ce]
qu'ils jugeront à propos avec les Portugais, les Hollandais, l[es]
Espagnols et, enfin, avec les étrangers de quelque nation qu'i[ls]
soient, et Sa Majesté leur ordonne d'apporter tous leurs soi[ns]
à entretenir et perfectionner les prairies et savannes naturell[es]
au païs, à en former d'artificielles soit avec des graines d'Am[é]
rique, soit avec des graines d'Europe, telles que celles du sainfoi[n]
luzerne, treffle, etc. »

Voilà, à propos de colonisation, de saines directives. A to[ut]
bien considérer, c'est un encourageant *go ahead* en vieu[x]
françois.

Nos gens en tirèrent un si complet profit, que, de génératic[n]
en génération, ils se léguèrent le souvenir ému de la patr[ie]
perdue.

Citerai-je le concours des Franco-Canadiens durant cette guerre, leur conduite splendide et leur libérale intervention dans les œuvres d'assistance?

Mais les Mauriciens sont peut-être encore plus ardents qui envoyèrent une délégation à la Conférence de la paix pour demander leur retour à leur nationalité d'origine en évoquant le nombre imposant de ceux des leurs « qui eurent l'honneur de combattre sous le drapeau tricolore ».

Un Anglais, savant historien, M. Francis Skrine, a publié dans le *Times* le sentiment que lui inspiraient ces revendications :

« En dépit de la longue occupation britannique, l'île Maurice est essentiellement française. Je ne puis m'empêcher de penser que la rétrocession de Maurice serait un acte plein de bonne grâce et fortifierait l'alliance anglo-française qui, en ces temps critiques, serait un important facteur d'équilibre. »

Et voilà ce que nous devrions répéter inlassablement à nos jeunes gens sous forme d'aperçus philosophiques appliqués à la géographie simplement humaine.

Peut-être trouverions-nous mieux encore.

Considérons l'île Saint-Barthélemy des Antilles. On la rencontre à 175 kilomètres de la Guadeloupe.

Si l'on consulte les traités de géographie classique les plus copieux et les notices officielles les plus abondamment détaillées ce sera un maximum de cinq lignes offert à notre curiosité. Je cite :

« Saint-Barthélemy, petite île pauvre, cédée autrefois à la Suède, redevenue possession française et habitée presque complètement par des descendants des Normands. »

C'est tout.

En vérité, ce noyau de compatriotes jetés à la côte vers l'an 1600 et qui, depuis plus de trois siècles, demeurent inébranlablement fidèles à la mère patrie malgré tous les déboires et toutes les indifférences, mérite que son bel exemple soit commenté et qu'il serve à affirmer la puissance colonisatrice que nos rivaux refusent systématiquement de reconnaître à notre race.

Au surplus, et puisqu'il s'agit dans ce volume d'opposer deux formes de la colonisation : celle du Français à l'étranger et celle de ce même Français dans nos possessions, il n'est pas sans intérêt de prolonger la digression relative à Saint-Barthélemy.

Les îles Saint-Martin et Saint-Barthélemy étaient à peu près sauvages quand — en 1600 — les Anglais expulsèrent l'élément français de Saint-Christophe. Le gouverneur, M. de Poincy, se trouva dans l'obligation de déporter au sens exact du mot, une partie de ses administrés, 500 environ, à Saint-Barthélemy.

Nos robinsons débarquèrent dans une baie du vent et créèrent aussitôt un centre qu'ils appelèrent Lorient, en souvenir de la patrie lointaine. Ils avaient colonisé Saint-Christophe, pourquoi ne coloniseraient-ils point Saint-Barthélemy ? Et, courageusement ils défrichèrent.

Je dois dire que les chevaliers de Malte avaient antérieurement acheté Saint-Barthélemy et Saint-Christophe, et il faut arriver à 1659 pour voir retourner à la couronne l'île qui nous occupe.

Survint la Guerre de l'Indépendance américaine.

A la faveur de ces hostilités, les Anglais nous dépossédèrent de nos Antilles. Non seulement la Martinique et la Guadeloupe nous étaient enlevées, mais aussi Saint-Barthélemy et Saint-Martin.

Décidés à résister aux envahisseurs, nos colons avaient gagné les montagnes et s'étaient retranchés dans des cavernes. L'ennemi s'usa à vouloir les en déloger. Et les années passèrent.

Mais, un jour de l'année 1779, des goélettes apparurent au large. C'était Destaing ! Quelques heures après, le pavillon national flottait sur la baie française. Les colons étaient délivrés de l'oppresseur.

La joie des rescapés devait être de courte durée. Cinq années ne s'étaient pas écoulées que le roi de France cédait Saint-Barthélemy à la Suède (1784).

Nos hommes allaient-ils accepter leur sort? Non. Ils protestèrent si bruyamment que les rédacteurs du traité durent insérer des clauses réservant leurs droits de propriété et le libre développement de leur culte.

Et, une fois de plus, les années passent dans l'attente : dix ans, puis vingt, puis cinquante, puis quatre-vingts ! La France a dû les oublier. Eux, conservent, roulé, le pavillon de Destaing. Ils sont Français, veulent le rester. La Suède se lasse de tant d'obstination. En 1877, c'est-à-dire quatre-vingt-sept ans après son acquisition, elle engage des pourparlers avec notre Gouvernement.

Un de nos officiers de marine qui avait alors visité Saint-Barthélemy, écrit que la Suède « avait trouvé là une population française inassimilable, de mœurs austères, menant une vie patriarcale au grand air dans la montagne ou sur les îlots, riche de santé et d'énergie, pure de tout mélange avec les autres races, et qui chaque année votait unanimement son rattachement à la mère patrie ».

Il fallut bien les écouter. La Suède nous rétrocéda Saint-Barthélemy.

Un peu avant (1860), les habitants de Saint-Barthélemy s'étant multipliés et se trouvant à l'étroit dans leur île, avaient essaimé pour partie dans Saint-Thomas, île voisine danoise.

Le commentaire à cette situation se rencontre dans une note adressée par M. Héron à la Société de géographie de Paris[1].

---

1. *Bulletin de la Société de géographie*, 1899.

« Depuis cette époque, y est-il dit, Saint-Barthélemy et Saint-Thomas déclinent, tombent ou sont tombées. Dans la première, on ne voit jamais plus un navire à vapeur, la Guadeloupe, dont elle dépend, ayant refusé les 10.000 francs de subvention que demandait la Compagnie transatlantique pour y aborder régulièrement et cela afin d'accorder 9.000 francs à une misérable goëlette montée par des noirs, qui part et arrive quand elle a le temps. Dans la seconde île (Saint-Thomas), on ne trouve plus comme lignes régulières attachées au port de *Charlotte Amalia* que les cargo-boats de la Compagnie hambourgeoise (allemande), deux paquebots de la Compagnie générale transatlantique qui viennent prendre du charbon; enfin, la ligne anglaise qui s'y arrête à peine, ayant choisi la Barbade comme tête de ligne. Aride comme Saint-Barthélemy, Saint-Thomas n'a plus qu'à mourir. Elle meurt! Nos compatriotes restent là au nombre de 250 à 300 groupés dans trois petites agglomérations de misérables cases louées un prix exorbitant. Ils végètent avec de nombreuses familles, de beaux enfants et de gros poupons dont la forte santé épuise les mères insuffisamment nourries et qui se fanent jeunes, car elles montrent pour leurs enfants le dévouement sublime de nos mères françaises. Bons visages, braves cœurs, pauvres gens. Si vous saviez comme ils sont heureux de revoir des compatriotes, de parler avec eux de cette France où leurs grands ancêtres sont nés et qu'ils ne reverront sans doute jamais. J'ai été très heureux de retrouver ces débris de notre puissance coloniale passée; mais combien j'ai souffert de voir la misère qui les accable! La pêche, voilà leur unique ressource. Les femmes confectionnent des chapeaux qu'elles vendent six ou neuf sous. Les maisons sont des huttes dans lesquelles on ne trouve pas souvent de lit. Un père de famille ne gagne pas avec sa pêche vingt sous par semaine alors que le vent souffle et que les frêles barques de quatre mètres de long ne peuvent affronter la mer peuplée de requins. Malgré tout, Français ils étaient en 1600, Français ils sont aujourd'hui, intacts de noms et de race à travers les siècles : Normands bruns ou blonds aux yeux bleus, à l'accent si caractéristique qu'on les croirait débarqués hier de la Seine-Inférieure, de la plaine de Caen ou de la Manche. On retrouve là des Aubin, des Brin, des Berry, des Quetel, des Laplace, des Duravin, des Gréaux, des Ledic, etc. Mais on retrouve surtout des compatriotes malheureux, oubliés. Pour ceux-ci on ne fait pas le quart de ce que l'on fait à côté pour les importés noirs d'Afrique. »

Ainsi donc voici deux cas — Maurice et Saint-Barthélemy — montrant la permanence séculaire du sentiment français chez l'immigré et le développement indiscontinu de la natalité dans ces milieux.

Quant à l'abandon matériel et moral de nos nationaux demeurés, en particulier, dans nos vieilles Antilles comme autant de vivantes protestations contre notre indifférence administrative, je préfère l'interpréter comme le résultat de notre politique coloniale des îles.

Elle existe donc? Hélas !

Je ne citerai que quelques exemples. En 1868, un courageux Français, M. Dutron-Bornier, s'engageait dans l'immense Pacifique, y colonisait l'île de Pâques et y plantait notre drapeau. Durant onze années consécutives, nos couleurs attestèrent notre initiative et sollicitèrent l'attention de la métropole. Peine inutile. L'île passa au Chili qui la possède toujours.

Par contre, l'île Clipperton est française. En 1897, un Américain découvre qu'elle recèle d'importantes richesses en phosphates. Il s'en adjuge la concession qu'il vend à un Anglais. Celui-ci s'empresse de faire ratifier ses droits par le Gouvernement mexicain ! Et c'est ainsi que, pendant plusieurs années, le drapeau mexicain, gardé par dix soldats de l'armée régulière mexicaine, flotta sur une île française. Notre administration n'en savait rien !

Il y a mieux.

En 1868, le représentant d'une maison anglaise demande à notre ministre de la Marine l'autorisation de créer un dépôt de charbon aux îles Kuerguelen. Grand émoi. Cet Anglais doit faire erreur. Ces îles sont inconnues au ministère comme possessions françaises. Des vérifications sont, toutefois, ordonnées et l'on découvre que des Français, le chevalier de Kuerguelen d'abord, en 1772, puis, à des dates postérieures, MM. de Rochegude, de Pagès, Marion de Fresne, etc., ont accompli le périple de l'intéressant archipel ainsi qu'en témoigne entre autres documents, une attestation que découvrit dans l'île, en 1776, l'illustre navigateur Cook.

Ces îles étant terres françaises depuis 1772, on songea à y arborer notre pavillon en... 1893. C'est-à-dire qu'il fut nécessaire de cent vingt et une années de réflexion à nos dirigeants successifs pour les décider à cette manifestation de légitime occupation. Or, il s'agissait d'un archipel dont la superficie couvrirait douze départements comme celui de la Seine et dont le sous-sol renferme une houille excellente.

Il n'est pas possible après cela de s'étonner du cas de Clipperton dont la prise de possession fut effectuée le 22 novembre 1858 par le lieutenant Kervéguen.

Des étrangers sont venus qui, trouvant l'île déserte, s'y sont installés sans recourir aux chancelleries. Pour cette terre qui nous appartient depuis un demi-siècle, on se défend un peu de tous les côtés du reproche d'incurie en alléguant que Clipperton ne présente aucune valeur commerciale ou stratégique.

En réalité, cette île formée de deux segments incurvés

renferme à l'est 200 hectares et, à l'ouest, 700 hectares de terre se refermant sur un lagon, ou lac intérieur, aux axes de 400 sur 700 mètres. Deux passes en permettent l'accès à marée haute. A la base du segment sud-est, un rocher dresse sa silhouette visible à plusieurs milles en mer.

En résumé, nous possédons là une station idéale d'aérostation et d'aviation avec un socle naturel de signalisation.

L'intérêt de cette île est encore de se rencontrer sur la route Panama-Havaï-Tokio. A ce point de vue son importance est incontestable puisqu'un navire, quittant l'Amérique centrale pour s'engager dans le Pacifique, la rencontrerait à 3.000 kilomètres c'est-à-dire au premier tiers de son chemin vers les Havaï.

Il est certain que, l'organisation d'une escale à Clipperton ne pourrait manquer d'avoir la plus heureuse signification si nous y aménagions un dépôt et des ateliers. C'est probablement beaucoup demander. Mais, enfin, c'est quelque chose que l'amiral Rodjestvinsky eût aimé rencontrer sur sa route si, en place du cap de Bonne-Espérance, il avait doublé le cap Horn. Même observation pour les pilotes aériens des grandes randonnées transocéaniques.

Si les îles n'ont aucune importance, on se demande pourquoi toutes les puissances leur font la chasse soit pour les acquérir, les échanger ou les occuper d'office. Les Anglais n'ont-ils pas déjà tenté de s'annexer les deux îles les plus rapprochées de Tahiti : Rouroutrou et Rimatera? Et n'ont-ils pas, vexés de cet échec, occupé définitivement les îles Cook qu'ils rencontrèrent un peu plus bas? Faut-il encore rappeler la tentative d'occupation de l'île des Pins par ces mêmes Anglais? L'Allemagne ne s'empressa-t-elle point de proclamer son protectorat sur la côte nord-ouest de la Nouvelle-Guinée et sur les îles voisines de la Nouvelle-Irlande, du Nouveau-Hanovre, de

Duke of York et sur les îles de l'Amirauté aussitôt baptisées en bloc du nom d'archipel Bismarck? Or, la Nouvelle-Guinée, en bordure de l'équateur, appartient à une zone torride inaccessible à la colonisation européenne. Ceci se passait en 1884. En 1885, l'Allemagne occupait les 33 îlots des Marshaal. La même année, elle tentait de soustraire à l'influence de l'Espagne les 500 îles du groupe des Carolines. L'Europe s'émut cette fois. Le conflit se termina par un contrat de vente. En ce qui nous concerne plus particulièrement, est-il utile de rappeler l'insupportable régime mixte des Nouvelles-Hébrides et l'incompréhensible stipulation de 1904 qui a ruiné nos établissements de Terre-Neuve où nos marins normands et bretons pêchaient dès l'an 1504?

Ainsi donc, du côté de nos compétiteurs et concurrents, une politique insulaire résolument positive et, de notre côté, une politique d'abandon et de renonciation allant jusqu'à déterminer, comme cela s'est vu pour la Nouvelle-Calédonie en 1908, des mouvements d'opinion séparatistes en faveur de la réunion de l'île au Commonwealth australien.

Cette année 1908 fut vraiment une année de désaffection puisqu'elle enregistre encore une demande d'annexion au Canada de nos vieilles colonies de Saint-Pierre et Miquelon.

Boutades? Non, des symptômes qu'on aurait tort de dédaigner et qui ne peuvent être considérés en tout état de cause comme autant d'indices de satisfaction.

Incohérence gouvernementale, stupidités administratives, ignorance des bureaux adressant, — cas typique, — des plis officiels à Saint-Pierre-Miquelon avec la suscription : « Antilles françaises ! » Autant placer le Gabon en Suisse et le pôle Nord sous l'équateur.

Le faisceau des impéritries et des fautes accumulées a provoqué l'indignation des vrais colons dont les doléances restent vaines et les protestations inefficaces. Qu'ils aient sujet de se plaindre, c'est ce dont on ne saurait douter. Et d'ailleurs, comment les bureaux de Paris pourraient-ils correspondre aux vœux de nos administrés puisque l'absence de documents leur interdit d'apprécier sainement les questions qui leur sont soumises?

Découpons ce passage dans *l'Officiel*[1] :

M. MAURICE VIOLETTE, *rapporteur*. — Je veux présenter une simple observation pour expliquer après M. Deloncle combien il est nécessaire d'organiser d'une façon sérieuse l'ensemble des Services géographiques coloniaux. Voici un exemple puisé dans l'inspection de 1909 pour la Guadeloupe, qui vous montre à quel point il est urgent de se livrer sur ce point à une étude sérieuse.

La *seule carte* qui ait été dressée pour la Guadeloupe, est une carte *marine* qui date de 1868. Le chef de la mission d'inspection de 1909 ayant eu à s'entretenir avec le chef des travaux de la colonie au sujet d'un chemin de fer qui devait favoriser le développement économique de l'île, ce fonctionnaire n'a pas eu d'autre moyen, pour montrer à l'inspecteur général le futur tracé de ce chemin de fer, *que d'envoyer acheter chez le libraire du coin un cahier de deux sous dont la couverture portait une petite carte ;* il n'existait pas d'autre carte de l'île de la Guadeloupe !

Et c'est exact. Il n'y a pas encore d'autre carte pour une colonie française vieille de 295 ans que celle portée empiriquement sur les cahiers de deux sous ! Négligence, voilà tout, mais combien insupportable quand on songe que les missions géographiques françaises, à compter de Maupertuis et de La Condamine, ont travaillé dans les deux hémisphères.

---

1. Séance de la Chambre; 5 avril 1911.

CHAPITRE IV

Le Français doit-il émigrer ?

A l'heure actuelle nous nous trouvons en France, du fait de la guerre, avec un budget de 25 milliards (1919) et une dette de 220 milliards de francs.

Acceptons courageusement les chiffres.

L'équilibre financier ne peut être rétabli que par le travail et le travail implique les bras.

Or, voici notre situation démographique :

	NAISSANCES	DÉCÈS
Année 1913	604.811	587.445
— 1914	594.222	647.549
— 1915	387.806	655.146
— 1916	315.087	607.742
— 1917	343.310	613.248

Donc, pour 77 départements — les régions envahies n'entrent pas dans ces calculs[1] — la population civile a, dans l'intervalle 1914-1917, *diminué de 883.160 habitants*, bien moins du fait des décès qui n'ont pas sensiblement varié que de la *diminution du nombre des naissances*.

A ces constatations désolantes, il conviendrait d'ajouter encore la statistique de 11 départements envahis pendant cinquante-deux mois ainsi que les pertes de guerre, officiellement fixées à 1.400.000 hommes.

---

1. Publiés à *l'Officiel* par le ministère du Travail.

C'est donc à bon droit que M. March, l'éminent directeur de la statistique générale, insiste sur « la gravité de l'état démographique de la France à la suite de la guerre », surtout quand on considère l'influence de cet état sur l'avenir économique du pays.

Le calcul suivant permet d'évaluer à 2 millions les pertes du fait de la guerre, de la population masculine utile (hommes de 16 à 65 ans) :

Les hommes de 16 à 65 ans, écrit M. March, composent la partie de la population dont dépend principalement la puissance productrice : ce nombre a subi un déficit considérable au cours de la guerre, mais le déficit sera autrement important encore dans une quinzaine d'années.

On peut en effet évaluer sommairement comme suit le nombre des hommes qui seront âgés de 16 à 65 ans en 1935.

Nombre recensé en mars 1911 .... 12.300.000
Pertes de l'armée durant la guerre 1.400.000
Déficit des naissances masculines évalué durant la période 1914-1919, déduction faite de la mortalité normale des nouveau-nés............... 600.000
　　　　　　　　　　　　　　　　　　　　　　　　2.000.000　　2.000.000
Reste.. 10.300.000

La perte en hommes susceptibles de fournir un travail utile représenterait un sixième du nombre que l'on eût constaté en 1935 si la population considérée était restée stationnaire, comme elle l'était à peu près, avant la guerre.

En outre, il convient de ne point oublier que, parmi les hommes restants, on comptera peut-être environ 350.000 pensionnés et réformés n° 1, 450.000 réformés n° 2 et un nombre inconnu d'hommes qui auront subi, du fait de la guerre, quelque altération n'ayant point donné lieu à réforme.

Sans doute, le retour de l'Alsace-Lorraine au territoire français permettra de récupérer un certain nombre d'hommes d'origine française, mais ce nombre ne saurait être évalué à plus de 400.000, et les besoins du territoire nouveau ne seront certainement pas satisfaits non plus par ce nombre.

Le déficit qui vient d'être évalué ne portera point également sur toutes les catégories de la population.

De 1906 à 1911, *la population rurale a perdu* 600.000 *habitants*, tandis que la population urbaine en a gagné 900.000 du fait des mouvements migratoires. Cela représente 300.000 hommes de 16 à 65 ans gagnés en cinq ans par la population urbaine qui, en 1911, comprenait à peu près 45 0/0 de la population totale.

Comme la guerre aura eu pour effet d'intensifier la production industrielle, d'accroître les salaires industriels plus encore que les salaires agricoles, de dépayser beaucoup d'hommes de la campagne, il est probable que les mouvements migratoires des campagnes vers les villes ne se ralentiront pas, au contraire. En sorte que le déficit de un million environ que l'on peut prévoir, d'après ce qui précède, dans la population urbaine sera vraisemblablement comblé par l'immigration. L'amoindrissement de la population adulte masculine portera donc presque entièrement sur la population rurale, où devrait se reconstituer constamment le capital humain du pays.

Faciliter cette reconstitution en aidant les familles rurales — qui peuvent d'ailleurs le plus aisément, aux moindres frais et dans les meilleures conditions de salubrité, élever de nombreux enfants — à multiplier les serviteurs de la nation, tel paraît être l'un des principaux moyens d'atténuer la crise qui menace notre pays, en pleine paix, du fait de la diminution progressive de sa population adulte.

D'autre part, M. Paul Leroy-Beaulieu écrivait prophétiquement en 1910, — année où l'on constatait une diminution de 3.000 conscrits sur le contingent de l'année précédente, — ces paroles amères et que les événements, hélas ! n'ont pas tardé à vérifier :

« On peut affirmer, sans aucun risque de se tromper, que bientôt l'excédent des décès sur les naissances deviendra en France un fait constant. Le mouvement de déclin de la natalité n'est, en effet, certainement pas à son terme. De même que nous avons perdu plus de 230.000 naissances annuellement depuis le milieu du second Empire et 70.000 naissances depuis 1890, on peut être assuré que le chiffre des naissances, si l'on ne prend pas des moyens énergiques pour enrayer le mal, fléchira encore de 100.000 avant un quart de siècle; et le fléchissement ne s'arrêtera pas; il sera plutôt progressif et aura une force accélérée. »

Rappelons-nous qu'au milieu du second Empire il naissait, en France, un peu plus de un million d'enfants par année. Pour l'année 1861, le million fut dépassé de 5.000 unités et, pour l'année 1866, de 6.000.

Depuis 1870, le chiffre de un million de naissances *ne fut jamais revu*. En 1900, nous tombions à 827.000 et, en 1909, à 769.000.

Mais il y a plus triste encore : il est arrivé plusieurs fois depuis

1890 que le nombre des décès a surpassé le nombre des naissances.

Le département de la Seine, qui totalisait 73.599 naissances
en 1911, n'en donnait plus que 47.480 en 1918 !

On comprend maintenant pourquoi M. Alfred Picard, président de la Commission des Douanes, écrivait en 1909, dans son
Rapport, ces paroles désabusées :

« — Nous sommes primés, non seulement par les peuples jeunes ou nou-
vellement initiés à la civilisation contemporaine, ce qui semble fort naturel,
mais aussi par presque tous nos concurrents européens... »

La raison?

L'éminent économiste l'a rencontrée auprès des berceaux :

« — Le défaut de natalité restreint notre puissance productive, et nous ne
pouvons guère y pourvoir efficacement par un emploi plus étendu du machinisme, car les autres nations sont entrées à pleines voiles dans la même
voie. De plus, ce défaut de natalité nous empêche d'essaimer à la surface
du globe, d'y multiplier les foyers d'influence et de propagande commerciale. Enfin, et là réside un de ses effets les plus graves, il enlève à notre
marché intérieur l'élasticité qui lui serait si précieuse, nous expose à des
crises de surproduction, alors que de grands États voisins trouvant dans
la progression incessante de leur population les éléments d'une clientèle
assurée et toujours croissante, peuvent renforcer avec sécurité leur moyen
d'action et supporter sans autant de souffrances les variations de la vente
au dehors. »

Rien n'est plus exact.

Dans notre Occident, l'Allemagne d'avant-guerre témoigne
en faveur de cette vérité.

Considérons cinq bonds de sa population :

        1871. — 41 millions d'habitants.
        1880. — 45   —
        1890. — 49   —
        1900. — 56   —
        1910. — 64   —

Avant 1883, n'ayant point de colonies — donc ne possédant aucun garde-manger exotique — l'Allemagne est obligée d'avoir recours aux nations plus favorisées capables de l'alimenter en riz, café, cacao, etc. Sa consommation, en prenant pour exemple les trois produits ci-dessus, s'exprime alors en milliers de tonnes de la façon suivante, en chiffres ronds :

ANNÉES	RIZ	CAFÉ	CACAO
1870	40	80	1
1890	80	110	5
1910	160	190	30
1913	210	160	50

C'est en présence de ces nécessités non seulement alimentaires mais industrielles (caoutchouc, engrais, etc.) qu'elle songea à s'assurer d'un marché colonial qui lui fut propre et qu'elle vient de perdre.

Mais, renversez la situation en supposant à la France la population des États allemands, nous ne serions pas dans l'obligation d'acheter à nos concurrents le riz, le café et le cacao puisque ces denrées auraient pour origines l'Indo-Chine française, l'Afrique occidentale française et l'Amérique française.

Or, c'est le contraire exactement qui se passe. Nous achetons à l'étranger la presque totalité de nos besoins en ces matières. Nous sommes des *importateurs*.

Que diriez-vous d'un commerçant qui achèterait sans cesse et ne vendrait jamais? Ce serait la ruine à bref délai. La richesse d'une nation se mesure à ses exportations, ou, si vous préférez, à ses ventes. En osant l'axiome économique suivant : qui bien exporte, bien se porte, je reste dans le cas d'un commerçant vendant beaucoup après avoir beaucoup acheté.

Disons encore que toute nation qui achète ce *qu'elle peut produire* s'achemine inévitablement vers la faillite. Sur un même plan de culture et d'exploitation les salades de mon jardin me reviennent à meilleur compte que celles achetées au voisin. Ainsi en devrait-il être pour le riz, le coton, le caoutchouc, le ricin, le sucre, le cacao, les huiles minérales, etc., que l'immense jardin colonial français s'offre à produire.

Oui, mais il faudrait imiter Caton qui se reposait d'un discours en cultivant sa terre. Et c'est ce que nous ne faisons pas. Et, d'ailleurs, réfléchissons que la France des blés les achète aux États-Unis, la France du beurre l'achète à l'Argentine, la France des fruits les achète à la Californie, la France du fer l'achète à l'Angleterre et la France du pétrole le prend au Mexique.

Ces exemples de la métropole étendus à nos colonies nous font comprendre pourquoi, dans les onze premiers mois de l'année 1917, nous avons importé pour près de 28 milliards de francs de marchandises et pourquoi dans les onze premiers mois de l'année 1918 nous avons encore importé pour 17 milliards 500 millions de francs de denrées et matières premières prises en majorité à l'étranger.

Et dans quelle mesure avons-nous exporté?

En 1917 — 5 milliards 500 millions.

En 1918 — 4 milliards.

Faites la balance.

C'était la guerre, c'est-à-dire la rupture violente de l'équilibre économique, soit. On verra pourtant, au cours de ces pages, que la guerre a continué les errements du temps de paix pour des chiffres proportionnellement équivalents.

Quoi qu'il en soit, M. Alfred Picard avait raison et M. Leroy-Beaulieu n'avait pas tort de rendre la production fonction de la natalité. Mais en quoi l'émigration serait-elle coupable? On ne voit pas.

Le colon aurait-il cessé d'être un producteur? Il ne part que pour produire et se reproduire.

4

J'ai dit dans un ouvrage antérieur[1] à propos du Canada : « Le Français du Canada présente la natalité la plus forte du globe. Le Français de France présente la stérilité la plus forte du globe. » Et j'ajoutais : « Entre ces deux termes, les sociologues se meuvent avec effarement. » Il n'y a pas de quoi.

Le Français déraciné, transplanté dans un milieu propice se retrouve fécond, qu'il s'agisse du Maroc, de l'Algérie, de la Tunisie, de la Nouvelle-Calédonie ou des Nouvelles-Hébrides.

Mais alors créons une véritable France d'outre-mer. Avec seulement 8 millions de Français au Maroc, 10 millions en Algérie, 3 millions en Tunisie, un million en Nouvelle-Calédonie, nous nous sentirons les coudes sans renoncer à notre nationalité.

C'est en effet ce qu'il faudrait faire et c'est ce à quoi notre administration ne pourra jamais se résoudre.

Une colonie française est faite pour être administrée et non pour être peuplée, sans quoi, parbleu, ce serait trop simple. Il suffirait d'un plan de répartition des terres, d'une banque de crédit agricole et d'un adjoint pour marier les gens. Non, en vérité, nous ne pouvons exiger de nos gouvernants qu'ils se livrent à une politique foncière et de peuplement aussi élémentaire et qui serait, à tout prendre, une politique coloniale de sens commun.

En vain rappelle-t-on que la Rome antique récompensait ses vétérans par l'octroi de terres et que la grande guerre nous a laissé des vétérans ruinés à pourvoir.

En vain montrons-nous l'exemple récent de l'Assemblée de Québec, décidant d'accorder 100 arpents de terre à tout chef de famille ayant au moins 12 enfants vivants[2].

---

1. Louis Gros, *Le Maroc pour tous*, Albin Michel, éditeur.
2. Quand le décret parut, une petite paroisse présenta à elle seule 17 familles réalisant les conditions pour un ensemble de 214 enfants.

En vain s'efforce-t-on de persuader nos dirigeants que les capitaux, s'ils sont indispensables pour exploiter, ne peuplent pas et que sous l'ancien régime — les registres des émigrants nous en informent — on comptait sur 100 colons 80 unités de la roture contre une de la noblesse [1].

En vain suggère-t-on qu'il est indispensable d'étendre à nos protectorats et colonies de peuplement le bénéfice de la loi sur le « bien de famille ».

En vain fait-on remarquer que la plus grande puissance coloniale du monde, l'Angleterre, place la majeure partie de ses capitaux dans ses colonies et que la France qui la suit immédiatement au second rang place les siens dans des entreprises étrangères.

En vain les compétences s'exercent-elles à prouver que l'action méthodique de concurrents s'efforce chaque jour de substituer leur influence à la nôtre sur nos propres domaines comme cela se constate en Tunisie [2] où nous sommes battus dans la proportion de 34.000 Français contre 80.000 Italiens.

En vain revient-on à soixante-dix-huit années en arrière (1842) pour rappeler l'initiative de Bugeaud en Algérie demandant au maire de Toulon des jeunes filles, dotées par la municipalité,

---

1. Le grand nombre de familles titrées qui survivent dans nos vieilles colonies fait croire généralement le contraire et l'on en conclut faussement que les cadets handicapés par la rigueur dépossédante du droit d'aînesse s'expatriaient pour se réargenter.

2. « Pendant quinze ans, les Italiens n'avaient pas acheté de terres en Tunisie. Tout d'un coup, ils en achetèrent de tous les côtés. Partout on vit surgir des maisonnettes occupées par des Siciliens et souvent dans les conditions les plus paradoxales et les plus contradictoires.

« Tantôt, c'était un coiffeur qui trouvait — comment? — le capital nécessaire pour installer une famille de paysans, tantôt, au contraire, c'était une puissante société qui établissait des milliers de personnes. Et l'on peut conclure, avec un maximum de vraisemblance, que l'ensemble et l'ampleur de ce mouvement suffisent à démontrer que l'initiative privée n'a pas été en cette affaire livrée à ses seules ressources... — *Jules Saurin.* »

pour les marier à des soldats libérables décidés à demeurer dans le pays pour coloniser[1].

En vain manifeste-t-on en faveur des orphelins de la guerre et des enfants de l'Assistance publique. L'idée ne nous vient pas d'imiter le cardinal Lavigerie qui avait créé des villages entiers pour recevoir les orphelins indigènes qu'il mariait entre eux après les avoir initiés à la culture et aux travaux manuels. Le génie colonisateur de ce grand homme apparaîtrait-il discutable? Dans ce cas, libre à nos dirigeants de se tourner vers les méthodes que l'Armée du Salut emploie dans la Californie. Elles sont simples. Ramassant au début une vingtaine de miséreux égarés dans les grands centres industriels et qui ne possédaient aucun métier avouable, elle leur enseigna les éléments de l'agriculture et mit ensuite à leur disposition 20 hectares de bonne terre, non à titre gratuit, mais à titre onéreux, leur faisant toutes les avances nécessaires à faible intérêt. 20 colons à 20 hectares, cela donne 400 hectares initialement en friche. En quelques années, chaque lot représenta une fortune moyenne de 10.000 fr. sans compter le bénéfice de natalité qui résultait de l'entreprise[2].

Posséder des colonies est une chose; les mettre en valeur en est une autre et aussi les peupler.

Je sais. On fait valoir triomphalement les trois milliards du commerce colonial français atteint en 1912. Mais on cite un peu

---

1. Toulon accorda 10.000 francs pour doter 20 ménages. Chacun de ces ménages reçut 7 hectares de terre, un jardin potager et une maisonnette comportant six pièces. Inutile d'ajouter selon le cliché que ces couples furent heureux et qu'ils eurent beaucoup d'enfants.

2. En France, nous ne comprenons l'Armée du Salut que sous l'aspect d'une grosse caisse. Nous ne savons pas que le commandant Booth Tucker est l'auteur de cet axiome : « En installant avec l'aide d'un capital *non placé*, sur un sol *non cultivé*, du travail *non employé*, il est possible de convertir une *trinité* de forces improductives en une *unité* de production. » On devrait bien créer pour l'homme de cette formule un *Gouvernement général de l'Afrique française du Nord* et le lui confier pour deux décades.

moins la dette de nos colonies et que voici arrêtée à cette même année.

DETTES DE NOS COLONIES

	1902	1912	DIFFÉRENCE EN 1912
Afrique occidentale....	»	191.127.000	+ 191.127.000
Algérie.................	»	50.896.500	+ 50.896.500
Congo...................	»	16.825.000	+ 16.825.000
Guadeloupe.............	2.779.000	2.931.500	+ 152.500
Indo-Chine.............	54.600.000	271.285.500	+ 216.685.500
Madagascar.............	28.968.500	89.328.000	+ 60.359.500
Martinique.............	1.504.500	4.395.500	+ 2.891.000
Nouvelle-Calédonie.....	»	3.621.500	+ 3.621.500
Réunion................	»	1.321.000	+ 1.321.000
Annam et Tonkin.......	87.660.000	78.940.000	+ 8.720.000
Tunisie................	194.253.000	326.175.000	+ 131.922.000
	369.765.000	1.036.846.500	+ 667.081.500

On ne nous dit pas davantage que nous payons 2 *millions de francs par jour* aux marines étrangères pour transporter nos marchandises.

On se garde bien également de nous montrer le tableau où se trouve inscrit, immédiatement avant la guerre, l'accroissement du commerce extérieur des principales nations.

Le Japon a augmenté son commerce de 212 0/0.
Le Canada   —   179 0/0.
L'Égypte   —   160 0/0.
Les États-Unis   —   141 0/0.
La Chine   —   129 0/0.
L'Allemagne   —   124 0/0.
La Belgique   —   121 0/0.
Les Pays-Bas   —   111 0/0.
L'Italie   —   105 0/0.
La Suisse   —   80 0/0.
La Russie   —   73 0/0.
La Hongrie   —   63 0/0.
L'Angleterre   —   60 0/0.
La France   —   52 0/0.

L'Angleterre à 60 0/0 est en droit de se féliciter d'un Canada à 179 0/0 et d'une Égypte à 160 car elle ne cesse pas d'être chez elle. Mais nous? Est-ce que les 52 que nous marquons au dernier échelon ne s'ajustent pas au milliard de notre dette coloniale et qui demeure indépendante, — remarquons-le en passant, — de la dette d'État?

Or, la France est *le seul pays* au monde qui, de par la richesse de son sol métropolitain et les ressources inégalables de ses colonies, pourrait *se passer d'acheter à l'étranger.*

Quels que soient les produits envisagés, quelles que soient les matières premières nécessaires à l'industrie, quelle que soit la denrée indispensable à notre alimentation, *nous les possédons dans la France continentale unie à la France coloniale.*

Qu'il s'agisse de riz ou de blé, de café ou de maïs, de cacao ou de pommes de terre, de raisins ou d'oranges, de haricots ou de bananes, de beurre animal ou de beurre végétal, de coton ou de soie, de bois communs ou de bois précieux, d'or natif, de gemmes, d'ivoire ou de perles fines, de morue ou de viandes indigènes, de pétrole, de houille, de minerais de fer[1], de nickel ou de chrôme, de caoutchouc, de phosphates, de nitrates, etc... nous avons tout cela. *Et tout cela en quantité suffisante.*

Mais alors?

Pas d'enfants.

Et je ne relis pas sans frémir ces lignes que M. Charles Benoist consacre aux revanches futures de l'Allemagne :

« ..... L'orgueil national regimbe : ils nient que l'Allemagne ait été militairement vaincue. Toutefois, il leur faut bien avouer (les conditions de la paix sont là pour le prouver) la défaite de l'Empire, trahi, prétendent-ils, et miné au dedans par la révolution : « C'est entendu, ajoutent-ils, vous nous avez « eus »; mais demain ce sera à notre tour de vous « avoir ». Nous

1. La Lorraine fait de la France la première puissance *de l'Europe* productive de minerai de fer. Environ 42 millions de tonnes annuelles.

n'aurons pas pour cela grand'chose à faire, nous allons continuer à avoir des enfants et vous à n'en avoir pas. Notre revanche sortira tout naturellement du nombre. »

« Ils ne se donnent pas un long répit, et ne nous font pas un long crédit : cinq ans, dix ans, quinze ans au plus[1]. »

Le 14 mai 1910, le ministère de l'Intérieur ordonnait au directeur de l'Assistance et de l'Hygiène publique de dresser le bilan des conditions économiques des familles nombreuses en France.

D'après les diverses propositions soumises au Parlement, on entendait alors par famille nombreuse celle d'au moins 4 enfants de moins de 13 ans.

Voici le compte :

```
218.458 familles ayant   4 enfants.
 93.544    —       —      5    —
 36.358    —       —      6    —
 13.545    —       —      7    —
  4.473    —       —      8    —
  1.481    —       —      9    —
    780    —       —     10 et plus.
```

Soit un total de 368.739 familles comprenant 1.712.322 enfants. Recherchant combien de ces familles se trouvent *dans une situation nécessiteuse* PERMANENTE, l'enquête a donné un total de 237.802 familles ayant 1.078.855 enfants !

Voilà le crime.

Eh quoi ! vous gardez 237.000 familles et un million d'enfants en état de détresse permanente, quand il vous serait possible de leur ouvrir l'accès aux centaines de millions d'hectares cultivables que vous possédez dans nos colonies de peuplement !

Vous ne comprenez pas que le rachat de notre race est dans la terre? L'idée ne vous vient pas que vous devez une part de votre gain aux enfants de ceux qui vous ont conquis, tant au

---

1. *Revue des Deux Mondes*, juillet 1919.

Maroc qu'en Algérie et en Tunisie, un million de kilomètres carrés de terres productives?

L'Oranie sera aux Espagnols, la Tunisie aux Italiens, la Nouvelle-Calédonie aux Australiens et Tahiti aux Américains.

Mais quelle part faites-vous donc aux Français dans ces colonies françaises?

On nous répond : « Elles n'ont pas le sou, vos 237.000 familles. » C'est exact. Mais avec les enfants, elles représentent plus de 2 millions de bras. Vos bras n'entendent rien à l'agriculture. Très juste, mais l'État a précisément pour mission de les éduquer. Ça me coûtera cher. Il est possible; mais beaucoup moins, à coup sûr, que l'inutile entretien de vos services, offices et autres institutions indispensables paraît-il au développement de nos colonies qu'un malheureux ne peut aborder sans être aussitôt congédié comme la misère.

Les sans le sou et les faiseurs d'enfants n'ont rien à espérer d'un mécanisme administratif qui a oublié sur ses rôles la rubrique émigration. Les spéculateurs, mercantis et autres écumeurs ont seuls droit aux égards de la statistique, du cadastre et des adjudications. La bonne volonté, la foi dans le travail, la vision obstinée du but, tout ce dynamisme de l'âme et des muscles est sans valeur aux yeux de fonctionnaires confortablement pourvus de tapis, d'émoluments et de retraites et qui jamais, — pour la plupart, — ne pratiquèrent les colonies qu'à la faveur d'allers et retours acquittés par la princesse.

Après tout, il se peut que je m'abuse sur l'éloignement systématique du «pauvre» des grands mouvements de la colonisation.

N'ai-je point lu, en mai 1913, le passage officiel suivant :

« Il conviendrait également de faire une publicité intense dans les départements les plus pauvres de France, dans les Alpes et les Pyrénées, pour y décider les habitants à venir coloniser le Maroc. »

Or, au moment où « les départements les plus pauvres de France » étaient sollicités, les conditions de la vie étaient fixées par une bande d'aigrefins maîtresse absolue des cours des loyers : boutiques à 1.500 francs par mois et petits appartements à 500 francs. Des maisons ayant coûté 20.000 francs se louaient 10.000 francs par bail de trois ans. Pour 200 francs par mois, l'immigrant pouvait se reposer dans la vermine d'un réduit pourri d'humidité. Des terrains achetés 30 sous étaient refilés à 100 francs le mètre carré.

Non, vraiment, la publicité intense ne s'imposait pas dans les départements les plus pauvres car les plus riches eussent eux-mêmes rencontré quelques difficultés à y suffire.

En dernière analyse, la création d'un *Service national d'émigration* s'impose en France. Ce service serait rattaché à l'*Office du commerce extérieur* qui est établissement public et dont le projet de loi constitutif dit à son article 7 qu'il a pour mission « de concourir à l'extension des débouchés dans les pays étrangers, les colonies françaises et les pays de protectorat ». On posséderait ainsi un organisme adapté à toutes les circonstances de la vie coloniale proprement dite et entraînant *ipso facto* la disparition des inutiles et coûteuses institutions qui, sous les étiquettes d'Offices algériens, tunisiens et chérifiens font double emploi avec les services de l'Office national et ceux des gouvernements spéciaux des colonies.

Ces conditions réalisées, il deviendra alors possible d'envisager nos possessions autrement que comme des fiefs où la spéculation multiplie ses chasses réservées.

Mais tout se tient. Quand les repopulateurs réclament, les dépopulateurs sévissent. Ceux-ci sont plus nombreux qu'on le suppose généralement. On en compte en littérature un certain nombre. Il s'en rencontre chez les sociologues néo-malthusiens. Chaque jour, les locataires en découvrent dans la loge des immeubles où retentit le « pas d'enfants » fatidique. Les plus honteux s'embusquent dans les petites annonces de journaux pour demander des « ménages sans enfants ».

Je connais très intimement une famille de quatre enfants — ce nombre n'a rien d'excessif — qui passa d'abord huit jours à Paris et, plus tard, trois jours à Nancy avant d'être agréée par un propriétaire. Ces messieurs qui comprennent les enfants sur les marches des parapets de la Marne et du Grand Couronné ne les comprennent plus sur les marches de leurs escaliers. Incohérence d'autant plus singulière que locataires et propriétaires se peuvent rencontrer dans le même deuil au groupe des pères et mères dont les fils sont morts pour la Patrie. Il semble bien que cette douloureuse communion dans le passé devrait se traduire par des rapports simplement humains dans le présent. Rien de pareil ne se manifeste et nous resterons dans l'incompréhension et la stupeur. Paris qui hébergeait 60.000 étrangers et la Meurthe-et-Moselle qui en acceptait 44.000[1] continueront, — toute généralisation mise à part, — à se détourner de la Française, mère de famille. Comprenne qui pourra.

L'enfant, « substance vivante et espoir de la nation », n'est plus admis qu'en littérature. Et « quand l'enfant paraît », c'est pour se plaindre auprès de ses parents qu'on bafoue. J'ai retenu les réflexions de René Bazin à propos des lauréats du prix Étienne Lamy et qui furent, en 1917, deux familles de la Haute-Savoie et de Saône-et-Loire. L'éminent écrivain écrit : « Cinq fils mobilisés, trois Croix de guerre, quelle belle aide à la France en guerre ! 16 enfants élevés, quels mérites cela représente, que de soins, que d'inquiétudes, *que de solles plaisanteries souffertes, que de tristes conseils méprisés,* et qu'on peut entendre au coin des haies comme au détour des rues. »

---

1. Chiffres de 1906.

Quelle cité accueillerait ces braves gens? Quelle municipalité rurale leur assurerait le gîte et le travail? La terre? En effet, seule la terre peut les recevoir. Elle n'est pas totalement prise en France et outre-mer, à quelques heures, elle continue nos provinces. Pourquoi la leur rendre inaccessible? N'est-il pas évident que le père nécessiteux subit l'attirance trompeuse des gros salaires offerts par la ville? Si l'homme cède à la tentation c'est, ou la déchéance amenée par les rancœurs, ou la misère sordide commandée par les répétitions du chômage.

Il est aisé de procéder au contrôle de ces alternatives en s'adressant à l'œuvre parisienne de « l'Hospitalité de nuit » que préside le vicomte d'Hendecourt.

En 1910, cette œuvre a reçu dans ses dortoirs 54.890 hommes, femmes et enfants, lesquels y ont passé 178.980 nuits !

Les professions de ces sans-abri vont nous fixer de suite. On compte : 24.570 *ouvriers du sol*, 19.089 ouvriers du bâtiment, 1.327 gens de service, 770 ouvriers d'art, 2.108 employés, 137 artistes, 23 professeurs[1], 31 étudiants, 1 homme de lettres, 2 journalistes, 39 clercs de notaire et d'avoué, 3 architectes, 25 pharmaciens, etc. La nomenclature complète est bien inutile. Ainsi, le contingent des ouvriers du sol s'inscrit en tête de la pitoyable liste[2]. Fileurs de comète et pêcheurs de lune? Point. Des malheureux qui, renonçant aux courants d'air des ponts et aux fortifs trop idylliques, recherchent, comme dit Gavroche, « à se plumarder dans une tôle pour se barrer des flics » aux procès-verbaux déshonorants.

---

1. A la séance du 18 juillet 1919, M. Merlin disait à la Chambre : « Dans un grand centre, j'ai appris la mort d'un professeur, licencié ès lettres, mort de faim, n'ayant aucune ressource, n'ayant pu conserver les leçons particulières qui le faisaient vivre. Le malheureux n'avait pas osé tendre la main et réclamer la charité publique. »

2. En moins de quarante ans, l'Œuvre a donné asile à 2.233.900 personnes.

Considérez ces 54.890 errants. Non seulement ils constituent la population d'une ville, mais leurs professions utilisées suffiraient à l'édifier de fond en comble ! Et que penser des 300.000 personnes qui vivent à Paris dans l'atmosphère douteuse des garnis, sans un meuble leur appartenant en propre et acceptant la vie à la petite semaine ?

Ainsi se pourrait vérifier par l'utilisation de tant de déchets la formule de l'avisé Booth Tucker : « En installant avec l'aide d'un capital *non placé*, sur un sol *non cultivé*, du travail *non employé*, il est possible de convertir une *trinité* de forces improductives en une *unité* de production. »

On le voit, la terre, et non le pavé est ici encore à la base du travail régénérateur. Car il s'agit bien de régénérer au sens le plus complet du mot et pas seulement d'amender, d'améliorer la cité anémiante et pléthorique.

L'argent n'est qu'un terme de cette équation résolutive.

Les prix Lamy, auxquels j'ai fait allusion sont de 10.000 francs. L'Académie les prolonge des 2.250.000 de rentes annuelles du don Cognacq affecté à 90 dotations de 25.000 francs chacune en faveur de familles pauvres composées d'au moins neuf enfants vivants, issus du même lit.

Constituées en bien de famille inaliénable — loi Ribot — ces libéralités garderaient un aspect de vigoureux instruments de fixation au sol, soit métropolitain, soit colonial français. Toute autre affectation transforme en secours ce qui devrait être un concours[1]. L'extinction du paupérisme demeure de ce fait ce qu'elle fut toujours : une chimère.

---

1. Le milliardaire américain Andrew Carnégie dont les libéralités dépassèrent 1.500 millions de francs, se détourna systématiquement des œuvres charitables proprement dites, mais chaque fermier de son village natal en Écosse devint propriétaire de la terre cultivée et reçut une rente annuelle de 1.000 francs.

A cet égard, il ne serait peut-être pas inutile de rechercher si l'action régionale ne peut appuyer efficacement la double action des pouvoirs et des mécènes.

Le décret du 25 avril 1919 portant création *d'offices agricoles* régionaux et départementaux m'apparaît comme le germe d'une idée constructive. En effet, l'office départemental a pour objet de dresser chaque année un programme d'action que résument l'application des mesures de toute nature susceptibles d'accroître la production agricole et le développement des institutions économiques, mutuelles et sociales.

Quant à l'office régional, son rôle est défini, en particulier, par l'organisation des recherches scientifiques à poursuivre, des fermes expérimentales à créer et des centres d'élevage à développer. Ce programme contient, en puissance, une œuvre de rééducation agricole pour l'égaré des villes demandant son retour à la terre et se présente *à priori* — puisque local — comme un sûr moyen de diffusion des exigences coloniales.

Je ne veux à preuve de cette indispensable extension que le témoignage du département de l'Aveyron — grand centre d'émigration — sollicitant pour ses cours d'adultes l'étude détaillée des colonies afin « que chacun ici puisse connaître, d'une façon précise, les productions, les richesses et les ressources que les colonies offrent aux ouvriers agricoles français. Et ceci, dans le but de détourner l'émigration possible vers ces terres d'avenir, vers ces Frances lointaines, plutôt que vers les cités bruyantes et malsaines *où tant de déboires attendent nos robustes campagnards* ».

J'ai eu précisément l'honneur de faire accepter et d'inaugurer les cours de géographie coloniale et de colonisation pratique aux cours d'adultes du lycée Charlemagne, à Paris. Si j'ai pu réveiller quelques braves garçons — et cette joie m'a été donnée — de l'hypnose hallucinante des villes, je m'en honore comme d'un acte voulu d'affranchissement. Les vœux aveyronnais évoquent les cités malsaines. Sait-on qu'à l'heure où j'écris, il existe encore à Paris 1.534 immeubles reconnus officiellement insalubres par le Comité d'hygiène et qui cependant groupent 85.617 habitants? C'est la population d'Orléans et de Rodez réunies. Or, dans ces maisons contaminées, la mortalité par tuberculose s'inscrit par 855 pour 100.000, alors qu'elle devrait être de 100 au plus d'après les tables de moyennes.

Songeons, d'autre part, que nous comptons en France un contingent supplémentaire de 400.000 tuberculeux de guerre retour des geôles allemandes, gazés par l'ypérite ou victimes du « cafard » prédisposant.

En vérité, ce sont là de bien fâcheux prodromes pour un accroissement utile et sain de notre natalité.

Et pourtant il nous faut des enfants ou nous sommes perdus. Tous les philosophes, tous les sociologues, tous les politiques et tous les médecins répètent unanimement que la natalité reste pour la France, une question de vie ou de mort.

Méditons ces paroles de M. Paul Deschanel : « Français, vous n'avez pas eu peur de la mort, aurez-vous peur de la vie? Le sang que vous avez répandu généreusement sur les champs de bataille, n'oserez-vous plus le transmettre aux générations? La France, par delà les tombes, cherche les berceaux ; resterez-vous sourds à sa prière? Vous avez accepté de mourir en soldats, refuserez-vous de vivre en citoyens?

« Il y a longtemps que vous, messieurs, vous aviez poussé ce cri de détresse; mais, avant le drame, on ne vous écoutait guère, on n'accordait à vos avertissements qu'une attention distraite. Aujourd'hui, l'heure tragique a sonné; il faut, ou vous écouter, ou périr[1]. »

Que faire?

Hé! c'est toujours à la terre qu'il faut revenir, à la terre que baigne le soleil microbicide et que lavent les pluies fécondantes.

-----

1. Discours de M. Paul Deschanel au *Congrès de la natalité*, Nancy 28 septembre 1919.

De cette terre salvatrice, je fais trois parts :

I. — *La terre de France.*

II. — *La terre coloniale française.*

III. — *La terre étrangère.*

I. — *Dans la terre de France,* près de 2 millions de familles qui la peuplent n'ont pas d'enfants. Trois millions de familles en ont un. C'est le désastre. Les conséquences s'aperçoivent nettement. La valeur totale de la propriété rurale qui, en 1870, était évaluée à 80 milliards ne représente plus aujourd'hui que 63 milliards de francs. Perte d'enfants, perte de richesses. Elle est ici de 17 milliards de francs.

L'abaissement du prix de la terre est constant. La dépréciation atteint parfois à des taux invraisemblables : Eure et Seine-Inférieure 45 0/0; Calvados, Orne, Mayenne 40 0/0; Eure-et-Loir, Manche 30 0/0, etc., etc.

Que le blé vienne à manquer dans le monde ce n'est pas ce dont je me préoccupe, — le monde entier en produit 30 millions de tonnes et n'en consomme que 19 millions sur ce chiffre, — mais du fait qu'il se raréfie en France, cela est un indice beaucoup plus sérieux et qui dénote une désaffection, assurément calculée parfois, de la glèbe nourricière. Et c'est là le péril.

En 1917, l'État français paye 50 francs le quintal de blé (alors que l'Angleterre ne payait que 39,70 à son agriculture et l'Amérique 42,33). L'intention d'encourager notre cultivateur et de le fixer à la besogne est évidente. Le résultat se traduit par 4.597.040 hectares ensemencés. C'est peu. L'État récidive et offre 73 francs pour l'année suivante. Que font nos hommes? Ils labourent 110.000 hectares en moins! La différence des prix offerts leur donnait de suffisants bénéfices même en restreignant les emblavures. Il fallait s'attendre à ce calcul qui imposa à l'État une perte sèche de 2 milliards. Il ne pouvait, en effet, s'exposer aux conséquences d'une élévation dans le prix du pain et fut obligé de soutenir le marché.

Et alors vous devinez à quelle effroyable série de débours nous nous livrons.

La France du blé en achète en 1918, 11.745.000 quintaux auxquels s'ajoutent 7.278.000 quintaux de farine et 8.770 quintaux d'avoine, orge et maïs. L'appel à l'extérieur recommença en 1919. De janvier à mai on importait plus de 8 millions de quintaux de blé. Les achats continuent. Où s'arrêteront-ils? Nul ne le pourrait dire. Mais comment nous étonner après cela que nous soyons pourvus, en France, de 40 milliards de papier-monnaie alors que l'Angleterre, pour une population sensiblement équivalente, ne présente au fiduciaire qu'une circulation de 5 milliards.

C'est que l'Angleterre a des colonies productives et une marine marchande qui les sert activement. Avantages que nous pourrions avoir et que nous n'avons pas par notre faute.

Croire à la base, que l'enseignement technique inséré dans l'enseignement primaire pourra retenir l'enfant au village et l'initier aux graves problèmes sociaux, est une illusion.

L'enseignement — à tous les degrés d'ailleurs — est affligé de tares congénitales. Il prépare aux joutes universitaires des examens et non aux luttes de l'existence. Son action immédiate est purement mnémonique, et j'ai vu dans nos collèges des élèves, appartenant aux classes préparatoires à l'Institut agronomique, incapables de distinguer un épi de blé d'un épi de seigle. Le manuel est dieu et les enfants des centres miniers du Nord continueront à apprendre la taille de la vigne quand les enfants du vignoble méridional seront initiés à l'organisation du carreau des mines. Nous n'y pouvons rien. Il faudrait tuer le mandarin et personne devant la formidable révolution

qu'entraînerait cette disparition n'ose appuyer sur le bouton.
Vous comprenez bien que les histoires du « vase de Soissons »
et du « panache blanc » sont infiniment supérieures à celles
des colonies pourvoyeuses de riz et de coton. L'absurdité est
reine des programmes et le carré de l'hypoténuse gardera
toujours la prééminence sur les carrés de choux. Pour l'admission
à l'Institut agronomique, la résolution d'un problème d'algèbre
donne plus de points qu'une bonne composition de sciences
naturelles. Le sinus l'emporte sur les méfaits du mildiou. C'est
là, si j'ose dire, caresser la science à rebrousse-poil.

En écrivant, j'ai sous les yeux un vénérable in-folio édité
en 1754 et qui renferme la substance d'une dissertation philo-
sophico-agricole éminemment suggestive. L'auteur compare les
avantages et les désavantages respectifs de la France et de
la Grande-Bretagne. Voici le préambule :

« La Grande-Bretagne est favorisée pour le commerce. Son
existence solitaire et isolée l'affranchit des dépendances diverses
qu'impose le voisinage des autres états. Son étendue est heureusement proportionnée à toutes les opérations que suppose
et qu'exige la marine. Ses productions en blés, en laines, en
bestiaux et en mines sont abondantes. L'industrie de ses
habitants s'exerce avec autant de confiance que de succès à
la culture des terres et aux travaux des manufactures. Toutefois, il faut considérer avec soin et plus spécialement *la politique anglaise par rapport au blé.* Longtemps cette nation s'est
trouvée au-dessous de ses besoins et dans l'obligation d'acheter
ses blés à l'étranger. Mais, depuis qu'elle en a fait un objet
de commerce, *sa culture a tellement augmenté qu'une seule bonne
récolte peut la nourrir cinq ans et qu'elle est en état de porter ses
blés aux nations qui en manquent.*

« Au cours des années 1748, 1749 et 1750, l'Angleterre a
devancé la France en blé pour près de 10.500.000 livres. Car

5

voici ce qui arrive quand on ne raisonne point. *Il vient des blés à bon compte de chez l'étranger. On les achète en négligeant aussitôt la culture de ses propres terres.* »

Déduction simpliste mais combien admirable ! Ces paroles écrites voici tantôt trois siècles sont toujours d'actualité. Mais dieux justes ! qu'il est loin le temps où l'Angleterre vendait ses blés après avoir accumulé dans ses greniers de quoi nourrir la population du royaume pendant un lustre entier !

A la veille de la guerre, elle n'aurait pu vivre *plus d'un mois* avec ses récoltes[1]. Des 4.578.000 hectares que représentaient naguère (année 1874) ses terres à céréales c'est à peine si on en retrouve un peu plus de 2 millions aujourd'hui.

Et je me hâte d'opposer à ces 2 millions d'hectares anglais *nos 15 millions d'hectares à céréales français et nos 5 millions d'hectares incultes.*

Ensemble 20 millions d'hectares à retourner pour garnir notre huche et qui seraient bien près de nous suffire si nous apportions un peu de méthode, d'initiative et de modernisme agricole dans l'art d'exploiter la terre, d'élever la plante et ainsi de fabriquer nos viandes.

Nous cultivons 69 0/0 de notre sol, alors qu'une autre de nos voisines — l'Allemagne — ne cultive seulement que 65 0/0 du sien. Et pourtant elle nous gagne en production de seigle, d'avoine, de sucre[2], de chevaux, de bœufs, de porcs, de pommes de terre, etc., etc. En Allemagne, 50 millions de tonnes de ces pommes de terre contre 13 millions de tonnes péniblement amassées chez nous. D'où proviennent ces différences acca-

---

1. « Si jamais les vivres et les matières premières cessaient de nous parvenir, nous, marins, nous estimons qu'en dépit de toutes nos victoires, nous nous trouverions dans une situation pire qu'après une bataille perdue. Sir Charles DILKE, *Faiblesse maritime de la Grande-Bretagne.*

2. V. chap. IV, sucre.

blantes? Sans aucun doute de la répulsion que nous marquons pour les perfectionnements de la technique en général et de la chimie agricole en particulier. Tant que nous ne voudrons pas nous résoudre à industrialiser la terre, nous en serons réduits à quémander notre brouet aux populations des Indes et de la Birmanie. Je reprends donc nos 15 millions d'hectares à céréales et nos 5 millions d'hectares incultes pour demander si ces derniers ne peuvent vraiment constituer des *terres de colonisation métropolitaine* en acceptant la formule de France d'abord en matière de colonisation? L'affirmative n'est pas douteuse en considération de l'intérêt national strict.

D'autre part, comme la terre est génératrice des familles nombreuses, on est tenu à l'extension de la propriété individuelle.

Actuellement, la répartition des exploitations agricoles en France se présente approximativement[1] comme suit :

Très petite propriété (moins de 1 hectare).....	2.087.881
Petite propriété (1 à 10 hectares).............	2.523.713
Moyenne propriété (10 à 40 hectares)..........	745.862
Grande propriété (40 à 100 hectares)..........	118.497
Très grande propriété (plus de 100 hectares)...	29.541

Ainsi donc l'ensemble des deux premières désignations nous donne un total de 4.661.594 propriétés d'un maximum de 10 hectares.

Le morcellement de la terre française nous apparaît ici d'une façon saisissante car, 10 hectares — encore qu'ils constituent un lopin intéressant — ça n'est pas le diable ! C'est le tiers de la superficie des Tuileries. Et si je considère la très petite

---

1. Approximativement, car il s'agit des chiffres empruntés à l'enquête du ministre des Finances de juillet 1908 et que la guerre est venue nécessairement modifier.

propriété comprenant un hectare pour une famille on en pourrait loger neuf sur la place de la Concorde !

Mais les nécessités de l'heure sont telles que l'hésitation n'est plus permise. Il faut que soient exploités nos 5 millions d'hectares incultes dans une mesure ou dans une autre. Divisez, lotissez, faites comme bon vous semblera, mais il est indispensable que la loi du 12 juillet 1909 constituant la petite propriété en bien de famille inviolable, insaisissable, inhypothécable, il est indispensable, dis-je, que cette loi soit épuisée) dans sa substance jusqu'à l'os. Le salut est dans la terre, et le crédit dans les bras qui besognent.

Interrogez 10 ouvriers. Les 10 ouvriers ignorent les dispositions de la loi de 1909.

Aucun ne sait qu'il peut retourner profitablement à la terre abandonnée. Aucun ne se doute de l'existence d'une autre loi, celle du 19 mars 1910, qui moralise le crédit agricole en le faisant reposer sur la seule conscience d'un travailleur.

Où trouver de plus complètes, de plus humaines et de plus admirables sollicitations à la création d'un foyer sain, indépendant et modelé pour la famille affranchie désormais de l'insupportable promiscuité de la maison ouvrière citadine, affranchie du logement insalubre, du garni, du bouge, des ponts, des fortifs et du polochon de l'Hospitalité de nuit accueillant aux pauvres rêves déçus?

II. — *Pour la terre coloniale française.*

France d'abord, oui, et colonies françaises ensuite. J'ai suffisamment montré, dans les pages précédentes, l'urgence des modifications ou améliorations profondes qu'il conviendrait d'apporter à tout notre système d'éducation, d'émigration et d'exploitation. Posons en principe que si notre empire colonial donnait son plein rendement nous serions les maîtres absolus de nos destinées économiques et que son peuplement en éléments français, partout où il est possible, nous assurerait contre la fatalité du dépeuplement métropolitain.

Sur le premier point, je me contenterai de quelques exemples d'ordre industriel et alimentaire.

Voici le pétrole. Dans le monde entier, il se substitue peu à peu à la houille. Nous achetons la totalité de nos besoins à l'étranger et, depuis des années, nous acquittons nos nécessités par milliards de francs.

En 1913, — ce n'était pas la guerre, — nous importions déjà pour 165 millions de francs d'huiles de pétrole et de schiste. Ces pauvres millions, que les hostilités ont rapidement rendus adultes, ont proliféré avec une si prodigieuse rapidité qu'ils prennent figure d'un fléau national.

Nos dirigeants, adoptant la philosophie de Zénon, soutiennent qu'il n'y a rien dans l'univers. Rien, pas même de pétrole en France et dans les colonies françaises. Et pourtant...

Et pourtant, si nous considérons le Nouveau Monde, nous possédons, de ce côté, Saint-Pierre et les Miquelons, les Antilles et la Guyane française.

L'Amérique, en somme, c'est un peu le Pérou et nous avons les plus grandes chances d'en rapporter d'utiles indications.

Encore qu'il nous serait possible d'obtenir du pétrole en distillant l'huile de foie de morue, un séjour au banc de pêche ne nous révélerait rien de particulier à propos des huiles minérales que nous cherchons.

Par contre, si nous abordons dans l'une quelconque de nos Antilles, nous serons immédiatement frappés par la variété et l'abondance des termes révélateurs du pétrole.

La répartition des îles, selon la courbe qui relie l'extrême pointe de la Floride à celle du Vénézuela, et le bouleversement géologique de la mince membrane qui accole les Amériques Nord et Sud, sœurs siamoises des grands Océans sous le nom d'Amérique Centrale, tout indique que nous nous trouvons ici sur un terrain propice aux fructueuses prospections.

Les carbures d'hydrogène, quelles que soient les opinions que l'on professe sur leur origine, paraissent affectionner les mers fermées. L'observation le démontre en Russie et en Turquie d'Asie. L'argument est valable après rupture des parois de ces mers.

A cet égard, on peut supposer que la mer des Antilles, prolongée par le golfe du Mexique et ceinturée de bout en bout par une chaîne ininterrompue d'îles de même nature géologique, présente un cas de mer intérieure à parois brisées.

Cette conception se renforcerait singulièrement si nous pouvions l'appuyer d'indices certaines de la présence des pétroles dans le cadre envisagé.

Or, ces indices sont nombreux. Nous les rencontrons, non seulement à la Louisiane et au Mexique, mais encore dans l'Amérique centrale : Guatémala, Nicaragua, Costa-Rica, San-Salvador, ainsi qu'au Vénézuela où s'amorce le chapelet des îles antillaises, à commencer par la Trinidad. Cette énumération se poursuit selon le tracé d'un ovale qui se ferme sur le plus gigantesque réservoir de pétrole qui se trouve dans le monde.

Pourquoi les Antilles françaises, qui constituent une portion de ce tracé, feraient-elles exception aux irrécusables témoignages fournis par le tracé total? On ne comprendrait pas. Et nous dirons que le pétrole existe aux Antilles françaises mais qu'il n'y est pas exploité.

Passons dans notre Guyane.

En affirmant qu'elle est une des contrées les plus riches de l'Univers, on rend hommage à la variété inouïe de ses ressources.

C'est le pays doré *(el dorado)* entrevu par les premiers voyageurs, et dont nous avons fait, avec le sens de l'à-propos qui nous caractérise, un territoire de relégation ! Affligeant paradoxe; mais nous n'en sommes plus à les compter.

Écrivons immédiatement que cette colonie est entièrement à reprendre en mains pour la porter au premier rang de nos colonies d'exploitation. Le fera-t-on? C'est peu probable. La routine se tient pour satisfaite d'un déplorable état de choses qui dure depuis trois siècles. Dans ces conditions, la preuve est faite d'une inguérissable ataxie. Pourtant, la Guyane hollandaise et le Brésil qui bornent le malheureux eldorado français secouent un peu plus chaque jour leur torpeur équatoriale. Elles progressent, se modifient, s'adaptent. Et voilà pourquoi elles nous vendent ce que nous pourrions produire. Elles s'enrichissent et nous nous endettons. Déchéance comme aux Antilles et passons. Passons en donnant de la Guyane française cette quadruple définition : c'est un bloc d'or, une boule de caoutchouc, un chantier de bois précieux, un puits de pétrole.

Les éléments constitutifs des pétroles étant indifféremment d'origine animale ou végétale, nous nous trouvons à la Guyane française sur un plan d'examen particulièrement favorable pour nous en assurer. Le cataclysme géologique constaté dans nos Antilles n'existe pas ici. Par contre, notre colonie pouvant être topographiquement représentée sous la forme d'un vaste rectangle aux dimensions kilométriques 400 × 320 nous constatons qu'en menant trois droites parallèles à la côte et sensiblement écartées d'une même longueur, on obtient des tranches schisteuses, gneissiques et de terrains primitifs qui constituent la signature des terrains pétrolifères.

Préfère-t-on en appeler aux témoignages des sapropèles? Ils abondent. On conçoit, en effet, que le drainage du Maroni et de l'Oyapok, poursuivi séculairement à travers une contrée où les oléagineux prédominent, laisse entendre la puissance des phénomènes de production d'huiles minérales au cours des âges géologiques. Le relief de la « machine ronde » ne devait pas manquer autrefois d'une certaine originalité pratique. Nos Antilles possèdent dans leurs couches crétaciques des espèces de Polypiers et d'Hippurites que l'on retrouve dans les régions pétrolifères de l'Autriche. A cette époque, le Nouveau Monde n'était pas à découvrir. Il collait à l'Ancien. Les partisans d'une Atlantide sont peut-être dans la vérité. Notons encore que nos départements pyrénéens aux huiles minérales abondantes occupent des terrains identiques à ceux de la Caspienne richissime. Donc.

Donc, nous pourrons conclure. De même que partout en Europe il y a du pétrole, sauf en France, de même dans l'Amérique du Sud il y a du pétrole, sauf dans la Guyane française ! Avouez que la guigne nous poursuit et que, somme toute, les milliards dépensés pour assurer notre plein d'essence sont justifiés par notre immense détresse en carburants.

La rouge honte vient au front quand on songe après cela que 30 départements français contiennent du pétrole.

Une mission britannique sonde la Guyane anglaise et en fait jaillir les huiles. Notre autre voisine le Brésil perfore ses terres et découvre le pétrole à Alagoas. La Colombie, l'Argentine, la Bolivie explorent et trouvent. Au Pérou, la Chambre des députés vote un projet de loi autorisant le Gouvernement à exproprier une partie des propriétés de l'*International Petroleum* et à les exploiter pour le compte de l'État.

Quant à la Guyane française, le plus riche territoire Sud-Américain, il n'y a rien. Si, il y a le bagne, qui ne travaille pas, qui ne sonde pas, qui ne produit pas. La Guyane qui possède du pétrole achète son pétrole, comme la France achète le sien. Voilà tout.

Et puis, à quoi bon insister sur nos déchéances en matière

de production? La vérité est si pénible qu'on hésite à la produire. Le pétrole guyanais? Il faudrait le conduire dans un port. Avec quoi?

Notre voisine nord, la Guyane hollandaise, a lancé des centaines de kilomètres de voies ferrées. Notre voisin sud, le Brésil, on a lancé des dizaines de milliers.

Savez-vous la longueur de notre lot?

Exactement 21 kilomètres !

Et depuis l'année 1852, date de l'établissement du pénitencier, plus de 60.000 bagnards furent occupés à ces « travaux forcés »; 21 kilomètres de ballast !

Et nous sommes installés à la Guyane depuis 1604.

Et voilà plus de trois siècles qu'à ces latitudes nous donnons au monde ce spectacle écœurant d'inactivité et de passivité !

Allons à Madagascar.

Voici trois cents quinze ans que nous sommes à la Guyane, deux cent quatre-vingt-quatorze ans que nous sommes dans les Antilles et vingt-cinq ans que nous sommes à Madagascar.

J'ai dit l'effrayante torpeur qui pèse sur nos colonies américaines depuis qu'on y cultive le bulletin de vote. Au vrai, l'indifférence que l'on constate à leur égard est commune aux trop vieilles personnes. Ces centenaires n'intéressent plus. En vain proclame-t-on que leurs richesses accumulées devraient inciter les héritiers à d'affectueuses attentions.

Rien n'y fait. Trop vieilles ! Je dis trop riches. Entre des mains plus expertes nos îles connaîtraient de meilleurs destins. Regardez à côté. Est-ce que Cuba, par exemple, a négligé l'indice que procurent les asphaltes de Pinar del Rio et de la Havane? Seulement l'outillage-transport contribue ici à l'audace des initiatives. Les 3.500 kilomètres de voies ferrées de l'île cubaine, lui composent une physionomie économique autrement sérieuse que celle de notre Martinique et de notre Guyane. Qui veut la fin veut les moyens. Qui veut le pétrole doit le rechercher et le véhiculer.

Je m'empresse de dire que l'avenir de nos jeunes colonies — et le lot est impressionnant — s'affirme avec davantage de grandeur.

Avant la guerre, exactement au 1er janvier 1912, on comptait à Madagascar une douzaine de concessions de combustibles pétrolifères ou bitumeux en cours de validité réparties sur les provinces de Tananarive, Ambositra, Vaknonkaratra et Fianarantsoa. C'est dans le canevas topographique compris entre les latitudes de Maintirano et de Morondava que se révèlent actuellement les espoirs les plus fermes. Et comme les huiles minérales sont proches parentes des carbones on les surprend orientées vers la masse des gisements de graphite que nous exploitons dans la proportion de plusieurs milliers de tonnes.

C'est après que des suintements de naphte furent observés sur les terrains de Folokara et de Maroboaly que l'on songea à pratiquer des sondages. On les multiplia également dans la région d'Ankaramy.

Le décret du 20 juillet 1897 ayant classé les mines en quatre catégories selon leur nature, il est possible de se rendre compte de l'intérêt qu'elles suscitent. La première catégorie comprenant les combustibles minéraux, pétroles, bitumes et asphaltes, on comptait à la veille de la guerre 150 gisements bornés situés, pour la plupart, dans les provinces de Tuléar, Majunga, Analalava Itasy, Bétroka, Maevatanana, Morondava et Nossi-Bé.

Madagascar ne peut donc manquer de se révéler à bref délai comme une région pétrolifère de tout premier ordre. Il suffira d'y pousser les sondages en profondeur et d'encourager inlassablement les tentatives.

Faut-il continuer l'énumération de nos richesses coloniales en pétrole? Elle serait trop longue.

Le Maroc, l'Algérie, la Tunisie composent une entité qui, dès avant la guerre, attirait déjà les sociétés étrangères de sondage. La tache du pétrole dans l'Afrique française du Nord s'étend de Rabat à Bizerte en débordant sur le Sud oranais[1]. Et que dire de l'Afrique occidentale française?

Faut-il parler des pétroles calédoninens et indo-chinois? Cet ouvrage y suffirait à peine. En conclusion nous avons pour les carburants et selon la déclaration d'un haut-commissaire « passé des contrats avec les États-Unis, l'Angleterre et les colonies néerlandaises ». Bien entendu, puisque ces contrats sont passés, il ne nous reste plus à nous-mêmes qu'à passer à la caisse pour acquitter ces contrats de cette servitude.

Autre exemple : *l'alcool carburant.*

On s'est étonné de la facilité avec laquelle l'Allemagne avait, en pleine guerre, paré à sa pénurie d'essence en généralisant l'alcool-benzol pour ses autos. Pourtant, il n'y a dans ce fait aucune diablerie. Disposant en abondance des matières premières indispensables, la Bochie devait nécessairement s'en servir au meilleur compte. Elle retira son alcool de ses betteraves et trouva son benzol dans la distillation de ses goudrons de houille. Sur ce chapitre nous ne saurions le disputer à une puissance qui produit 2 millions de tonnes de sucre betteravier alors que nous atteignons péniblement à un peu plus de 700.000 tonnes. Et telle était notre situation d'avant-guerre que, non seulement nous achetions à notre ennemie une partie du benzol qui nous était utile, mais que nous lui prenions également la graine de notre betterave industrielle. Et, voyez la malchance ! Cette graine produisait sur nos terres 25 0/0 de sucre en moins qu'en

---

1. Une concession de 74.000 hectares (deux fois la superficie du département de la Seine) fut même accordée à un groupe où l'élément anglais figurait en majorité.

Allemagne ! Oui, en vérité, nous avons beaucoup à faire et beaucoup à apprendre.

Est-il nécessaire de rappeler que nos terrains à betterave furent à ce point retournés par les marmites, gros noirs et autres calibres défonceurs, que, de longtemps, ils ne pourront revenir à leur forme primitive qu'on sait n'avoir jamais été bien brillante?

Et donc, obligation de nous tourner vers nos colonies pour en obtenir les alcools indispensables à nos carburateurs que la nature de la puissance explosive laisse d'ailleurs parfaitement indifférents. Alcooliques ou éthéromanes, il importe peu !

Jamais il n'est venu l'idée, à nos ministres successifs du portefeuille colonial, que nous possédions, outre-mer, la totalité des matières premières que nous achetons à l'étranger contre or en barre.

De l'alcool? Nous allons en trouver à ne savoir qu'en faire en considérant une plante, le mil, que l'on rencontre dans toutes nos colonies.

Allons dans notre vieux Soudan. Le mil y abonde. Expérience faite avec des moyens primitifs, 10 kilogrammes de mil ont donné 2 litres d'alcool à 70 degrés environ, ce qui revient à dire que 100 kilogrammes donneront 20 litres à 70 degrés et, si l'on prend la base de 90 degrés, nous en obtiendrons plus de 15 litres.

Avant la guerre, le mil était coté 10 francs les 100 kilogrammes et la main-d'œuvre revenait approximativement à 2 francs. Au total : 12 francs. Le litre d'alcool à 90 degrés revient donc à 77 centimes. En employant les procédés de distillation perfectionnés que nous possédons, les résultats eussent été infiniment meilleurs. A tout bien considérer, le mil peut donc rendre autant que l'orge, le blé et le maïs. Il donne 25 0/0 d'alcool à 90 degrés, laissant le prix du litre inférieur à 0 fr. 40. C'est un résultat.

Que si le mil vous chiffonne, nous pourrons alors avoir recours à la patate, autrement riche que la pomme de terre puisque son rendement théorique indique 13 litres 4 d'alcool pur aux 100 kilogrammes. Sachant que chaque pied de patate peut donner 5 à 12 kilogrammes de tubercules et que le rendement moyen à l'hectare varie de 15 à 25.000 kilogrammes on se rend compte des énergies motrices accumulées dans la chair féculente de cette simili-parmentière.

Abandonnons le mil et la patate, trop terre à terre, pour nous élever dans la flore souveraine des palmiers.

Voici le borassus, vulgo rondier. Ses spadices fournissent un sucre de couleur brune. Les distillateurs — en particulier dans nos régions indo-chinoises — en tirent un alcool de bonne qualité dans la proportion de 50 litres pour 100 kilogrammes de sucre traités.

Et notre caroubier algérien ! En voilà un tout désigné par sa richesse saccharine. En plantation régulière l'hectare peut fournir 40.000 kilogrammes de fruits. J'avertis la Ligue anti-alcoolique que l'eau-de-vie de caroube a de fervents dégustateurs.

Mais, à mon avis, le jour où l'on se décidera à jeter quelques tanks dans la brousse, l'alcool moteur devra être demandé au *bourgou* des Bambaras. Aucune culture savante. Cette graminée recouvre spontanément les marigots. Le bourgou est la plaie — ou la fortune — des immenses terres inondées qui bordent le Niger. On peut retirer de ses longues tiges des graines comestibles, du sucre et de l'alcool, voire la matière d'une excellente pâte à papier. Mais qui diable pense en France au bourgou sauveur?

Faut-il parler des fruits du sapotillier, de la pomme-cythère, des asphodèles?

Des milliers de plantes existent dans nos colonies dont il serait possible d'extraire l'alcool industriel. Cette question est essentiellement liée à l'exploitation intensive des éléments producteurs, à la distillation sur place et aux tarifs d'importation dans la métropole. Ce ne sont pas des difficultés insurmontables. Il suffit de vouloir pour aboutir. Nous produisons actuellement 3 millions d'hectos d'alcool. On en trouverait 10 millions sans rien bouleverser en France, en traitant les fruits, les tubercules, les grains et les bois qui s'offrent si généreusement à nous dans un empire où, vraiment, le soleil ne se couche jamais.

Évidemment je m'abuse.

Concevoir les machines agricoles alimentées par l'agriculture constitue un cycle admirable qui nous affranchit de la mine et du tank-steamer.

A ce titre, nous aurions cent motifs de nous pencher avec intérêt sur la flore coloniale.

On n'en fera rien, parce que, jamais, on n'a rien fait dans cet ordre.

L'affaire n'est pas intéressante. C'est trop loin.

Nous continuerons donc à acheter nos carburants à l'étranger qui y gagnera le double avantage de nous vider un peu plus de notre argent et de nous concurrencer sur tous les marchés. La force est à la base de toute industrie. Qui la possède à bon compte fabrique et vend à bon compte. C'est bête à faire pleurer. Et ce sont ces principes méconnus qui nous ont valu pendant la guerre de l'alcool à brûler à 8 francs le litre et de l'alcool bon goût à 20 francs.

J'entends que le Niger ce n'est pas le Pérou. Possible ! mais c'est tout de même l'alcool à cinq sous.

Et vous verrez que des sociétés se monteront en France, au capital de plusieurs millions, pour la carbonisation des noyaux de pêche et la distillation des barreaux de chaises.

Quant au Niger, le jour où il aura le bon esprit de se transformer en affluent de la Seine en venant arroser Asnières, nous penserons au bourgou naturalisé séquanien.

Ainsi le veulent nos méthodes gouvernementales.

Et voilà tout de même deux produits, pétrole et alcool, que la France coloniale possède en abondance et qui sont fort capables de contrebalancer l'insuffisance des houilles de la métropole.

Dira-t-on que rien ne presse et que l'essence et l'alcool ne constituent pas les carburants de l'avenir? C'est assez mon avis, mais la route — ou le puits, ou la plante — qui mènent à des richesses naturelles exploitables n'en demeure pas moins une route bonne à suivre.

Le pétrole, l'alcool? dites-vous, soit! Parlons pommes. Avec des pommes on fait du cidre. Oui, mais on fait aussi de la marmelade.

Écrire à ce propos que le cidre n'est point la boisson de l'avenir ne saurait, que je sache, entraîner la mort des pommiers. Pourquoi voulez-vous la mort des naphtes et des fibres?

En supposant que les moteurs s'affranchissent des hydrocarbures et de leurs dérivés, il restera toujours des industries qui en jugeront l'usage indispensable pour des buts définis.

Nous sommes à un stade d'évolution économique qui n'autorise aucun dédain. La science n'admet aucun déchet. L'économie ne consent à aucun laissé pour compte.

Si j'ai bien compris, nous devrions renoncer au concours des bœufs de labour parce que la motoculture les concurrence, et à l'usage des lampes à pétrole parce que les ampoules électriques plafonnent victorieusement dans nos appartements.

C'est parler d'or. Toutefois ces arguments sont spécieux. Je n'ose vraiment conseiller de renoncer à l'entrecôte éclairée par la mèche ignicole d'un pétrole que n'éteint aucun plomb fusible.

Que l'aliment-moteur idéal ne soit pas encore réalisé, d'accord.

Celui et ceux que nous possédons, si peu qu'ils nous coûtent, nous coûtent encore trop cher. Ainsi le veulent l'établisssement des prix de revient et la comptabilité au titre des frais généraux.

Tout de même, réfléchissons. Un aliment bon marché se peut rencontrer, par exemple, dans la houille blanche. Les glaciers la produisent à fonte continue et pour rien. Tenons-nous l'idéal? Non. L'eau en tant qu'aliment des turbines, et bien que n'ayant en soi aucune valeur positive, prend, aussitôt industrialisée, un prix d'utilisation très net. C'est celui que représentent l'entretien et l'usure des mille combinaisons matérielles pour faire une force active d'une différence de potentiel.

Disons-nous donc que le carburant de l'avenir — quel qu'il soit — ne sera jamais un carburant gratuit.

C'est dommage et j'en conviens. J'en conviens, navré de voir l'idéal aller retrouver les vieilles lunes.

Et voici que nous replongeons prosaïquement dans le plus épais réalisme comme les biffins plongent dans les poubelles pour en retirer non seulement des matériaux utilisables, mais aussi des arguments de morale scientifique.

L'os raclé du gigot, les démêlures coincées dans les peignes édentés, le fer-blanc torturé des pâtés de foie et les flanelles digérées par les aisselles, toutes ces navrantes rejetées au dernier plan après usage, sont hissées au plan supérieur pour utilisation nouvelle.

C'est la roue de l'adaptation qui les accroche au passage comme les enfants accrochent les anneaux aux chevaux de bois.

Pourquoi donc, ses essences ayant cessé de plaire, le pétrole ferait-il exception et, avec lui, l'alcool?

Le carburant de l'avenir? Vous le connaissez donc? Lequel est-ce? L'alcool? les gaz? ou les haricots, comme le laissait prévoir un humoriste? Tout est force dans la nature. La chute d'eau, la pierre qui tombe, le mégot qui se consume, le vent qui souffle, le bois qui flambe, les gaz qui explosent, le rayon qui vibre, le son qui se propage, l'inertie qui... Ouais! vous me menez un peu loin. Et je m'entends sur le carburant de l'avenir.

S'il faut supposer qu'à la poursuite de cet idéal nous devons sacrifier les disponibilités de notre sol et de notre sous-sol pour courir plus vite, je ne puis vous suivre. Allez seul.

Voyons un autre produit; le *ricin* dont l'huile est indispensable à l'aviation.

Dans les solitudes surchauffées de notre *bled* saharien, il suffit du mince filet d'eau d'une *séguia* pour le voir s'épanouir. Au Dahomey, le ricin atteint un développement rapide et extraordinaire. Il y est si abondant et si vivace qu'il recouvre la région du Mono[1]. Au Tonkin, le ricin est à ce point commun qu'on l'utilise pour l'éclairage; même constatation en Cochinchine. D'une façon générale, et pour abréger ce voyage rétrospectif, disons que dans toute l'Afrique française du Nord *le ricin est spontané et devient plante arbustive capable de tenir au sol pendant quatre années au moins*[2]. Que désirer de plus? Que désirer de mieux? Or, pendant toute la guerre nous avons acheté au Brésil la plupart du ricin qui nous était utile en lui payant 160 francs le quintal de graines que nous pouvions produire pour moins de 30 francs!

Nous pourrions, rien qu'avec nos possessions africaines, être les maîtres du marché du ricin. J'ajoute que les tourteaux de cette plante peuvent titrer 40 0/0 d'azote constituant de ce chef un engrais particulièrement recommandable. D'autre part, la tige du ricin donne des fibres acceptées pour la fabrication de la pâte à papier et des cordages. Ses feuilles procurent un fourrage vert estimé et sont une nourriture de premier ordre

---

1. Remarquons en passant qu'au Dahomey, la graine de la variété *Ben ailé* que l'on rencontre dans tous les villages fournit une huile d'horlogerie précieuse; nous dédaignons cette ressource comme tant d'autres.

2. Et ne serait-il point spontané que sa culture est des plus rémunératrices. Il suffit de semer 3 à 4 kilogrammes de graines à l'hectare pour obtenir un rendement de 1.800 à 2.000 kilogrammes.

pour l'*attacus ricini* (vers à soie). Profitons-nous de ces multiples avantages? Aucunement. Nous achetons à l'étranger ce qui s'offre à nous spontanément. Et nous l'achetons cinq fois plus cher. Triste !

Et que dire du *cacao* ?

Voici, pour 100 habitants, la consommation en France du chocolat :

Année 1831	2	kilogrammes.
— 1861	13	—
— 1881	33	—
— 1899	45	—
— 1910	63	—
— 1913	70	—

Nous nous dirigeons donc vers le kilogramme annuel et individuel. Pour faire du chocolat, il faut le cacao que produit le cacaoyer. Cette plante appartient à nos colonies équatoriales. Notre seule Guyane pourrait alimenter toutes nos usines. Or, nous importons pour 40 millions de francs de cacao. Et sur ce chiffre, les colonies françaises ne nous en vendent même pas pour 2 millions de francs ! C'est 38 millions que, de ce fait, nous payons annuellement à l'étranger ou, si vous préférez, aux planteurs de la Côte d'Or anglaise, de San-Thomé, de l'Équateur, du Brésil, de Saint-Domingue, de la Trinité, du Venezuela, de la Grenade, de Ceylan, du Lagos et de la Jamaïque.

Et remarquez que la nécessité, en cela comme en toutes choses, aboutit toujours à la création de l'organe.

C'est ainsi qu'en 1900 la Côte d'Or anglaise n'exportait pas 1.000 kilos de la précieuse denrée. Sa production atteint aujourd'hui 87 millions de livres.

Veut-on un autre exemple de féconde initiative? Il y a vingt-cinq ans, le Brésil — qui est le voisin de notre Guyane — était à peine connu comme producteur de cacao. Or, en 1908, — je prends une date au hasard, il en exportait déjà 33 millions de kilogrammes représentant une valeur de 50 millions de francs !

Mais tout est décevant dans ce rapide examen où il conviendrait de retenir encore le coton, le café, le caoutchouc.

Voyons, pour terminer, notre situation en face de cette dernière matière.

Par caoutchouc français, j'entends le caoutchouc brut produit par les colonies françaises.

Où en sommes-nous? Voici :

Nous avons importé 13.700 tonnes du précieux produit. Dans ce chiffre, l'Afrique française figure pour 2.700 tonnes.

Quelle misère !

2.700 tonnes pour les colonies réunies de la *Guinée*, du *Gabon-Congo*, du *Sénégal* et du *Soudan* toutes réputées pour leur richesse en caoutchouc « sauvage » par opposition au caoutchouc de « plantation » qui, lui, exige des capitaux, du soin et du temps. Autrement dit, les régions énumérées n'exigent qu'une main-d'œuvre indigène pour traiter l'arbre et les lianes. On peut aller dans la forêt récolter le latex comme on va à Bagneux cueillir la fraise. 2.700 tonnes !

Or, ces colonies représentent plus de 3 millions de kilomètres carrés, peuplés de 17 millions de noirs.

Dans ce jardin caoutchoutier, véritable jardin des Hespérides, *la France tiendrait six fois. 2.700* tonnes !

Et notez que pour le caoutchouc nous avons encore à notre disposition les riches terres de la *Guyane*, de la *Martinique*, de l'*Indo-Chine*, de *Madagascar* et de la *Nouvelle-Calédonie*.

Nous achetons ailleurs.

Il y a mieux. Nous avons conquis le *Cameroun* allemand. A lui seul, il donnait chaque année pour 12 millions de francs de caoutchouc.

Le *Togo* en fournissait pour 900.000 francs et les colonies allemandes du Pacifique pour 104.000 francs. Et je ne dis rien de l'Afrique orientale allemande représentée par 5 millions de francs à l'exportation.

Nous ne pouvons réaliser que 2.700 tonnes sur un domaine de 3 millions de kilomètres carrés.

Et pendant ce temps, année 1917, le Brésil extrait de sa sylve 40.000 tonnes !

Et les États-Unis importent 162.000 tonnes représentant une valeur de 1 milliard 165 millions de francs.

Et ces mêmes États-Unis ayant importé réexportent pour 30 millions de francs de caoutchouc brut.

Et nous achetons, nous achetons...

En supposant que la qualité « sauvage » fasse défaut, pourquoi ne point se rattraper sur la « plantation » ?

Planter, chez nous? D'où sortez-vous? Sachez que le montant des capitaux français engagés dans les *colonies étrangères de la seule Afrique* dépasse 3 milliards.

Dans ces conditions, comment voulez-vous qu'il nous reste assez d'argent pour exploiter le caoutchouc dans les terres françaises? Si vous en voulez absolument, achetez-le. Est-ce que vous n'achetez pas votre ricin, vos huiles, vos pétroles, vos blés, vos sucres, vos cacaos?

Et puis, quoi? Avez-vous entendu se plaindre les fabricants de pneus? Est-ce qu'ils chôment? Manquent-ils de matières premières? Se ruinent-ils? Non, que je sache.

Dès lors, tout va bien.

Les États-Unis absorbent 71 0/0 de la production mondiale qui est, à l'heure actuelle, de 257.000 tonnes. Ils achètent.

— Sans doute, mais le caoutchouc ne pousse pas à Chicago, tandis qu'on le trouve au Congo.

— Qu'est-ce que cela prouve?

— Cela prouve que l'on peut s'enrichir en achetant ce qu'on

ne produit pas mais qu'on se ruine infailliblement à vouloir
acheter ce que l'on peut produire.

— Périssent les colonies, monsieur, plutôt qu'un principe.

— Elles périssent, en effet, et leur agonie nous coûte cher.

La moralité je la trouve dans un numéro du *Temps* de juillet 1918. Le passage vaut d'être cité.

« Dans la formation des cabinets, l'attribution des colonies semblait n'avoir aucune importance.

« A la fin de la journée décisive, lorsqu'on avait pourvu de titulaires célèbres ou tout au moins notoires les *grands* portefeuilles, lorsque les ambitions personnelles étaient satisfaites, les exigences des groupes équilibrées et les *dosages* finement terminés, alors on s'occupait de distribuer les *petits portefeuilles* — travaux publics, commerce, colonies — entre les ministrables, de seconde zone, les camarades !

« C'est ainsi que, sauf des cas exceptionnels, la haute direction de notre empire colonial était confiée soit à quelque jeune parlementaire brillant mais trop près de ses débuts, soit à quelque vétéran d'esprit étroit et médiocre. Dans l'un et l'autre cas, c'était tant pis pour le développement intensif, rapide et suivi de notre empire colonial. Nous payons cher — *par des ruisseaux de sang et d'or...* le règne des incompétences prétentieuses ou tatillonnes. »

Pour que *le Temps* s'exprime avec cette violence inhabituelle, il faut que le danger soit grand et l'avenir terriblement sombre.

Je crois avoir, par un côté au moins, montré la justification de cette critique véhémente.

2.700 tonnes sur 3 millions de kilomètres carrés offrant le caoutchouc *spontané !*

Nous en sommes à notre quinzième milliard pour achat de matières premières à l'étranger. De matières premières que nous possédons à en revendre. Aussi bien n'y a-t-il pas lieu de nous étonner quand on affirme en pleine sincérité des faits que « des ruisseaux de sang et d'or » traversent « le règne des incompétences prétentieuses ».

Ce jugement pourpre est sans appel.

L'amertume de ces constatations, et peut-être aussi l'obligation pour l'État d'assurer aux démobilisés un appui tout au moins moral dans leur recherche d'une carrière active, a ramené l'attention sur les possibilités d'ordre colonial.

Et c'est ainsi qu'en juillet 1917, — je ne citerai que quelques exemples, — le conseil municipal de Meurad (Alger) émettait *le vœu* que les gouvernements de l'Algérie, de la Tunisie et du Maroc fissent des concessions de terres gratuites *aux agriculteurs* de la métropole et de la Belgique, victimes des déprédations allemandes.

De son côté, la Chambre de Commerce de Tunis constituait un office de placement pour les mutilés, réformés ou démobilisés de la guerre.

En ce qui concerne le Maroc, M. Pierron disait à la Chambre[1] : « Nous aurons aussi à nous libérer au Maroc des entraves internationales qui résultaient de la Conférence d'Algésiras », voulant marquer ainsi que notre nouveau Protectorat était décidé à tout l'effort français nécessaire à son développement économique.

Enfin, M. l'abbé Lemire déclarait[2] qu'il était indispensable « de doter les soldats de terres dans nos colonies ». Il ajoutait : « Donnez un rocher à un paysan, il en fera un jardin, à la condition d'être propriétaire. » Ce qui est vrai, dans la majorité des cas.

Le même jour, M. Boret, ministre, faisait entendre ces saines paroles : « A chaque famille son exploitation. » Ainsi favorable

---

1. Séance du 29 décembre 1918.
2. Séance du 3 juin 1919.

à la propriété familiale, il insistait pour qu'elle fût aidée par la constitution du crédit agricole et une participation de l'État en faveur des familles nombreuses. Lui aussi donnait son adhésion aux dotations de terres coloniales.

M. BORET. — Pour attacher les travailleurs au sol, il faut leur faire des conditions meilleures, harmoniser leurs salaires et leurs conditions de vie avec ceux des travailleurs des villes. Le meilleur moyen enfin serait d'assurer à tous les salariés l'accession à la propriété.

Puis toute la Chambre entraînée par un élan généreusement tardif vote un ordre du jour qu'il conviendra de ne point oublier :

La Chambre, confiante dans le Gouvernement pour intensifier la production agricole, facteur essentiel de la prospérité de la France, en facilitant le recrutement et la répartition de la main-d'œuvre agricole, la diffusion des engrais et l'emploi des machines agricoles, l'accession des travailleurs ruraux à la propriété, passe à l'ordre du jour[1].

---

1. 2 juin 1919.

CHAPITRE V

L'émigration nécessaire.

Il est bien inutile de vouloir épuiser la thèse de l'émigration pour conclure soit à son efficacité, soit à ses dangers au point de vue de la nation qu'elle affecte. Nous sommes sur ce sujet en présence d'une loi universelle, d'un fait humain qui, s'il supporte l'analyse, tolère bien peu la discussion, encore que par certains côtés — côtés des couleurs — les législateurs ne se font pas faute d'en appeler à des nécessités de protection basées bien plus sur la concurrence économique que sur la pureté de la race. Les blancs, les noirs et les jaunes en l'état actuel du monde vont lentement à la fusion mais enfin ils y vont et les prohibitions, les pénalités et les adjurations n'empêcheront pas la passion — ou l'intérêt — d'associer sur l'indestructible palette de la mouvante humanité les nuances des pigments.

Tous les peuples sont des composés ethniques. Et c'est encore l'Europe qui présente le plus vigoureux brassage des sangs. Nulle part, de l'Angleterre au Caucase, on ne pourrait surprendre un type exempt de mélange. Même observation pour les noirs et pour les jaunes considérés dans leurs milieux particuliers. La question de l'avenir — inquiétante, dit-on — réside dans la rupture éventuelle de la frontière des coloris. Et ainsi les deux hémisphères modelés aux désirs des blancs triomphants prennent, dans les âges futurs, l'aspect rébarbatif de corals où seraient parqués en Asie les jaunes et dans l'Afrique les noirs. Il s'agit d'interrompre le sport matrimonial bien antérieur à l'enlèvement des Sabines. Le malheur est que les Célestes ne s'intéressent plus à la muraille de Chine que le bélier des locomotives a crevée. Et le malheur est encore que les blancs sont venus d'eux-mêmes en Afrique, tandis que les noirs ont été amenés de force en Amérique. Quant aux rouges, l'Histoire nous apprend qu'ils n'ont jamais demandé qu'on édictât contre eux la peine de l'extermination.

Il se trouve que noirs et jaunes prolifèrent avec une ardeur toute primitive et que, affirme-t-on, c'est là le danger.

Outre que je ne vois pas ce qui empêche les blancs de les battre dans ce record, je me demande s'il est conforme à la morale que ces mêmes blancs considèrent les autres races comme vouées exclusivement à les servir. Ce genre d'esclavagisme camouflé est assurément discutable. Si la main-d'œuvre asiatique se montre aujourd'hui pour les blancs aussi nécessaire que le fut autrefois la main-d'œuvre africaine, il ne convient pas que ce concours serve uniquement la fortune des entrepreneurs. Donnant, donnant. Le refus de cette formule équitable ne peut qu'engendrer des conflits — ils sont déjà nés — fort capables d'ébranler à nouveau notre étroite planète. Les Chinois savent très bien qu'ils ont inventé la poudre. La politique qui déterminerait 400 millions de jaunes à l'application en grand de cette découverte serait parfaitement de nature à modifier nos idées sur la paix que l'on nous assure être instaurée définitivement dans le monde.

Et tout ceci pour convenir des droits égaux qu'ont les hommes à l'émigration, à l'association, au mariage, à la propriété, aux entreprises, et en fin de compte à la rémunération de leur travail et au respect de leur union dès l'instant qu'ils acceptent la soumission aux lois du pays où ils se fixent. Encore, peut-on souhaiter que ces lois ne soient point totalement prohibitives en tout ce qui touche aux droits essentiels de l'individu, quelles

que soient la couleur de sa peau, la forme de son nez et la coupe
de son costume.

Non seulement le droit d'émigration continentale appartient
à tout le monde, mais aussi le droit d'émigration transocéanique.
Ce dernier fut et est encore à la base de la formation des nations
américaines. Un Polonais venant s'établir en France n'est pas
sur un plan différent du Français allant s'établir dans l'Argentine.

On nous dit que le déracinement est dommageable à la nation-
mère. C'est exactement le contraire. L'unité de bras perdus est
compensée par la vertu agissante des qualités de la race exportées.
Le fait se vérifie journellement pour l'Angleterre aux États-
Unis, pour l'Espagne et l'Italie dans l'Argentine, pour le Portugal au Brésil, etc. Les peuples en travail de colonisation et
de nationalisation se trouvent en concurrence d'activité bien-
faisante et ne cèdent à l'absorption que selon leur degré propre.
Partout où se rencontrent des conditions d'inadaptation, le
milieu se défend de lui-même. C'est ainsi que nous sommes en
Annam depuis trente-six ans, or il ne s'y rencontrait en 1912
que 1.941 Français nés en France et seulement 142 Français
nés dans la colonie.

On pourrait établir qu'en un mois il est entré plus de Français
au Maroc qu'en Annam en trente-six ans. L'action du milieu
mais aussi la puissance des affinités — latines en ce qui nous
concerne — jouent donc un rôle qui, pour ne pas être toujours
prépondérant dans le phénomène des mouvements migratoires,
sont à retenir comme forces attractives et répulsives.

Quoiqu'il en soit, si nous abandonnons les conditions générales
pour envisager les cas particuliers, nous constatons que la
République argentine demeure, pour l'émigration française, le
centre d'absorption le plus considérable à l'heure actuelle.

Cette raison justifie un exposé pratique et clair, à la fois
guide et manuel, de nature à instruire l'émigrant éventuel des

possibilités que présente à ses efforts la jeune République sud-américaine.

Et puis, l'étranger venant librement chez nous, pourquoi nous serait-il interdit d'aller chez lui?

On s'est plaint — et parfois avec raison — de l'envahissement de la main-d'œuvre étrangère en France. On a donné au mot « métèque » une infamante signification sans vouloir opérer les filtrations nécessaires.

Personnellement, je préfère fixer mes regards sur la petite plaque de marbre blanc que l'on rencontre aux Invalides dans la salle des Volontaires étrangers. Elle nous révèle que :

Le XXI août MCMXIV
Des hommes libres
de toutes les nations du monde
s'enrôlèrent
ici
pour la France et le Droit.

20.000 hommes, 20.000 étrangers que rien n'obligeait à cette suprême démarche engagèrent leur vie pour empêcher notre mort.

Est-ce que ces sacrifices ne nous imposent pas des obligations?

CHAPITRE VI

L'exportation des capitaux.

Incidemment (p. 84) j'ai signalé le paradoxe de 3 milliards de francs d'argent français engagés dans les colonies *étrangères* d'Afrique alors que, dans ce même continent, les colonies *françaises* ne pouvaient, faute d'argent, se pourvoir d'un outillage de mise en valeur.

Des statistiques — dont je fais grâce au lecteur car les tableaux de chiffres sont toujours maussades — montreraient qu'avant la guerre la France était, de tous les pays de l'Europe, la plus grande exportatrice de capitaux.

L'argent — les banquiers sont des marchands — participe aux échanges internationaux comme les plumes d'autruche, le poivre et la marmelade. Ventes avantageuses ou placements fructueux, c'est bonnet blanc et blanc bonnet. Il y a un marché de l'argent comme il y a un marché de la cassonade. Dans l'un ou dans l'autre on peut faire de bonnes ou de mauvaises opérations. Seulement l'argent est favorisé à l'exportation. La douane pèse la cassonade pour lui appliquer des tarifs onéreux de sortie ou d'entrée, tandis que la poste ne peut rien contre le chèque ou le titre exportés sous enveloppe. La différence est sensible. Évidemment, elle ne suffit pas à expliquer l'engouement des Français pour le commerce des capitaux — à la veille de la guerre nous possédions pour plus de 40 milliards de fonds d'États et de titres étrangers ! — mais elle fait connaître le mécanisme, infiniment simple comme on voit, du placement et du déplacement de l'argent à travers le monde.

De toute cause et de tout effet on peut extraire une philosophie Essayons.

Il y a quelques années, un des économistes les plus éminents de la Grande-Bretagne, M. G. Paish, faisait à Londres une étude puissamment suggestive sur les capitaux anglais répartis dans le monde entier. M. Paish estimait alors à 67 milliards 400 millions de francs le total des capitaux anglais placés à l'étranger : Cette somme rend en moyenne un intérêt de 6, 20 0/0.

La plus grande partie des capitaux anglais placés à l'étranger se trouve aux États-Unis et dans les grandes colonies autonomes anglaises :

Les États-Unis occupent la première place avec un total de 688 millions de livres, puis vient le Canada avec 372 millions de livres et l'Australie avec 300 millions de livres. Une somme égale est placée dans l'Afrique et la Rhodésie. Les capitaux anglais placés dans l'Inde et le Ceylan se montent à 365 millions de livres. Les capitaux placés dans les pays de l'Amérique latine surpassent le total de 500 millions de livres, par contre, le total des capitaux placés dans les pays de l'Europe est infime.

En effet, le capital anglais placé en Russie est de 38 millions de livres; en Turquie, de 20 millions; en Espagne, de 19 millions; en Italie, de 11 millions; en Portugal, de 8 millions; en France, de 7 millions; en Allemagne, de 6 millions et dans tous les autres petits pays européens pris ensemble, de 36 millions de livres.

M. Georges Paish déclare, qu'en général, le capital anglais exporté à l'étranger se partage comme suit dans les diverses parties du monde : 53 0/0 dans les Amériques; 17 0/0 en Asie; 14 0/0 en Afrique; 12 0/0 en Australie et 5 0/0 en Europe.

Il y a, à ce propos, une remarque caractéristique à faire : c'est que ce que l'économiste anglais appelle des placements à l'étranger *sont surtout des placements dans les colonies anglaises;* c'est-à-dire des placements dont les conséquences ne peuvent être que profitables à la Métropole.

Que ne pouvons-nous produire des tableaux aussi consolants ! L'épargne française réservée aux entreprises coloniales françaises, non, en vérité, nous ne verrons jamais ça. Ce serait trop beau puisque, du coup, nous deviendrions les maîtres de nos destinées économiques. Il vaut mieux aider les mines d'or anglaises du Cap que les mines d'or françaises de la Guyane qui leur seraient pourtant de beaucoup supérieures en rendement à la faveur d'une exploitation rationnelle. De même, les pétroles russes et les pétroles mexicains méritent davantage notre aide pécuniaire que les pétroles français, tant métropolitains que coloniaux.

Je ne dis pas que nos compatriotes raisonnent ainsi, mais il est indiscutable que leurs banquiers les font raisonner de travers.

Somme toute, l'éducation du capital est à faire au même titre que l'éducation coloniale de l'épargne.

Je sais bien que l'opinion de M. Léon Say prend figure de dogme lorsqu'elle s'exprime sous cette forme : « La liberté est le nerf des affaires. La protection exercée par les Gouvernements détruit cette liberté. Protégez les gens contre les affaires et vous les ruinerez; si vous vous chargez de faire la fortune des particuliers, si vous ouvrez ce que l'on pourrait appeler, sans métaphore, un vaste bureau de placements pour les épargnes, vous tuez les affaires; le résultat de votre œuvre est tout le contraire de celui que vous avez rêvé[1]. »

En quoi un « vaste bureau de placements pour les épargnes », selon l'image de l'auteur, — qui laisse entendre par-là des

---

1. Séance de la Chambre; 15 novembre 1895.

suggestions et des directives — pourrait-il tuer les affaires et, surtout, les bonnes affaires?

Si ces conseils, suggestions et directives s'étaient manifestés à l'origine de notre exploitation coloniale la plus proche, nous n'aurions pas assisté au spectacle écœurant des phosphates de Tébessa (Algérie) sollicitant le concours financier français durant des années entières et n'obtenant rien.

Et puisque je cite nos phosphates, autant épuiser le sujet.

C'est en vain également qu'on tenta d'orienter l'épargne française vers les phosphates de Tunisie (Gafsa, Kalaa-Djerda, etc...). Ce furent, en majorité, les capitaux anglais et belges qui s'y intéressèrent au début. L'affaire se révélant de premier ordre, le portefeuille français consentit à s'ouvrir, plus tard, en sa faveur. Les capitaux de Kalaa-Djerda sont, en grosse majorité, italiens. Notre épargne n'a pas voulu répondre aux premiers appels de la Compagnie des Ports de Tunis, Sousse et Sfax. Mille cas de cette espèce seraient à citer, non seulement pour l'exploitation de nos richesses coloniales, mais aussi pour toutes celles que nous avons dédaignées dans la métropole et qui constituent, en faveur des sociétés belges, anglaises — et allemandes d'avant-guerre — autant d'inépuisables Golcondes.

Revenons en Tunisie, sautons par-dessus la Tripolitaine et suivons la côte. Voici les chemins de fer éthiopiens. Passons la mer Rouge; chemins de fer ottomans, 400 millions de fonds français y sont engagés sans compter nos intérêts dans les lignes Salonique-Constantinople, chemins de fer orientaux, Moudania-Brousse, Mersine-Adana, Beyrouth-Damas, Hama et prolongement, tramways libanais, Jaffa à Jérusalem, Smyrne à Cassaba, Homs à Tripoli, etc...

Je rappelle au passage que les colonies françaises, les plus riches intrinsèquement, Nouvelle-Calédonie et Guyane, ne possèdent pas, à elles deux, 70 kilomètres de rails!

Mais, demeurons en Turquie. 20 millions de francs de l'épargne française consolident le port de Constantinople et 7 millions s'étalent sur les quais. 5 millions sont allés au port de Salonique et les ports de Beyrouth et de Smyrne ont reçu, pour leur part, 20 millions d'argent français.

Et ce n'est pas tout. Nous avons placé 80 millions dans la Banque ottomane et dans la Banque de Salonique. Voici encore 10 millions pour les banques privées. Les maisons de commerce établies en Turquie d'Europe représentent un capital français de 17 millions et celles de la Turquie d'Asie 41 millions. D'autre part, la valeur des propriétés françaises est de 15 millions de francs pour la Turquie d'Europe et de 55 millions pour la Turquie d'Asie. Ajoutez 80 millions dispersés dans différentes entreprises et faites le compte. Vous obtiendrez 2 milliards 500 millions d'argent français placés dans ce pays où l'anarchie est le moindre des fléaux endémiques.

Au regard de ces chiffres, les convoitises allemandes ne pouvaient manquer de s'exprimer avec saveur.

« Que les 300 millions de Musulmans disséminés dans le monde, s'écriait Guillaume II, apprennent que je suis leur protecteur ! »

Et le prince de Hohenlohe-Langenburg, abattant les cartes, d'amplifier le concert : « Quand nous aurons relié, par nos voies transcontinentales, Constantinople au golfe Persique, toute l'Asie Mineure et la Mésopotamie seront sujettes de notre kultur. » A la bonne heure ! Et le capital français continuait à travailler pour le roi de Prusse sous l'œil amusé du brillant troisième Mehmed Réchad Khan V, qui joint à tous ses titres celui de « padichah de Turquie avec tous les pays qui en dépendent », c'est-à-dire l'Égypte [1], la Tripolitaine, la Cyrénaïque,

---

1. On remarquera la gravité des paroles que le Premier anglais, M. Lloyd George, prononçait le 19 août 1919 à la Chambre des communes : « Il n'est

la *Tunisie* et l'*Algérie*. Il ne manque à la liste que le Maroc, l'Espagne et le Languedoc de notre ancienne Narbonaise, autrefois provinces de l'Empire arabe.

Si quelques rentiers n'accordent aujourd'hui à certains de leurs titres qu'une valeur de papier peint, à qui la faute? Car, bien entendu, il conviendrait d'achever le périple de l'épargne française, habile à contourner notre empire colonial pour s'insinuer dans les guichets du monde entier jusqu'à concurrence de 40 milliards, alors qu'en France 20.000 communes sont dépourvues de bureaux de poste, que nos allumettes sont régulièrement ignifugées et que nous manquons d'une marine marchande.

Non seulement il conviendrait d'éduquer les capitaux, mais les moraliser ne serait pas inutile. On vient d'acquérir la preuve de cette nécessité dont conviennent, malheureusement un peu tard, nos hommes politiques, rendus prévoyants par les enseignements de l'épouvantable guerre.

Écoutons M. Louis Dubois, rapporteur à la Chambre[1] : « Nos créances à l'étranger ont été encore pour ainsi dire anéanties par la guerre. Où sont nos créances sur la Turquie, sur la Hongrie, sur la Bulgarie, sur la Russie, sur tant d'autres États? »

Oui, en effet, où sont-elles?

Mais, qu'on me comprenne bien. Cet exposé ne constitue que la critique du manque de discernement et de certaines applications de l'épargne française à l'étranger et non une opposition formelle au placement à l'extérieur de nos capitaux.

Aucune entreprise de quelque envergure ne serait possible

---

pas une question qui intéresse la Grande-Bretagne à un plus haut degré que celle de la Turquie. *L'avenir de l'Empire britannique dépend du règlement de la question de Turquie.* »

1. Séance du 9 septembre 1919.

dans le monde sans le concours de l'argent, accumulé pour fructification dans les coffres, caisses, tiroirs et bas de laine de toute origine.

Servir n'est pas le propre de l'homme. C'est également la vertu de ses économies.

Le Français peut-il habiter l'Argentine et s'y multiplier?

Avant tout examen des possibilités d'un pays, la première question que l'émigrant doit se poser est celle-ci : est-il habitable? c'est-à-dire, puis-je y travailler sans m'anémier et puis-je espérer y fonder une famille?

Les conditions d'habitabilité sont à la base de toute expatriation. L'affirmative totale résout le problème. La négative ne laisse place qu'à deux solutions : l'abstention pure et simple ou le risque.

L'équation de l'habitabilité pour la race blanche peut s'extraire de la loi suivante : Les régions tempérées de l'Amérique du Nord et de l'Amérique du Sud sont, du fait des conditions climatologiques et de l'expérience, des régions de peuplement.

Or, l'Argentine, à ses deux extrémités nord et sud, s'inscrit en latitudes sur la carte entre les parallèles 23° et 55°. Tirons une droite; nous obtenons 3.700 kilomètres pour la longueur du territoire argentin. Si nous portons cette distance sur notre méridien nous constatons que ces 3.700 kilomètres représentent la distance de Paris à Tombouctou ! Dans sa plus grande largeur, mesurée à la hauteur du vingt-huitième parallèle, l'Argentine accuse 1.700 kilomètres, distance supérieure à celle de Paris à Varsovie.

L'ampleur de ces coordonnées permet un examen facile. Sauf une faible tranche qui mord sur le Capricorne, la région argentine occupe, sur le planisphère, la place des cultures réservées aux régions tempérées et aux régions subtropicales, donc indices de richesses agricoles. Et quant à sa masse centrale, considérée dans la province de Buenos-Ayres, elle participe des noyaux de colonisation que l'on rencontre sur le même plan en Nouvelle-Zélande, dans l'Australie du Sud, au Cap africain, etc., pour se superposer au nord de l'équateur aux grandes agglomérations humaines des États-Unis, de l'Europe, de la Chine et du Japon. Nous sommes donc bien en Argentine en dehors des cadres interdits aux transplantations de race blanche et qui comprennent les zones polaires, désertiques et équatoriales.

D'une façon générale, les terres intertropicales demeurent dangereuses pour les Européens et ceux-ci s'en rendirent si bien compte, au début de la colonisation, qu'ils se trouvèrent dans la nécessité d'importer le nègre-main-d'œuvre devenu objet de traite. L'abolition de l'esclavage ne fut pas sans porter un coup sensible à la prospérité des vieilles colonies françaises d'Amérique et l'on sait, par ailleurs, que l'effroyable guerre de Sécession qui mit aux prises les territoires de l'Union eut pour cause la suppression de l'esclave qui devait accélérer — paradoxe attendu — la pullulation des noirs. D'ici à moins d'un siècle, la partie se jouera aux États-Unis entre noirs et blancs. Mais nous n'avons pas à redouter pareille éventualité en Argentine où l'élément africain de couleur est totalement nul. Qu'il nous suffise de savoir que la jeune République sud-américaine est qualifiée pour recevoir, en toute sécurité de travail, de santé et de natalité, les Français résolus à coloniser. Toutefois, une question angoissante se pose ici. Dans les conditions où se trouve la France actuellement, conditions que la guerre n'a fait qu'aggraver, les Français doivent-ils émigrer? Qu'ils le puissent, c'est indiscutable puisque rien, ni aucune loi ne s'y oppose; qu'ils le doivent c'est une autre affaire et nous ne discutons plus sur ce point qu'avec des arguments de moralité.

Il appartient donc à chaque homme de s'interroger.

Je ne dis pas à l'indécis : pars ! Je lui dis par toutes les pages de ce livre : « Si tu pars, voici ce qui s'offre à toi. Compare, réfléchis et décide-toi après avoir éloigné les chimères et pesé les réalités. »

DEUXIÈME PARTIE
COMMENT ALLER EN ARGENTINE?

CHAPITRE I

En route vers l'Argentine.

Prenons le cas d'un voyage France-Argentine et, plus spécialement, d'un voyage Paris-Buenos-Ayres.

Tout d'abord, il n'est pas indifférent de savoir quelle saison va nous accueillir à l'arrivée. Beaucoup de personnes ont renoncé aux déplacements de quelque amplitude, précisément parce que mal informées des mois les plus favorables à un séjour. Il va de soi, par exemple, que l'été ne s'impose pas pour une randonnée dans le Sud-Algérien.

Les saisons argentines peuvent se diviser de la façon suivante :

Printemps : septembre, octobre, novembre.
Été : décembre, janvier, février.
Automne : mars, avril, mai.
Hiver : juin, juillet, août.

Et encore doit-on se rappeler que la frontière nord de l'Argentine saute la ligne tropicale, tandis que la pointe de sa frontière sud est en direction d'un océan glacial. Enfin, les régions qui bordent les hautes altitudes des Andes présentent des caractéristiques saisonnières qui ne sauraient être celles des terres basses, baignées par l'Atlantique.

Voyons maintenant les détails de pratique. On peut adopter pour la traversée l'une des trois compagnies suivantes :

Chargeurs réunis, Compagnie de Navigation *Sud-Atlantique*, et Société générale de *Transports maritimes à vapeur*.

Ces compagnies assurent des départs fréquents, soit de Bordeaux, soit du Havre, soit de Marseille.

A Paris, rien n'est plus facile que de s'assurer une place puisque ces compagnies ont établi un bureau des passagers qui leur est commun.[1]

Un service mixte combiné par les vapeurs des compagnies Chargeurs réunis et Sud-Atlantique assure un départ de Bordeaux au minimum toutes les deux semaines, pour Buenos-Ayres, via Vigo ou La Corogne, Leixoes, Lisbonne, Dakar, Pernambuco, Bahia, Rio-de-Janeiro, Santos, Montévideo.

Les vapeurs desservant l'Argentine sont pour la Compagnie des Chargeurs réunis : l'*Aurigny*, le *Belle-Isle* et le *Ceylan*.

La Compagnie Sud-Atlantique dispose des paquebots suivants : *Samara*, *Liger*, *Garonna*.

Tous ces navires comportent généralement des aménagements de première et de deuxième classe, ou de deuxième classe économique, deuxième classe intermédiaire, troisième classe entrepont.

La Compagnie des Chargeurs réunis assure plusieurs départs du Havre.

La Société générale des Transports maritimes à vapeur

---

1. Rue Halévy, n° 2. Si les voyageurs sont à Bordeaux, le bureau se trouve Allées de Chartres, n° 1, et, s'ils sont au Havre, boulevard de Strasbourg, n° 99. A Marseille il conviendra de se rendre à la Société générale de *Transports maritimes à vapeur*, rue de la République, n° 70.

assure de son côté des départs de Marseille pour Buenos-Ayres, via Rio-de-Janeiro et Montévideo, par ses vapeurs *Plata*, *Valdivia* et *Formosa*, qui comportent des aménagements de première classe, deuxième classe, deuxième classe économique et troisième classe entrepont.

Quant à la Compagnie Sud-Atlantique, elle pourra mettre en ligne très prochainement les grands paquebots rapides *Lutetia* et *Massilia*, qui se classent parmi les plus importants des bâtiments modernes destinés au transport des passagers.

Il est possible, pour un voyageur de Paris, de passer directement de son train sur le bateau. En effet, un train spécial est habituellement formé la veille du départ, en gare d'Orsay par les soins des compagnies précitées. C'est là que se fait l'enregistrement des bagages.

Mais la connaissance des prix est indispensable pour établir le devis d'un itinéraire.

Actuellement[1] les prix minima de passage pour l'Argentine par les vapeurs de la *Compagnie des Chargeurs réunis* (bateaux : *Belle-Isle*, *Aurigny*, *Ceylan*) sont :

1re classe : 2.550 francs.
2e classe : 1.550 francs (sur les vapeurs ayant des 2es classes).
2e classe économique : 945 francs.
3e entrepont : 575 francs.

Pour les paquebots de la *Compagnie Sud-Atlantique* on notera les prix suivants :

1re classe : 2.100 francs.
2e classe : 1.475 francs.
2e classe intermédiaire : 900 francs.
3e classe entrepont : 550 francs.

---

1. Actuellement, car des modifications peuvent se produire, je donne les chiffres à titre d'indication. D'ailleurs, les compagnies peuvent toujours être utilement consultées sur ce point essentiel.

Les prix sur les vapeurs de la Société générale de Transports maritimes à vapeur sont établis comme suit :

    1re classe : 2.100 francs.
    2e classe : 1.475 francs.
    2e classe économique : 900 francs.
    3e classe entrepont : 575 francs.

Il est bien entendu que tous les prix indiqués ci-dessus pour les trois compagnies ne sont que les prix les plus faibles, car si l'on considère les premières classes, par exemple, certaines cabines mieux situées que d'autres comportent des suppléments.

Je ne dis rien des frais accessoires, tels que les taxes d'embarquement perçues à Bordeaux au profit de la Chambre de commerce et qui varient selon les classes de 2 à 5 francs. Et j'arrive à la question plus importante des bagages.

Les passagers des compagnies *Chargeurs réunis* et *Sud-Atlantique* ont droit au transport *gratuit* d'un certain poids de bagages, selon les classes qu'ils occupent. Savoir :

    1re classe : 200 kilos ou 1 mètre cube.
    2e classe...............)
    2e classe économique. } 100 kilos ou 1 /2 mètre cube.
    3e classe entrepont...)

Les excédents sont taxés à raison de 25 francs les 50 kilos ou 20 francs un dixième de mètre cube.

A noter enfin que les voitures d'enfants et les bicyclettes payent 75 francs, les motocyclettes 200 francs et les chiens 250 francs. Quant aux perroquets... mais on les rencontre surtout au retour et ces bavards, qui se glorifient d'échapper à terre à toute taxe, n'y « coupent » pas en mer. Voilà Jacquot prévenu.

Il est impossible de fixer à quelques heures près la durée de

Comment se peuple l'Argentine
Billets pour L'Argentine
Billets pour L'Argentine
de 1854 à 1899
2.375.426
Immigrants
de 1899 à 1916
3.698.662
Immigrants
C'est un total de...
6.074.088 Immigrants

la traversée qui demeure subordonnée au temps rencontré, voire à la qualité du charbon. C'est une affaire de tours d'hélice. En acceptant vingt-cinq jours pour la traversée France-Argentine, on risque peu de se tromper.

Nous voici arrivés.

I. — *Immigrants*. — Si nous appartenons à la catégorie des immigrants on trouvera au Chapitre II tous les renseignements désirables. La réception de ces passagers se fait indifféremment à Buenos-Ayres, Rosario, ou Bahia-Blanca, pourvues d'hôtels spéciaux.

II. — *Voyageurs isolés*. — Ceux-ci se trouvent dans la condition de tous les voyageurs libres de leurs mouvements. J'ajoute que ces mouvements sont singulièrement simplifiés dans une ville comme Buenos-Ayres, dont les 2 millions d'habitants disposent pour se déplacer d'un incomparable réseau de chemins de fer et de nombreuses lignes de tramways. Ayant quitté le métro à Paris, le voyageur le retrouve à Buenos-Ayres. Quant aux autres moyens de transport, tant hippomobiles qu'automobiles, ils foisonnent littéralement et rendent aisé le parcours des immenses voies de la capitale fédérale (la rue Rivadavia n'a pas moins de 15 kilomètres de long). Remarquons enfin que Buenos-Ayres, dont la superficie est de 19.000 hectares, absorberait deux fois et demie Paris, qui recouvre à peine 7.802 hectares.

Paris et Buenos-Ayres gardent des points de contact, non seulement dans l'architecture mais dans bon nombre d'organisations et d'institutions. C'est ainsi qu'à Buenos-Ayres, comme à Paris, on rencontre le Palace-Hôtel, le Majestic-Hôtel, Paris-Hôtel et le Grand-Hôtel.

Voici encore la Bibliothèque nationale, les Facultés de Droit et de Médecine, le Musée d'Histoire naturelle, le Musée national des Beaux-Arts, le Palais de Justice, la Maternité, le Jockey-Club, le Casino, la Scala, le Club des Étrangers, etc., etc.

III. — *L'élément français.* — Le Français, merveilleux explorateur est, d'ordinaire, un voyageur hésitant et timide. Après vingt-cinq jours de traversée, beaucoup de nos compatriotes se figurent encore qu'on ne peut aborder ailleurs qu'aux limites extrêmes du monde, parmi des populations au cannibalisme agressif. Il convient de rassurer ces imaginatifs que hante la vision du pithécanthrope.

Savoir que Buenos-Ayres est un peu Paris ne suffit point. Il est mieux de songer que c'est un peu Paris avec des Français authentiques. En fixant à 40.000 le nombre de ceux-ci dans la capitale fédérale, on n'est pas loin de compte. Le Cercle français de Buenos-Ayres ne le cède en rien au Club anglais de la même ville. La capitale fédérale compte 8.000 propriétaires français.

Rappelons, en outre, que si quelques Français résidant en France possèdent en Argentine une valeur de 120 millions de francs de biens ruraux, d'autres Français, mais ceux-ci fixés en Argentine, inscrivent à leur avoir 230 millions de francs de propriétés au soleil.

Les 40.000 Français de Buenos-Ayres se prolongent de tous ceux que l'on rencontre sur tous les points de l'Argentine, soit isolément, soit groupés en petites colonies.

En voici sur les terres de *Misiones* (principalement à *Posadas* et *San-Ignacio*) coincés entre le rio Parana et le rio Uruguay. En voici d'autres à cheval sur le Capricorne, dans le *Jujuy*. D'autres encore dans les régions de *Salta*, *Chaco* et *Entre-Rios*. Cette dernière province fut, durant de longues années, le fief élu de nos Savoyards dont les travaux assurèrent la fortune de San-José. Voici encore des Français à *Tucuman*, où le souvenir du passage de M. Clémenceau est demeuré vivace. En voici dans *Mendoza*, que nos immigrants vignerons affectionnent.

Autant dire que nos compatriotes sont partout, puisqu'il s'en trouve dans toutes les directions de l'immense glèbe de *Calamarca* et de *Formosa*, de *Cordoba* et de la *Pampa Central*.

Ils se connaissent, s'épaulent dans les moments durs, et pratiquent en toute circonstance les vertus d'assistance et d'entr'aide.

La mutualité française en Argentine groupe plus de cent sociétés. A Buenos-Ayres, les « Enfants de Lutèce » et les « Enfants de Béranger » entretiennent le souvenir de la patrie absente. La Société philanthropique française du Rio de la Plata possède un magnifique hôpital. Et comme dans toutes les localités de quelque importance on rencontre des médecins et des pharmaciens français, on peut dire que la douleur des nôtres s'atténue là-bas de la quiétude qu'engendrent la présence et les soins d'un « pays ».

D'ailleurs, l'abominable guerre révéla toute la grandeur de la charité agissante de nos compatriotes. Le *Comité patriotique français*, dont il convient de louer ici publiquement son président, M. Lernoud, clôtura sa mission après avoir recueilli plusieurs millions de francs répartis entre les œuvres de France et les œuvres de guerre constituées en Argentine.

C'est ainsi encore que les souscripteurs argentins, amis de la France, offrirent en décembre 1919, au maréchal Foch, un sabre d'honneur représentant l'arme que portait le libérateur de la République Argentine, l'illustre maréchal San Martin. Quant au maréchal Joffre, il reçut des mêmes fervents admirateurs une réduction en argent massif de la statue de San Martin, élevée à Buenos-Ayres.

Enfin, je m'en voudrais d'avoir laissé dans l'ombre l'œuvre si méritoire du *Comité des jeunes filles françaises* en Argentine, que présidait Mlle Suzanne Michon. C'est ce Comité qui reçut un jour de M. Louis Guillon, un généreux Français fixé depuis longtemps en Argentine, trois superbes bouvillons répondant aux noms de Wilson, Lloyd George et Clemenceau.

Aussitôt jetés aux enchères pour garnir la caisse du Comité, Wilson s'enleva à 2.040 francs, Lloyd George à 10.000 francs et Clémenceau à 44.440 francs. Ce veau fit la joie du tigre.

Il est inutile d'allonger la citation de ces manifestations d'ardentes sympathies à l'adresse de nos poilus et de détailler plus au long l'activité des œuvres et des institutions françaises en Argentine. Ce que je viens d'en rappeler brièvement suffit à nous convaincre que les vertus françaises ne cessent de s'épanouir dans la riche et belle République sœur.

CHAPITRE II

Le pays — Réception des émigrants.

L'Argentine possède une *loi d'immigration* qui est un chef-d'œuvre d'adaptation[1].

En voici quelques articles :

Art. 12. — On désigne sous le nom d'*immigrant*, en ce qui concerne l'application de la présente loi, *tout étranger*, qu'il soit journalier, artisan, industriel, agriculteur ou professeur, qui, âgé de moins de 60 ans, et disposant d'aptitudes suffisantes, arrive sur le territoire de la République en 2e ou 3e classe pour s'y installer, lorsque son voyage a été payé soit par lui-même, soit par la nation, soit par une province, soit encore par des entreprises particulières qui s'occupent de colonisation et d'immigration.

Art. 13. — Les personnes qui sont dans les conditions stipulées ci-dessus et cependant désirent ne pas utiliser les avantages de la présente loi, devront en faire la déclaration au capitaine du vapeur qui les a amenées; celui-ci les inscrit sur son journal du bord. On peut également faire cette déclaration aux autorités maritimes du port de débarquement et, dans ce cas, l'intéressé est considéré comme simple voyageur.

Cette clause n'est pas applicable aux immigrants qui viennent engagés comme tels, pour des colonies ou d'autres points situés sur le territoire de la République.

Art. 14. — Tout immigrant qui, par sa bonne conduite et ses aptitudes pour une industrie ou un art quelconque, se sera fait remarquer, aura droit aux avantages suivants :

a) A être logé et nourri aux frais de la nation, pendant le laps de temps fixé par les articles 45, 46 et 47.

b) A être placé dans le métier ou l'industrie qu'il aura choisi, à condition que ce métier ou cette industrie existent dans le pays.

---

1. Loi de 1876.

c) A été transporté aux frais de la nation à l'endroit qu'il aura désigné pour y fixer son domicile.

d) A introduire sans acquitter aucun droit de douane les objets destinés à son usage particulier, ses vêtements, meubles de service domestique, instruments agricoles, outils, plus une arme de chasse pour chaque immigrant adulte, et ce jusqu'à concurrence de la somme fixée par le Pouvoir exécutif.

ART. — 15. — Les dispositions de l'article antérieur sont applicables, par extension, aux femmes et enfants d'immigrants, à condition qu'ils donnent des garanties de moralité et d'aptitudes industrielles s'ils sont adultes.

ART. 16. — La bonne conduite et les aptitudes industrielles de l'immigrant pourront être prouvées au moyen de certificats délivrés par les consuls ou les agents d'immigration de la République à l'extérieur, ou bien encore par des certificats des autorités du domicile de l'immigrant, légalisés par les consuls ou agents d'immigration ci-dessus mentionnés.

Laissons le cas d'un simple voyageur[1] pour ne considérer que celui de l'immigrant proprement dit qui *accepte* le bénéfice de la *loi d'immigration*.

A la descente du bateau ses papiers sont vérifiés et visés. Un délégué monte avec l'immigrant dans un omnibus et ils arrivent ainsi à l'hôtel des immigrants sans se soucier des bagages que l'Administration fait retirer.

A l'hôtel, notre homme est inscrit et il reçoit un bon de séjour ordinairement valable pour cinq jours. La nourriture, excellente (lait pour les enfants), est gratuite et servie à table par des garçons commis à cet effet.

En cas de maladie, l'infirmerie de l'hôtel reçoit le malade.

Il convient, maintenant que sont assurés le gîte et le couvert, de trouver au plus vite l'emploi qui permettra de débuter dans la vie active.

---

1. Les papiers de celui-ci sont marqués à l'arrivée de la mention : *simple voyageur*.

Encore sur ce point l'immigrant est puissamment aidé et les concours ne lui font pas défaut.

On lui pose cette question :

— A quel endroit voulez-vous aller et quelle profession voulez-vous exercer?

Après quoi une liste des emplois disponibles dans la catégorie indiquée est soumise au postulant, accompagnée d'indications sur les salaires offerts et des conditions de la vie dans la localité.

Aucune vacance n'existe-t-elle, l'administration cherche elle-même du travail à l'immigrant et s'abouche immédiatement avec les organisations provinciales pour découvrir l'emploi visé.

S'agit-il pour une famille de se rendre dans l'intérieur; toutes les difficultés de direction et de mise en route, de billets et d'enregistrements sont résolues par des agents spéciaux jusqu'à l'installation du groupe immigrant dans le train ou sur le bateau.

La vigilance administrative s'exerce encore à l'arrivée. Un secrétaire de la Commission auxiliaire reçoit l'immigrant à sa descente du train et lui évite le souci du retrait des bagages. Puis, un domicile est offert où les nouveaux venus sont logés et nourris pendant dix jours afin qu'ils puissent, sans souci, utiliser ce délai à leur installation définitive.

En vérité, il serait difficile de rencontrer, sauf peut-être dans les services analogues de la Grande-Bretagne, une organisation plus adéquate aux circonstances et celle que nous venons de rappeler sommairement est tout à l'honneur de la République argentine qui l'a conçue et qui ne cesse de la perfectionner.

Maintenant que l'immigrant est assuré d'un accueil, de complaisances et de services aussi parfaits voyons le pays sur lequel il doit choisir le lieu de son établissement.

Quand on jette les yeux sur la carte de l'Amérique du Sud on est frappé de l'immensité de certains États et de l'étroitesse toute relative d'ailleurs, de certains autres.

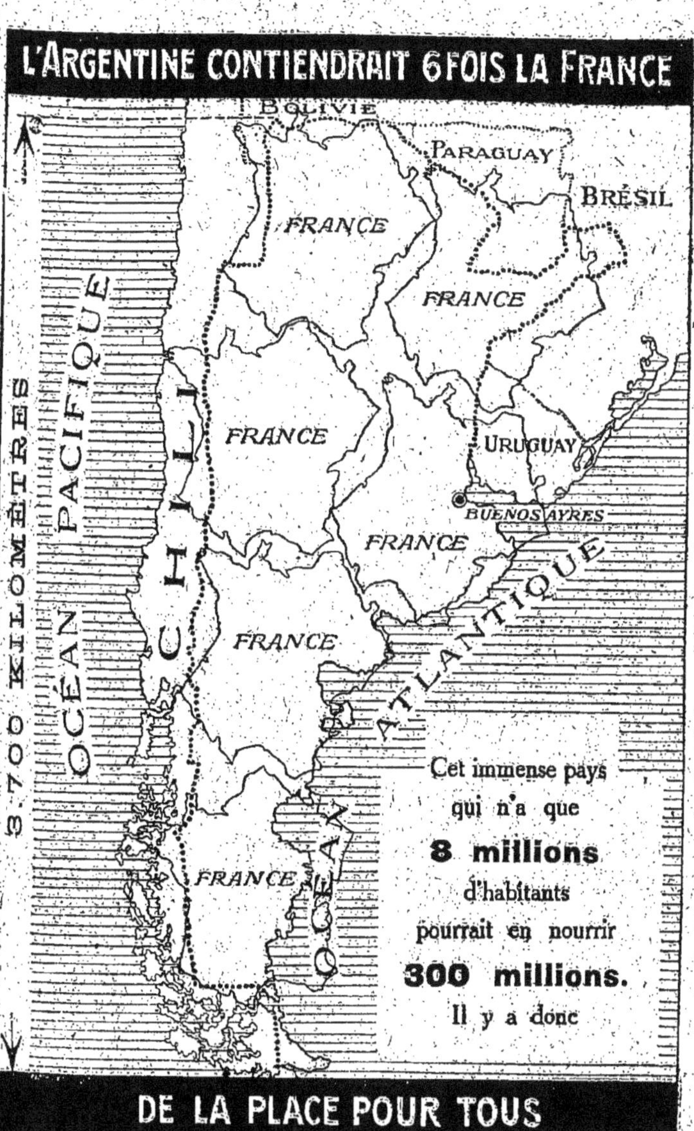

L'ARGENTINE CONTIENDRAIT 6 FOIS LA FRANCE
BOLIVIE
PARAGUAY
BRÉSIL
FRANCE
FRANCE
FRANCE
URUGUAY
BUENOS AYRES
FRANCE
FRANCE
FRANCE
3.700 KILOMÈTRES
OCÉAN PACIFIQUE
CHILI
OCÉAN ATLANTIQUE
Cet immense pays
qui n'a que
8 millions
d'habitants
pourrait en nourrir
300 millions.
Il y a donc
DE LA PLACE POUR TOUS

L'Amérique du Sud pourrait absorber près de deux fois l'Europe. Le seul Brésil contiendrait l'immense Australie, la France et la Grande-Bretagne réunies. Par contre, il serait nécessaire de deux fois la superficie du Paraguay pour recouvrir la France.

Ces contrastes superficiels nous sont offerts chez nous quand on oppose la Russie d'Europe à l'Italie ou à la Suisse par exemple. Mais, alors qu'on ne compte dans notre continent qu'un seul État dépassant un million de kilomètres carrés, on en rencontre six dans l'Amérique du Sud.

A ne nous en tenir qu'à l'Argentine elle présente une superficie de 2 millions 952.551 kilomètres carrés. La France y tiendrait donc 6 fois, l'Italie 10 fois, la Hollande 80 fois. Si en place de considérer ces nations isolément pour en faire des éléments de comparaison on les groupait pour le même usage, il serait possible de faire contenir dans la République Argentine les 11 pays suivants : la France, l'Allemagne, l'Espagne, le Portugal, la Grande-Bretagne, la Hollande, la Suisse, la Belgique, l'Italie, la Tunisie, l'Algérie, la Nouvelle-Calédonie et la Guyane française. Il resterait encore de la place pour y loger, très amplement, le département de la Seine avec un espace libre de plus de 35.000 kilomètres carrés pour circuler !

N'oublions pas, d'autre part, que la longueur de l'Amérique du Sud est de 7.450 kilomètres. Sur cette longueur, l'Argentine prend 3.700 kilomètres, c'est-à-dire que, de bout en bout, ou du nord au sud elle s'étale sur une distance de beaucoup supérieure à la moitié du rayon de la terre ! Ajoutons enfin que le développement de ses frontières[1] fournirait une droite allant de Paris à une extrémité de la Chine. Un train marchant sans arrêt à la vitesse de 60 kilomètres à l'heure mettrait sept jours à parcourir le tracé, supposé rectiligne, des frontières argentines.

––––––––––––

1. 10.200 kilomètres.

Ces aperçus, sans abus de chiffres, nous donnent une idée des immensités en face desquelles nous nous trouvons.

Le territoire argentin est divisé administrativement en 14 provinces, 10 territoires et un district fédéral.

Les provinces ont donné leur nom à leur capitale respective sauf pour la province de Buenos-Ayres dont la capitale est *La Plata*.

PROVINCES

Buenos-Ayres	*Rioja.*
Calamarca.	*Salta.*
Cordoba.	*San Juan.*
Corrientes.	*San Luis.*
Entre Rios.	*Santa Fé.*
Jujuy.	*Santiago del Estero.*
Mendoza.	*Tucuman.*

TERRITOIRES [1]

Chaco.	*Misiones.*
Chubut.	*Neuquen.*
Formosa.	*Rio Negro.*
La Pampa.	*Santa Cruz.*
Los Andes.	*Terre de Feu.*

DISTRICT ET CAPITALE FÉDÉRALE : *Buenos-Ayres.*

Je ne crois pas qu'il soit bien utile d'énumérer tous les départements argentins des provinces et des territoires.

Les écoliers de l'Argentine sont moins avantagés que les écoliers de France dans le terrible exercice de la nomenclature.

---

1. Ou gouvernement : *Gobernacion.*

PROVINCES	NOMBRE de DÉPARTEMENTS	PROVINCES	NOMBRE de DÉPARTEMENTS
Buenos-Ayres	108	Rioja	18
Catamarca	15	Salta	21
Cordoba	25	San-Juan	18
Corrientes	24	San-Luis	8
Entre-Rios	14	Santa-Fé	19
Juguy	13	Santiago del Estero	22
Mendoza	16	Tucuman	11

TERRITOIRES

NOMS	CAPITALES	DÉPARTEMENTS
Andes	San Antonio de los Cobres	4
Chaco	Resistencia	6
Chubut	Rawson	4
Formosa	Formosa	12
Misiones	Posadas	15
Neuquen	Chos Malal	12
Pampa central	Santa-Rosa de Toay	17
Rio-Negro	Viedma	7
Santa-Cruz	Gallégos	5
Terre de Feu	Ushuaïa	4

QUELQUES ÉTENDUES DES PROVINCES ET TERRITOIRES

Buenos-Ayres. — La superficie de cette province est supérieure à celle de la République de l'Équateur, ou encore à l'Algérie, à la Hollande et à la Belgique réunies.

Santa-Cruz. — La superficie de ce territoire est supérieure à celles de l'Italie et de la Suisse réunies.

Chubut. — Superficie supérieure à celle de l'Italie.

Rio-Negro. — Superficie supérieure à celles du Portugal, de la Hollande et de la Suisse réunis.

Salta. — Couvrirait la moitié de la Grande-Bretagne.

Santiago del Estero. — Couvrirait la Hollande, la Belgique et la Suisse

Cordoba. — Couvrirait la moitié de l'Algérie.

Mendoza. — Couvrirait la Hollande, le Portugal et la Belgique.

Santa-Fé. — Couvrirait le Portugal et la Hollande.

Entre-Rios. — Couvrirait la Hollande et la Suisse.

Corrientes. — Couvrirait la Hollande et la Suisse.

Tucuman. — Contiendrait quatre fois le département de Seine-et-Oise.

San-Luis. — Couvrirait la Hollande et la Belgique.

Catamarca. — Couvrirait le Portugal et la Belgique.

Rioja. — Couvrirait la Hollande et la Suisse.

San-Juan. — Couvrirait la Hollande et la Suisse.

Jujuy. — Couvrirait la moitié du Portugal.

Terre de Feu. — Couvrirait la moitié de la Suisse.

Misiones. — Couvrirait la Belgique.

Formosa. — Couvrirait la moitié de l'Algérie.

Chaco. — Couvrirait la Hollande et la Suisse.

Los Andes. — Couvrirait la Belgique et le département de la Seine.

La Pampa. — Couvrirait la Tunisie.

Neuquen. — Couvrirait la Hollande, la Belgique et la Suisse.

CHAPITRE III

Les habitants.

Quel est l'autochtone de l'Amérique du Sud? L'Indien, très probablement, mais lui-même est un immigrant. D'où venait-il? Laissons le soin de répondre aux discussions jamais épuisées de la préhistoire.

Quoi qu'il en soit, les Quichuas, Incas et Chibchas — qui ne manquaient point de civilisation, au contraire — étaient là quand se présentèrent les *conquistadores*. Et ce fut l'ère de l'escopette et des arquebusades. Le malheureux Diaz de Solis, *piloto mayor*[1], paya de sa vie la découverte du Rio de la Plata. Nous sommes en 1515. Les années s'écoulent et l'Espagne fortifie, par de nouvelles expéditions, sa précieuse conquête du territoire argentin. Buenos-Ayres est fondée en 1553. Les combats continuent entre conquérants et Indiens. En Europe, les grands événements du règne de Louis XIV, de la guerre de Trente ans et de la Révolution française détournent l'attention des vice-royautés transocéaniques. Et, d'ailleurs, l'Amérique du Nord est l'objet de luttes, de tractations et de convoitises qui suffisent à la chronique. Mais, voici que Napoléon place son frère Joseph sur le trône d'Espagne. C'est la guerre. Elle durera six ans (1808-1814), dates entre lesquelles s'insère l'indépendance des colonies espagnoles. Celle de la République Argentine est proclamée le 25 mai 1810.

---

1. Diaz de Solis avait succédé dans ce titre à *Amerigo Vespucci*.

Ce rapide exposé d'histoire rétrospective nous suffit.

L'autochtone, d'où qu'il provienne, est l'Indien et le conquérant l'Espagnol.

L'apparition des premiers blancs est donc fixée vers l'an 1500. Il va sans dire que, pendant des siècles — au moins trois — l'élément espagnol demeura en très faible minorité au regard des éléments indigènes beaucoup plus denses. La colonisation, proprement dite, demeura longtemps strictement espagnole car des lois sévères s'opposaient à l'établissement des sujets appartenant aux autres nations [1].

Peu à peu, pourtant, des exceptions furent tolérées. Français, Anglais, Italiens, Hollandais s'insinuèrent. D'autre part, les noirs avaient été importés, en particulier, dans le chaud Brésil. Puis vinrent les Chinois timidement fixés d'abord sur les exploitations péruviennes. Enfin, les Japonais rebondissent de l'Amérique du Nord inhospitalière vers l'Amérique du Sud plus accueillante. On devine qu'à la faveur des tout premiers apports il s'est produit un métissage important.

Mais il faut arriver à l'année 1852, c'est-à-dire à deux décades de la proclamation de la République, pour saisir un réel mouvement d'immigration.

Le tableau de la page 127 présente, d'une façon parlante, les variations, parfois très sensibles, du flot migratoire.

Il en résulte qu'en ces soixante-deux dernières années (1854-1916) le territoire argentin a reçu un peu plus de 6 millions d'immigrants. De 1857 à 1910 le chiffre était de 4 millions.

En Argentine, comme partout ailleurs, les entrées ne mesurent pas exactement l'absorption. Les sorties viennent en déduction.

---

1. Les Anglais n'apparaissent comme colonisateurs en Amérique qu'un siècle après les Espagnols. La première colonie anglaise est celle de Virginie (1606).

Celles-ci atteignent souvent au tiers. Ce qui revient à dire que sur 12 immigrants, par exemple, 8 demeurent et 4 s'en retournent. C'est le phénomène du flux et du reflux laissant un dépôt alluvionnaire de quantité variable.

Quel est le rang des nationalités dans l'échelle de l'immigration? Le tableau (p. 127) l'indique au premier coup d'œil et d'après les chiffres des relevés officiels arrêtés en chiffres ronds. L'élément latin est prépondérant avec 3.205.200 immigrants contre un total de 493.600 réuni par les Anglo-Saxons, Germains, Suisses et Belges.

Si nous nous reportions aux faibles immigrations constatées en pleine guerre, l'importance des nationalités apparaîtrait la même.

IMMIGRANTS

Janvier-juillet 1917.

Espagnols	2.791	Ottomans	15
Italiens	507	Grecs	10
Français	90	Danois	9
Portugais	47	Suisses	4
Anglais	38	Belges	2
Américains. N	30	Hollandais	2
Russes	22	Japonais	2
Austro-Hongrois	17	Divers[1]	293

Quand donc nous nous posons la question : quels sont les habitants de la République argentine? il nous devient possible de répondre qu'après les indigènes autochtones, les métis et les créoles, les éléments complémentaires sont invariablement issus de trois grandes latines : Italiens, Espagnols et Français; les premiers pour plus de la moitié, les seconds pour plus du quart et les troisièmes pour le dix-huitième environ des apports totaux.

---

1. Les différents blocus et la rareté des transports expliquent l'absence de certaines nationalités et la faiblesse numérique des entrées.

Tout en tenant compte de l'imprégnation arabo-berbère chez les populations immigrantes de l'Espagne, de la France et de l'Italie méridionales, on peut affirmer que le type argentin, qui résultera de la fusion de ces trois peuples, rappellera leurs caractéristiques harmonieuses.

Nous pouvons maintenant nous demander quelles sont les professions des immigrants.

Un tableau, emprunté à deux années récentes, nous renseignera. Voir pages 124 et 125.

L'état actuel de l'immigration dans les Amériques donne la première place aux États-Unis et la seconde à la République argentine ainsi que le montre le tableau page 15.

Mais, étant donnée l'immensité des territoires argentins, est-ce qu'il n'existe point des noyaux autour desquels viennent se cristalliser les diverses nationalités? On peut se le demander car le phénomène est constant — sous toutes les latitudes et dans toutes les circonstances — des hommes cédant aux affinités de l'origine et de la langue commune. Il n'est pas nécessaire d'aller à l'étranger pour s'en rendre compte. Les grandes cités d'Europe nous montrent des quartiers élus de préférence par tels ou tels immigrants. A la caserne le phénomène est d'ordre régional. Moins d'une heure après la rupture des rangs, les Auvergnats, Bourguignons ou Normands se sont rejoints pour former autant de groupes distincts. Le clairon de l'appel général le cède à la voix des cloches natales dont les vibrations persistent dans les âmes. Et c'est l'appel individuel.

Cet appel existe-t-il outre-océan?

Pour le savoir prenons un intervalle quelconque, par exemple celui qui sépare les années 1906-1915, et regardons vers quels provinces ou territoires de l'Argentine essaiment les familles de même nationalité.

De 1906 à 1915

Direction prise sur le territoire argentin par les 15 nationalités suivantes :

NATIONALITÉS	Capitale Fédérale	Buenos-Ayres	Santa-Fé	Entre-Rios	Corrientes	Córdoba	Rioja	Catamarca	Tucuman	Santiago del Estero	San-Luis	Mendoza	San-Juan	Salta	Jujuy	Pampa	Misiones	Chaco	Formosa	Rio-Négro	Neuquén	Chubut	Santa-Cruz	Tierra del Fuego	TOTAL
Russes	6.180	165.482	65.556	3.887	2.055	44.025	368	475	19.785	3.806	4.600	57.140	10.938	4.822	3.386	13.111	576	2.170	961	5.940	700	3.458	2.827	474	442.875
Italiens	2.129	123.865	92.623	3.497	724	45.070	197	207	8.007	1.577	2.520	38.424	2.134	1.386	1.298	9.684	238	660	527	1.212	193	803	425	153	395.639
Espagnols	1.039	27.284	8.240	15.393	202	2.539	34	12	2.162	654	1.336	2.807	280	1.801	835	4.406	1.421	595	184	495	97	324	341	95	72.881
Austro-Hongrois	10	5.956	2.845	641	130	1.238	63	104	1.087	335	385	1.354	58	528	580	385	733	279	208	137	23	142	216	8	17.525
Allemands	105	3.384	1.821	1.465	304	1.023	80	27	506	133	330	758	65	334	170	300	554	75	38	174	28	216	162	19	12.380
Ottomans	101	1.988	1.174	204	113	730	9	47	1.443	792	61	500	98	303	551	190	78	101	32	22	10	25	20	0	7.898
Portugais	56	4.218	399	12	28	331	0	0	356	64	25	236	14	18	40	203	7	15	33	153	3	177	57	1	6.654
Français	89	1.976	1.216	86	25	755	4	10	192	54	53	818	93	55	52	192	55	32	3	51	8	48	32	3	5.902
Danois	22	5.782	694	114	20	247	0	3	40	9	11	56	13	5	65	103	15	28	2	11	4	32	73	19	4.451
Grecs	55	1.108	230	131	20	171	2	0	288	113	140	249	8	140	261	8	9	39	4	25	10	14	18	55	3.907
Anglais	45	572	302	79	6	247	4	8	340	16	33	192	71	160	80	58	31	8	11	18	17	178	68	0	2.860
Bulgares	2	1.085	272	0	0	23	0	0	109	39	22	168	0	100	78	0	0	45	0	5	0	0	5	0	2.046
Monténégrins	1	844	255	20	3	26	26	12	26	82	19	36	6	0	10	1	1	0	0	0	0	0	0	0	1.393
Suisses	4	186	205	20	5	124	0	0	74	55	18	20	2	23	1	6	20	10	6	9	3	31	13	5	925
Uruguayens	0	406	12	8	4	37	0	0	32	0	8	10	0	0	0	187	14	0	7	0	0	68	5	0	810

Le tableau page 124 montre que les Français, dans l'intervalle indiqué, ont pris les directions suivantes :

Buenos-Ayres	1.976	San-Luis	53
Santa-Fé	1.216	Jujuy	52
Mendoza	818	Rio-Negro	51
Cordoba	755	Chubut	48
Tucuman	192	Chacot	32
Pampa	192	Santa-Cruz	32
San-Juan	93	Corrientes	25
Capitale fédérale	89	Catamarca	10
Entre-Rios	86	Neuquen	8
Salta	55	Rioja	4
Misiones	55	Formosa	3
S. del Estero	54	Terre de Feu	3

D'après ces indications, nos compatriotes — si nous ne retenons que les quatre premières provinces — se fixeraient donc de préférence entre les parallèles 30 et 38 dans une proportion de 4.765 immigrants sur 5.902. Mais, ils figurent dans toutes les cases du tableau, prouvant ainsi que les directions leur sont indifférentes et qu'ils acceptent les régions tropicales de Jujuy[1] avec la même facilité que les régions fraîches de la Terre de Feu[2].

Si l'on veut se représenter rapidement l'ampleur des mouvements d'entrée et de sortie (immigration-émigration), il suffira de recourir aux indications fournies par quelques années.

1907	Immigrants	257.924	gain :	119.861
	Émigrants	138.063		
1908	Immigrants	303.112	gain :	276.080
	Émigrants	127.032		

---

1. Il est vrai que Jujuy présente, grâce à la différence de ses altitudes, l'avantage d'un double climat; régions torrides voisinant avec des sommets aux neiges quasi-éternelles.
2. Où il n'est pas rare d'observer 15 degrés de froid.

Ceux qui vont en Argentine
Italiens
1.994.900
Espagnols
1.013.500
Allemands
47.100
Anglais
46.700
Français
196.800
Suisses
29.800
Austro-Hongrois
69.400
Autres nationalités
279.500
Belges
21.300
donc près de 4 millions d'hommes
en 53 ans (1857-1910)

1909 {	Immigrants............	278.148 }	gain :	140.640
	Émigrants.............	137.508		
1910 {	Immigrants............	289.640 }	gain :	191.776
	Émigrants.............	97.864		
1911 {	Immigrants............	225.772 }	gain :	105.063
	Émigrants.............	120.709		
1912 {	Immigrants............	348.570 }	gain :	206.160
	Émigrants.............	142.410		

Total : 1.029.579

On voit ainsi combien les pays, qui attendent de l'extérieur, bien plus que de leur natalité, l'élévation de leur coefficient démographique, sont soumis aux variations incessantes de la hausse et de la baisse.

Pourtant, si l'on traduisait la courbe des six années rappelées ci-dessus, on verrait que la ligne est en ascension continue puisque nulle part les sorties ne sont égales aux entrées. Dans son ensemble, le gain apparent est ici de 1.029.579 unités.

En disant que la population actuelle de la République argentine est sensiblement supérieure à 8 *millions d'habitants* on est bien près de la vérité.

Or, cet admirable pays pourrait supporter, sans aucune gêne, 150 à 200 *millions d'habitants*.

Nous sommes loin de compte ! Il y a, pourrait-on dire, de la place pour tout le monde, car si nous sommes en France 70 habitants au kilomètre carré — ce qui n'est pas énorme, — c'est à peine si l'Argentine atteint 2 habitants sur la même superficie.

Si nous appliquions au kilométrage de l'Argentine les 70 occupants du kilomètre français nous obtiendrions, pour la jeune république sud-américaine, une population de 207 millions

---

1. Aux États-Unis, le plus petit des États de l'Union, Rhode-Island supporte 170 habitants au kilomètre carré. La Hollande en supporte 172

d'habitants en chiffres ronds; soit un tiers de plus que n'en compte l'Afrique entière !

Est-ce excessif? Non. L'Allemagne supporte 120 habitants au kilomètre sur un sol qui ne passe pas pour particulièrement favorisé. Portons ces 120 habitants sur les terres fécondes de l'Argentine et nous obtenons cette fois, pour elle, plus de 350 millions d'habitants !

Rien de chimérique dans ces calculs.

Plaçons-nous sur un même plan de comparaison en prenant l'exemple des États-Unis.

En 1810, ils possédaient la population actuelle de la République argentine (exactement 7 millions 239.814 habitants). Partons de cette date et de ce nombre et voyons les progrès réalisés de dix en dix ans.

ÉTATS-UNIS

PROGRÈS DE LA POPULATION

1810. —	7.239.000 habitants.	
1820. —	9.654.000 —	
1830. —	12.866.000 —	
1840. —	17.069.000 —	
1850. —	23.200.000 —	
1860. —	31.445.000 —	
1870. —	38.558.000 habitants.	
1880. —	50.155.000 —	
1890. —	62.722.000 —	
1900. —	76.393.000 —	
1910. —	92.027.000 —	
1919. —	114.000.000 —	

Ainsi donc, et toutes choses égales d'ailleurs, le développement de l'Argentine accepté par les latins avec autant d'empressement que les Anglo-Saxons et les Allemands acceptent les États-Unis, peut et doit être admis sans réserve. L'Argentine réalisera en un siècle les progrès obtenus par les États-Unis dans le même temps et, sans doute, avec plus de vigueur encore, car si

---

1. En 1810, on ne comptait dans la République Argentine que 500.000 habitants.

l'Amérique du Nord touche à son point de stabilisation [1], l'Amérique du Sud naît à peine et se trouve bien loin, par conséquent, de l'épanouissement économique promis à l'exploitation de ses incalculables richesses naturelles.

------

1. Aux États-Unis, MM. Johnson et Sherman, membres de la commission d'immigration, ont déposé en août 1919, sur le bureau de la Chambre des représentants, un projet de loi interdisant formellement l'immigration quelconque pendant une durée de deux années et préconisant la déportation de tous les sujets étrangers qui, au cours de la guerre, ont sollicité le retrait de leur certificat de naturalisation, dans le but de se soustraire au service militaire.

Après ces deux années seulement seraient admis les immigrants porteurs de passeports ou ceux qui feraient une déclaration verbale, attestant de leur désir de devenir citoyens américains.

Toute entrée frauduleuse serait frappée d'une peine de cinq ans d'emprisonnement et d'une amende de 1.000 dollars. Le délinquant serait en outre déporté.

CHAPITRE IV

La langue.

La *langue espagnole* est véritablement la langue officielle de toute l'Amérique du Sud mais les langues usuelles ne manquent pas; *langue portugaise* au Brésil, le *guarani* au Paraguay, la langue *quichna* en quelques régions du Pérou, la langue *aymára* en Bolivie, les langues *araucanes* en Patagonie et dans les Andes chiliennes. La *lingua geral* qui est un aggloméré de guarani et de portugais est répandue dans tout l'immense bassin de l'Amazone.

On se doute bien qu'ici, comme dans l'Amérique du Nord, les nationalités n'abandonnent pas sur le débarcadère le dialecte ancestral ou la langue mère. Concurremment avec l'espagnole, les langues italienne, française, allemande, turque, russe, etc., se parlent en Argentine et possèdent leurs publications particulières. Buenos-Ayres, c'est un peu Paris. On y trouve des journaux en toutes les langues. Ainsi l'exige le cosmopolitisme inévitable des grandes villes. En ce qui nous concerne plus particulièrement, nous avons lieu de nous réjouir que notre langue soit, là-bas, promue au rang de langue « aristocratique ». Il se peut que nous devions cette distinction aux « conquistadores » de la rue de la Paix dont les armes froufroutantes font aux « patios » une guerre en dentelles élégante et parfumée. D'autres vous diront que nos artistes, nos littérateurs, nos poètes et nos orateurs ont une influence qui ne le cède en rien à celle de nos midinettes. Victoires de la palette et de l'aiguille, de l'alexandrin et des rubans, du verbe et du chapeau, mais victoires tout de même et, en fin de compte, un milieu est caractérisé quand, dans le salon, un éventail bloque un chapitre d'Anatole France ou se pose en signet entre deux poèmes de Musset.

Aussi bien, s'explique-t-on que l'élite de la population argentine ait assisté au banquet du Club français de Buenos-Ayres pour y fêter le 14 juillet 1919, tandis que le ministre de France présidait le même jour un déjeuner populaire de 700 couverts en l'honneur du retour des poilus.

On imagine les ovations enthousiastes qui, en ces circonstances, ont accueilli l'éloge de la France prononcé par des Argentins éminents tels que les anciens ministres Mujica et Larreta, le sénateur Roca, le docteur Piñero et le colonel Martinez.

Toutes ces manifestations de sincère sympathie ne vont pas sans nous créer des obligations.

C'est une stupéfaction pour tout le monde que nous nous détournons des moyens propres à répandre l'enseignement du français à l'étranger.

Sans doute, nous avons créé des *Instituts* à Madrid et à Florence, à Londres, à Pétrograd et à New-York. Mais, pauvres d'argent, mal outillées, campées plutôt qu'installées, ces organisations n'ont de prestigieux que le titre et, au vrai, nous déconsidèrent au lieu de nous servir. Ridiculement payés pour leur apostolat, nos professeurs ne témoignent d'aucun empressement à s' « embaucher ». Ils ne veulent point servir de motifs à de trop affligeantes dérisions en travaillant à des prix réduits dans des locaux inavouables. Et nos maîtres n'ont pas tort.

Depuis la paix, des conventions ont été passées avec certains pays qui sollicitent notre enseignement. La Pologne, la Tchéco-Slovaquie, la Roumanie, la Perse[1], le Paraguay, etc.

---

1. C'est un substitut du procureur de la République près le Tribunal de première instance de la Seine qui est directeur de l'École de droit de Téhéran.

Me serait-il permis d'appeler l'attention du ministère de l'Instruction publique sur l'urgence d'un Institut français à Buenos-Ayres digne vraiment des Argentins ralliés à notre culture et du renom qu'ont chez eux la science et les lettres françaises? Tout indique que ce ne serait point là un placement intellectuel à fonds perdus.

Il est essentiel à notre prestige, que nous possédions en Argentine un organisme de diffusion comparable à celui qui fonctionne dans le Levant, voire en Grèce. Dans ce dernier État, les écoles françaises sont au nombre de 44 dont 19 de garçons et 25 de filles [1], groupant 7.000 élèves. Depuis que Salonique fut annexée à la Grèce (1913) la Mission laïque qui possède dans cette ville un Lycée, une École de commerce et une École annexe a fait des progrès considérables passant de 550 élèves à 1.730.

Nous avons une École française d'Athènes. Qui nous empêche d'avoir une École française de Buenos-Ayres? Autrefois, la langue française était en honneur en Égypte. L'anglais l'a détrônée sans que nous n'ayons rien tenté pour nous y opposer. Est-ce que le moment n'est pas venu de réagir enfin en travaillant partout où cela nous est possible à la diffusion de notre langue? L'Amérique méridionale se présente comme un terrain admirablement préparé pour accepter notre influence. On ne comprendrait pas que tarde davantage une exportation intellectuelle tout au moins aussi profitable à nos intérêts que celle de nos capitaux et de nos modes.

Un dernier exemple.

Le Gouvernement italien consacre aux écoles italiennes de la Tunisie une somme plus considérable que celle appliquée

---

Quatre magistrats français le secondent comme professeurs à la même école.

1. 41 sont confessionnelles et 3 laïques.

par la France à toutes les écoles françaises du monde (Algérie-Tunisie-Maroc exceptés).

Nos gouvernants devraient bien nous épargner cette humiliation.

Ce n'est malheureusement pas la seule.

En effet, sur 3.762 émigrants français embarqués pour l'Argentine durant les années 1914-1915, 1.674 exactement ne savaient ni lire ni écrire ! Près de la moitié, 44 0/0.

Quelle opinion veut-on que l'étranger ait de la France dans ces conditions? Je sais bien que les contingents espagnols, italiens et russes présentent des pourcentages encore plus affligeants. Mais, le fait de montrer à un malade l'infirmité du voisin ne passera jamais pour un moyen curatif.

A noter que l'immigré mineur illettré devra fréquenter en Argentine l'école primaire obligatoire et que, n'ayant pas appris à lire et à écrire le français chez lui, il sera dans la nécessité d'apprendre à lire et à écrire l'espagnol chez les autres. Perte sèche pour notre influence. Il devient bien inutile de multiplier, à l'étranger, les instituts et les conférenciers si l'obligation scolaire, inscrite dans la loi française, signifie la fréquentation facultative... Peut-être obtiendrait-on une atténuation aux blessures de notre amour-propre en interdisant l'émigration à tout illettré. Ce serait lui rendre service et à nous aussi.

On se demande parfois pourquoi les immigrés argentins d'origine française sont le plus souvent empruntés à nos régions de la Savoie, du Massif Central et des Pyrénées.

En dehors des motifs particuliers qu'ont les gens à s'expatrier, il est permis d'affirmer que — dans une mesure toute relative, d'ailleurs — ils cèdent aux possibilités de se faire comprendre dans le pays qui les attire.

Nous savons, à ce propos, que nos dialectes d'oc s'apparentent admirablement avec les langues espagnole et italienne. Les patois centraux et méridionaux demeurent, pour le moins, arrière-petits-cousins des patois transpyrénéens et transalpins. Et lorsque Sperone Speroni, l'un des critiques originaux du XVIe siècle, affirme que l'italien est, en grande partie, né du provençal on souscrit volontiers à cette opinion après une lecture de Mistral et de d'Annunzio. Après tout, Pétrarque fit la connaissance de Laure « en Avignon » et en eut beaucoup d'enfants. Et voilà qui suffit aux alliances linguistiques.

Lisez les admirables poésies occitanes du poète auvergnat Vermenouze et vos pieds, qui scandaient la bourrée, marqueront tout naturellement le pas, non moins fauve, de la jota. Enfin, je ne dis rien de nos Basques demeurés *entre rios* par l'Ebre et la Garonne. Ce sont des émigrés-nés. Le président actuel de la République Argentine s'appelle Irigoyen. Ainsi...

CHAPITRE V

Le climat.

L'Argentine est située dans la bande tempérée du Sud, homologue de la bande tempérée du Nord qui absorbe le climat méditerranéen des races latines.

Pourtant, sur la ligne tropicale qui coupe l'Amérique du Sud à la hauteur de Río-Janeiro (Brésil) et d'Antofogasta (Chili)[1] on distingue la morsure des provinces argentines de *Jujuy* et de *Salta* ainsi que des territoires de *Los Andes* et de *Formosa*. Cette extrême pointe tropicale est ceinturée par le rio Pilcomayo (affluent du rio Paraguay) et déborde le Capricorne sur une épaisseur qui n'atteint pas 200 kilomètres. C'est le seul fragment de l'Argentine — insignifiant comme on voit — égaré dans la zone torride. Encore convient-il d'ajouter que la présence de hauts massifs neigeux contrebalance les effets d'un climat qui, de ce côté, ne demeure tropical que par définition.

Autant n'en point tenir compte dans un examen d'ensemble afin de pouvoir affirmer que le climat moyen de l'Argentine n'est pas différent de celui de l'Europe méridionale tempérée.

Ainsi s'explique que le rio de la Plata demeure, par Buenos-Ayres, le vestibule d'accès de la civilisation moderne. Ce fut le rôle dévolu autrefois au Saint-Laurent et au Mississipi pour l'Amérique du Nord.

---

1. Ne pas confondre avec *Antofogasta* de l'Argentine situé sur le vingt-sixième parallèle (territoire de *Los Andes*).

C'est le cercle d'activité des races latines

La part territoriale de la France y est de

12 millions de kilomètres carrés
20 fois la superficie de la France

en terres colonisables ou exploitables. Nous avons les capitaux. Il ne
nous manque que des bras et une marine marchande pour rester les
maîtres de nos destinées économiques.

REGARDEZ BIEN CE CERCLE

C'EST L'AVENIR DES PEUPLES LATINS

La République Argentine ne possède pas moins de 77 stations officielles météorologiques dont les observations sont consignées dans un bulletin mensuel que publie le ministère de l'Agriculture.

C'est assez dire que les richesses documentaires accumulées par cet important service ne peuvent manquer de constituer, dans quelques années, un tableau de références de tout premier ordre.

L'état actuel des éléments réunis est d'un puissant intérêt pour les cultivateurs, les éleveurs, les industriels et les hygiénistes placés, bien souvent, dans l'obligation d'asseoir les bases de leurs entreprises sur les variations ou les constantes enregistrées dans les stations.

Tous les progrès sont liés et ceux relatifs à l'état sanitaire de l'Argentine intéresseront plus particulièrement l'émigrant.

Les maladies infectieuses [1], qui de 1882 à 1891 donnaient un pourcentage de 44 pour 1.000, ne s'inscrivaient plus, en 1892-1901, que pour 15 et, en 1902-1911, que pour 8 pour 1.000.

Mêmes améliorations profondes pour la tuberculose pulmonaire. En trois décades, — de 1882 à 1911, — le taux s'abaisse de 24 à 17, 8 pour 1.000.

Enfin, si l'on compare la mortalité enfantine dans Buenos-Ayres à celles des grandes capitales européennes on constate, — toute proportion de population observée, — que cette mortalité est à Buenos-Ayres infiniment plus faible qu'à Petrograd, Madrid, Berlin, Washington, Rio-Janeiro, Rome, Paris, Bruxelles, Berne et Stockolm.

Passons à un autre sujet : l'eau.

Les immenses surfaces considérées, le système orographique des Cordillères, l'échelle puissante des différentes latitudes, l'action des océans entre les parallèles 34 et 55, tout contribue

---

1. Scarlatine, rougeole, variole, diphtérie, typhoïde, coqueluche, etc.

à exiger, pour l'Argentine, un régime hydrographique qui, s'il se trouve adéquat à sa situation, ne peut manquer de la consacrer comme terre privilégiée.

Or, ce régime existe aussi complet qu'on le pouvait souhaiter.

Je ne ferai pas l'énumération des fleuves, rivières et lacs, non plus que le tableau, province par province, des précipitations atmosphériques qui leur sont particulières.

Dans le cadre où nous nous sommes placés, nous aboutirions à une nomenclature redoutable qui tiendrait davantage du manuel géographique que d'un ouvrage de vulgarisation. Et, d'ailleurs, aux chapitres successifs de la production, le produit du sol nous indiquera les conditions de son existence et de son développement. L'eau, essentiel facteur de certaines cultures, révélera ainsi, et tout naturellement, son existence.

TROISIÈME PARTIE

QUE FAIRE EN ARGENTINE ?

CHAPITRE I

Je suis cultivateur. Que faire ?

Nous avons vu que la superficie de l'Argentine approchait de 3 millions de kilomètres carrés, représentant 300 millions d'hectares ou, approximativement, 6 fois la superficie de la France[1].

De ce nombre, nous faisons trois tranches :

100 *millions d'hectares* vont aux terres cultivables immédiatement ou en état d'être cultivées.

100 *millions d'hectares* vont aux terres destinées à l'élevage.

100 *millions d'hectares* absorbent les superficies des fleuves, lacs, mines, montagnes, forêts et villes.

---

1. J'arrondis les chiffres pour simplifier les calculs. Nous savons qu'en réalité l'Argentine recouvre 2.952.551 kilomètres carrés, représentant plus de 295 millions d'hectares.

Tel est l'admirable tryptique où les réalités inscrivent la prodigieuse fortune de l'Argentine.

Qu'on veuille bien réfléchir à ces chiffres.

100 millions d'hectares à céréales représentent une mer d'épis indiscontinue qui s'étendrait sur deux fois la superficie de la France.

Les terres d'élevage nous donneraient, par une même comparaison, un parc à bestiaux recouvrant la même étendue.

Si les conditions d'une culture intensive et d'une exploitation poussée étaient réalisées dans les limites indiquées, l'Argentine pourrait suffire à l'alimentation de l'Europe entière.

Il s'en faut qu'il en soit ainsi, puisque 20 millions d'hectares à peine sont actuellement affectés aux cultures. C'est donc un lot de 80 millions d'hectares qui attendent des bras, et ce champ de labour, immédiatement disponible, offert à l'activité des futurs colons, équivaut aux superficies réunies de l'Espagne et de l'Italie !

On trouverait les mêmes valeurs pour l'ensemble des sylves, mines et terres d'élevage.

Pour l'exploitation de ces biens immenses, l'Argentine ne dispose que d'une population qui tiendrait dans Londres et sa banlieue.

Les bras lui font défaut. Elle en réclame à l'émigration et c'est ce qui explique les attentions toutes particulières dont elle entoure les immigrants.

Maintenant que nous avons une idée de l'immensité des terres et puisque, d'autre part, les deux ressources à peu près illimitées de l'Argentine sont dans la culture et dans l'élevage, nous pouvons nous demander dans quelles conditions on peut obtenir la terre et quel est le statut de la propriété foncière.

Trop d'éléments concourent à la valorisation de la terre pour qu'il soit possible de lui fixer un prix, même approché. Il y a terre et terre comme il y a fagot et fagot. A volume égal, un fagot de sapin pèse moins qu'un fagot de chêne. A superficie égale, un hectare de bananiers vaut davantage qu'un hectare de maïs. Deux terrains, de composition identique, obtiendront des prix différents selon qu'ils seront plus ou moins rapprochés d'une route, d'une voie ferrée, d'un port. Et quand ces deux parcelles cultivables obtiendraient les mêmes avantages de situation, la mieux irriguée l'emportera encore sur l'autre.

Il conviendrait donc de nous résigner à des prix moyens. Médiocre solution. Quand il s'agit de millions d'hectares, les moyennes ont le langage de la rue Laffitte, classée comme abritant des locataires possédant en moyenne 40.000 francs de rente. On oubliait de dire que Rothschild habitait la rue. L'intervention de ce facteur fortuné dans les calculs expliquait d'heureux mais, hélas ! trop imaginaires résultats. Abandonnons les moyennes en cette matière. Des exemples, situés et datés, feront mieux notre affaire chaque fois qu'il s'en rencontrera.

* *

Je suis agriculteur.

Deux cas se présentent.

1er : J'ai de l'argent.

2e : Je n'ai pas d'argent.

Le cas n° 1 met tout le monde à l'aise et je le laisse de côté pour l'instant.

Le cas n° 2 est de beaucoup le plus intéressant parce qu'il est le plus général.

La marche à suivre est la suivante.

L'immigrant trouvera de suite à s'employer sur une propriété comme ouvrier agricole. L'expérience des méthodes culturales

aussitôt acquise, il pourra louer une propriété de 10 à 300 hectares. Il travaillera là, en *mélayage* et sur contrat, à des conditions
nécessairement variables. Il s'agit de s'entendre.

Si ce procédé répugne, il est possible de se rabattre sur d'autres
possibilités.

En effet, de nombreux propriétaires ou sociétés *lotissent* de
grandes étendues de terres par parcelles à superficies définies et
pratiquent la *vente à tempérament* permettant à l'acheteur de
s'acquitter *par annuités*.

A mon avis, c'est là une chance opportune et qu'il faut courir
d'autant qu'en offrant ses récoltes en garantie le colon pourra
obtenir les avances nécessaires en outillage agricole et semences
du début.

Si l'année est mauvaise, les créanciers attendront. Ils savent
qu'en Argentine le régime des sept années consécutives des
vaches maigres ne se présente jamais.

Mais il existe, depuis peu d'années, une *loi des terres* dont les
dispositions sont de nature à séduire les indécis peu enclins
« à risquer le paquet », *et qui possèdent leur carte de naturalisation*.

Cette loi agraire a pour base la *gratuité* sous réserves d'*obliga-*
tions à remplir et que voici :

I. — D'abord posséder sa carte de naturalisation comme il est dit
ci-dessus [1].

II. — S'engager à occuper et exploiter pour soi-même le lot concédé
et en cas de mort passer la main aux héritiers. Cet engagement s'étend sur cinq années entières.

III. — S'engager à construire une maison d'habitation, à établir un
puits et à pourvoir aux clôtures.

IV. — Le titre définitif de propriété n'est accordé qu'après que ces
conditions d'exploitation, d'aménagement et de durée ont
été remplies très exactement.

---

1. Elle ne peut s'obtenir que si l'on est âgé d'au moins 22 ans. A défaut
de la carte de naturalisation l'*engagement* de la réclamer dans un délai d'un
an suffit.

V. — L'article 15 de la *loi des terres* dit que les lots agricoles concédés n'excéderont pas une superficie de 100 *hectares*.

VI. — La concession accordée jouit de l'un des avantages accordés en France au bien de famille (loi Ribot). Elle ne peut être saisie.

Bien entendu, il est avec la loi des accommodements.

C'est ainsi qu'après deux années de possession et d'exploitation, le concessionnaire peut demander à s'affranchir des obligations des trois années restantes en payant une somme déterminée[1]. Dans ce cas, le titre de propriété lui est immédiatement délivré.

Si même, après deux années, le concessionnaire du lot prouve sur témoignage d'inspection qu'il a planté 500 arbres[2] et que la valeur de son établissement (maison d'habitation, bestiaux et cultures) représente *plus du double* de la somme qu'il aurait à verser, il peut demander, par anticipation, la délivrance de son titre.

Ces moyens d'accéder à la propriété prolongent le cas de l'immigrant qui a de l'argent et qui, lui, devra suivre surtout les *ventes publiques* de terres sur les territoires fédéraux. Ces ventes sont nombreuses. Il ne se passe pas de semaine sans que, dans une région ou dans une autre, il ne s'en produise.

Sur place, le futur colon trouvera l'avis de ces *ventes* et il lui sera loisible d'y participer quand elles affecteront les provinces de son choix.

Ces provinces sont assez rarement maintenant celles du centre.

Somme toute, la *vente publique* est, de toutes les modalités d'acquisition, la plus recommandable puisqu'elle met à l'abri de la spéculation qui sévit en Argentine comme partout ailleurs.

---

1. Somme qui d'ordinaire représente le quart de la valeur attribuée à des lots similaires dans le même endroit
2. Qui seront alors âgés de 2 ans.

* * *

J'ai dit pour quelles raisons les prix moyens de la terre étaient inchiffrables. Mais, rien n'empêche de jeter un regard en arrière pour acquérir une notion simplement rétrospective.

Les prix en vente publique vont de 6,60[1] à 4.400 francs l'hectare. En 1879, le Gouvernement mit en vente des terres au prix de 880 à 2.000 francs les 2.500 hectares (lieue), en acceptant leur paiement échelonné sur cinq années. Ces parcelles valent aujourd'hui plus d'un million.

En 1905, l'État fit procéder à la vente de terres nationales provenant d'adjudicataires qui, de 1897 à 1905 (intervalle de cinq ans), ne s'étaient pas acquittés. Les lots furent enlevés à des prix quatre à cinq fois supérieurs à ceux acceptés cinq années auparavant.

En 1906, on achetait dans le territoire de Rio-Negro certains hectares à 29 fr. 85 et à 7 fr. 26. Dans le Chubut, on a vu l'hectare à 5 fr. 90, dans le Chacot à 12 fr. 07, dans le Santa-Cruz à 5 fr. 76, dans la Pampa Central à 8 fr. 42; 12 fr. 16, 20 fr. 56. Ailleurs, on enregistre le prix de 60, 150, 600, 1.200, 3.000 francs l'hectare (chiffres ronds). Autant dire que s'il se rencontre des terrains pour tous les goûts il s'en trouve aussi pour toutes les bourses. La hausse, pendant toutes les années qui précédèrent la grande guerre, fut générale et la spéculation formidable. Ce phénomène va-t-il persister? On ne saurait l'affirmer. Toujours est-il que 80 millions d'hectares sont disponibles pour la culture. C'est un morceau qui ne s'enlèvera pas d'un seul coup et à n'importe quel prix puisqu'il représente plus de dix mille fois la superficie de Paris. On peut voir venir.

---

1. 6 fr. 60 = 3 piastres, papier de 100 centavos.

* *
*

Il semble bien que l'erreur que j'ai relevée pour nos colonies françaises de peuplement se retrouve en Argentine.

Elle et nous réclamons des bras. Le grand fief est inhabile à les procurer. La fixation de la famille au sol est à l'origine de toute véritable prospérité coloniale. La petite propriété est la cellule du peuplement. Plus on s'en écarte, plus on éloigne les destinées fécondes de la terre et, par elles, les destinées des nations en voie de formation. Une société, une entreprise dont la gestion s'étendra à 500.000 hectares donnera peut-être plus de bénéfices mais, à coup sûr, moins d'enfants que 1.000 familles possédant chacune 500 hectares.

Or, pour l'Argentine, il s'agit moins à l'heure actuelle d'étaler le bilan — magnifique d'ailleurs — de son développement économique que d'engendrer l'idée nationale issue de l'adhésion d'une population nombreuse.

Pour engendrer l'idée nationale — sentiment de la nationalité — il faut engendrer l'enfant puisque seul il peut au long des âges en établir la permanence. Il va de soi que la famille argentine actuelle, bien que féconde, ne saurait seule accomplir la tâche formidable du peuplement qui s'impose. Les apports sont nécessaires. Leur efficacité sera en proportion du morcellement de la terre, de sa répartition, de son accessibilité. La notion de nationalité n'est jamais plus efficiente qu'au contact de la notion de propriété. C'est le privilège des jeunes nations que de pouvoir façonner et modeler à ces fins l'âme unanime — et synthétique pourrait-on dire — de tout un peuple accomplissant une genèse sur laquelle l'Histoire universelle est depuis longtemps fixée. Cette formation, toujours laborieuse et lente, hésitante et inégale, est et fut commune à toutes les nations, qu'on les considère dans la vieille Europe ou dans la jeune Amérique.

A ce titre, l'expérience millénaire dont on dispose devrait favoriser les ouvriers de la dernière heure.

Il s'agit de maintenir à bon marché le prix de la terre et d'accélérer le développement de la petite propriété enfin dégagée de clauses qui passent encore pour trop restrictives. Un large crédit agricole venant à la rescousse des énergies fera le reste, concurremment avec l'extension des routes et des voies ferrées. Mais, terre d'abord ! L'enfant suppose un nid dans l'indépendance et non la captivité dans la cage de pierre d'un gratte-ciel.

* * *

En Argentine, un phénomène — phénomène heureux — frappe tout d'abord. Le cultivateur y travaille la terre, moins pour les besoins de la nation que pour les besoins des nations. L'agriculture est ici ce qu'elle doit être vraiment, une industrie de la nourriture.

On conçoit qu'un peu moins de 8 millions d'hommes disposant d'un aussi grand nombre de kilomètres carrés se trouvent posséder un superflu dans les récoltes.

Voyons comment se présente la propriété foncière en 1919 :

Propriété fiscale ou bien foncier de l'État.......	83.492.104	hectares.
— — ou bien foncier des provinces...	2.500.000	—
— foncière privée.....................	209.263.792	—
Ensemble......................	295.255.896	hectares.

Le transfert de la propriété s'opère très régulièrement, nous dit le directeur de l' « Économie rurale ». En dix ans (1907-1916), plus de 81 millions d'hectares ont été transférés.

D'autre part, la propriété se constitue avec la même confiante ardeur.

De 1901 à 1915, le nombre des propriétés enregistrées a augmenté de :

238 0/0 dans la Pampa Central.
107 0/0 dans la province de Cordoba.
 96 0/0 dans la province de Santa-Fé.
 69 0/0 dans la province de Buenos-Ayres.

Malgré ce mouvement ascensionnel il s'en faut que toutes les terres soient prises. Le tableau suivant montre clairement la situation : *(Voir tableau page suivante.)*

Que faire? Hé ! je vous ferai la réponse classique : Continuez ! C'est un très grand honneur de cultiver un champ, a dit le poète.

Vous savez maintenant comment, en Argentine, le champ en question se peut acquérir.

Mais, vous n'avez pas atteint les 60 ans prohibitifs de l'immigrant. Vous êtes donc à l'âge où l'on sème. Allez semer ! Évidemment. Mais quels grains doivent s'éparpiller dans le geste auguste?

Un examen de détail est ici nécessaire.

Voyons quelques cas.

BLÉ

Voici comment un tract officiel de propagande[1] présente une exploitation de 100 *hectares* en *blé*.

DÉPENSES

I. — Préparation du terrain : deux labours et un ratissage; 100 hectares à 7 fr. 04.................................... 704

II. — Ensemencement : répartition des graines et ratissages; 100 hectares à 0 fr. 88.................................... 88

---

1. Publication du *Comité Argentino* à propos de l'Exposition de Roubaix 1911; texte de M. Alberto B. Martinez.

RÉGIONS	HECTARES sur une surface totale de	HECTARES CULTIVÉS	HECTARES restant A CULTIVER
Régions où la luzerne domine :			
Neuquen, Rio-Negro, Chubut, Santa-Cruz, Terre de Feu....	85.803.800	127.490	85.676.310
Régions où les céréales dominent :			
Buenos-Ayres, Santa-Fé, Cordoba, Pampa, Entre-Rios....	83.151.200	21.214.980	61.936.220
Régions où la canne à sucre domine :			
Corrientes, Andes, Tucuman, Formosa, Santiago-del-Estero, Chaco, Salta, Missionès, Jujuy.	78.455.900	903.787	77.552.113
Régions où dominent les vignobles :			
Mendoza, Catamarca, San-Juan, San-Luis, La Rioja..........	51.306.000	1.133.550	50.172.450
	298.716.900	23.379.807	275.337.093

III. — Graines : 6.500 kilos à 22 francs les 100 kilos.......... 1.430

IV. — Récolte : fauchage et mise en meules; 100 hectares à 13 fr. 20.. 1.320

V. — Battage : 120.000 kilos de grains à 2 fr. 20 les 100 kilos... 2.640

VI. — Sacs : 1.500 à 0 fr. 44 la pièce........................ 660

VII. — Transports (dépôt, port ou gare) : 120.000 kilos à 1 fr. 10 100 kilos... 1.320

VIII. — Loyer : 100 hectares à 26 fr. 40 environ............. 2.640

IX. — Frais généraux : réparations, outillage, amortissement, administration, machines, etc., etc........................ 1.320

Total des dépenses.......................... 12.122

RECETTES

I. — Vente de 120.000 kilos de blé à raison de 15 fr. 40 les 100 kilos [1]... 18.480

II. — A déduire les frais de culture........................ 12.122

Bénéfice net............................... 6.358

L'auteur de ce compte d'exploitation a raison d'ajouter que cette estimation ne dépeint pas exactement la situation du fermier; car la terre destinée à l'agriculture se loue pour quatre années et ces quatre années peuvent donner plus de quatre récoltes. Il est même permis d'en escompter six, dont trois de blé et trois de maïs, ce qui intervient, d'une façon notable, dans la diminution des frais et, conséquemment, dans l'augmentation des bénéfices.

D'autre part, au produit de ces 100 hectares doivent, nécessairement, figurer les recettes que laisse la vente des porcs et volailles. Je note, pour les profanes, que les 100 hectares considérés représentent 11 fois la superficie de la place de la Concorde à Paris ou, encore, la neuvième partie du Bois de Boulogne;

---

1. Bien entendu, il convient d'insérer ici le prix le plus récent offert par le marché. Le chiffre du compte ci-dessus est purement indicatif.

surface suffisante pour constituer à côté du blé des revenus accessoires en provenance du poulailler et de la porcherie.

L'emploi de l'outillage mécanique agricole, dont l'extension est de plus en plus considérable, permet à une famille de se tirer d'affaire sur un lot de 100 hectares sans être dans la nécessité de recourir à la main-d'œuvre auxiliaire.

Toute l'Argentine s'inscrit dans le cadre de la culture du froment puisqu'elle occupe trente-trois degrés du méridien entre le 21° et le 54° 52' de latitude sud. Or, le froment se rencontre à la latitude 20 à 23° (Inde centrale) montrant que dans certaines conditions d'altitude il ne craint pas l'influence des tropiques.

Le froid ne l'indispose pas davantage. Aux alentours d'Irkoutsk (62° Lat. N.), le froment est cultivé en dépit des 42° de froid du mois de janvier et de la faible chaleur de juillet (+ 18°). La température de l'hiver paraît bien demeurer indifférente aux céréales d'été. La situation géographique de l'Argentine doit donc lui laisser d'amples satisfactions à ce point de vue.

– C'est en effet ce que l'on constate un peu plus chaque jour.

Des comparaisons sont indispensables.

– Voyons d'abord, avec un recul de dix années, la production européenne : *(Voir tableaux pages suivantes.)*

Remarquons qu'en temps normal il manque à l'Europe 150 millions de quintaux de blé annuellement. Ce complément lui est fourni par les gros producteurs de l'Asie, de l'Amérique et de l'Australie.

L'Argentine, placée déjà au cinquième rang de la production mondiale, ne peut manquer de progresser encore. Sans effort, par la seule vertu de ses terres riches qui peuvent se dispenser d'engrais et de repos, elle atteint 18 hectos à l'hectare, rendement de beaucoup supérieur à celui de l'hectare russe.

La moyenne en poids à l'hectare est pour le blé argentin de 800 kilogrammes.

EUROPE

LA PRODUCTION DU BLÉ

ÉTATS	1908-1909	
	SUPERFICIE cultivée.	PRODUCTION totale.
	Milliers d'hectares	Milliers de quint.
Allemagne.............................	1.831	37.557
Autriche-Hongrie.....................	4.752	49.936
Belgique.............................	153	3.645
Bulgarie.............................	980	9.512
Danemark.............................	41	1.026
Espagne..............................	3.783	39.219
France...............................	6.596	97.752
Grande-Bretagne......................	756	17.486
Italie...............................	5.108	41.845
Luxembourg...........................	11	168
Norvège..............................	5	85
Pays-Bas.............................	51	1.119
Roumanie.............................	1.689	16.023
Russie...............................	23.081	193.863
Serbie...............................	380	3.128
Suède................................	93	1.881
Suisse...............................	42	971
Totaux[1].............	49.352	515.216

1. Ces chiffres sont ceux de *l'Institut international d'agriculture* créé en 1905 et auquel 45 États ont adhéré.

RÉPUBLIQUE ARGENTINE

Exportation du blé.

ANNÉES	TONNES	ANNÉES	TONNES
1897	101.845	1906	2.247.988
1898	645.161	1907	2.680.802
1899	1.713.429	1908	3.636.294
1900	1.929.676	1909	2.514.130
1901	904.289	1910	1.883.592
1902	644.908	1911	2.285.951
1903	1.681.527	1912	2.629.056
1904	2.304.724	1913	2.812.149
1905	2.868.281	1914	980.525

L'Argentine a exporté.

1er TRIMESTRE DE	BLÉ	FARINE
	Tonnes.	Tonnes.
1915	977.000	107.500
1916	696.500	123.800
1917	575.000	95.200
1918	415.000	130.900
1919	265.900	

FRANCE

BLÉ

PÉRIODES	SUPERFICIE	RENDEMENT à L'HECTARE	PRIX MOYENS
	Hectares.	Quintaux.	
1832–1841........	5.353.841	9.78	24.26
1842–1851........	5.846.949	10.63	25.12
1852–1861........	6.500.448	10.55	30.03
1862–1871........	6.887.794	11.01	28.32
1872–1881........	6.904.503	11.16	29.41
1882–1891........	6.847.795	12.01	24.31
1892–1901........	6.906.869	12.63	21.22
1902–1909........	6.542.000	14.01	22.66

Toutefois le cultivateur peut, quand il le veut, atteindre aux rendements les plus élevés; jusqu'à 1.000, 3.000 et 3.500 kilogrammes à l'hectare.

La France est, de toutes les nations du monde, la plus grande mangeuse de pain de froment.

Consommation quotidienne du pain en France par habitant.

PÉRIODES	CONSOMMATION	AUGMENTATION ANNUELLE
	Grammes.	Grammes.
1832–1841................	315	»
1842–1851................	357	4,2
1852–1861................	390	3,3
1862–1871................	421	3,1
1872–1881................	480	7,9
1882–1891................	516	3,6
1892–1901................	558	4,2
1902–1911................	548	— 1,0

La Russie, grand producteur de blé, ne consomme que du seigle qui est, d'ailleurs, la céréale panifiable par excellence.

L'immigrant cultivateur qui désire se livrer à la culture du blé se dirigera principalement vers les provinces suivantes qui offrent des terres à céréales :

Buenos-Ayres, Santa-Fé, Pampa centrale, Cordoba, Entre-Rios.
La valeur annuelle de la production argentine en blé approche de 800 millions de francs.

MAÏS. — Le maïs, bien qu'on le rencontre un peu partout [1] appartient à la catégorie des plantes tropicales à cause de ses préférences pour la chaleur humide. Il affectionne sur la carte l'intervalle compris entre les latitudes 38º et 43º. Ainsi s'explique la faveur dont il jouit aux États-Unis (Yowa, Missouri, Illinois, Kentucky, etc.) bien moins pour la nourriture de l'homme [2] que parce qu'il s'offre à l'engraissement rapide des bêtes à cornes et des porcs et à la fabrication de l'alcool et de l'amidon.

Dans beaucoup d'endroits (Mexique, Amérique centrale et Amérique du Súd) le maïs est à la base de l'alimentation de l'homme et des animaux de selle ou de trait.

Les latitudes indiquées plus haut comme habitat privilégié de cette céréale (38º et 43º) sont comprises dans le territoire argentin. Mais nous savons que les variétés indigènes du maïs recherchent les terres tropicales. L'Argentine peut donc cultiver avantageusement cette plante entre le 21e et le 43e parallèles sud, c'est-à-dire sur la presque totalité de son territoire qui lui consacre déjà 4 millions d'hectares.

Produit moyen à l'hectare : 776 kilos. Certaines exploitations

---

1. Il pénétra en Europe dès le xvɪº siècle.
2. Les Américains sont, en général, friands de bouillies d'avoine et de maïs.

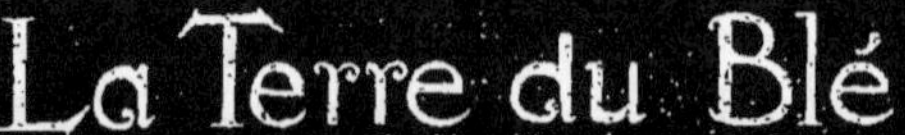
La Terre du Blé
L'Argentine vient au 5ᵉ rang dans le monde
pour la production du blé

France
7 800 000
tonnes

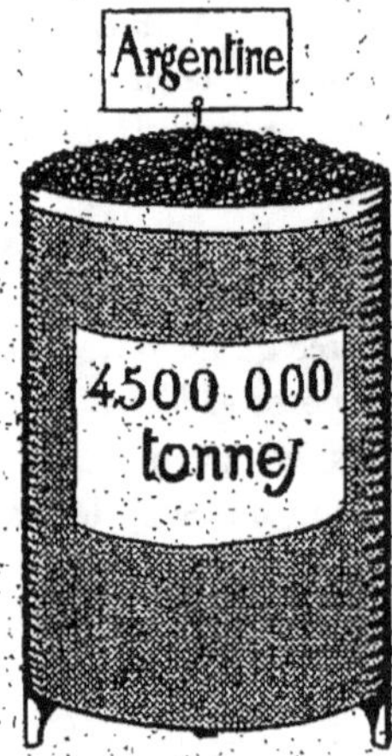
Argentine
4 500 000
tonnes

Mais elle dispose encore de
100 millions d'hectares
qui n'attendent que des bras
Superficie de ce champ:
deux fois la France

donnent 1.200, 1.500 et 3.500 kilogrammes [1]. La valeur du maïs récolté en Argentine atteint 350 millions de francs.

La quantité *exportée* fut, en 1904, de 2.470.000 tonnes et en 1909 de 2.273.000 tonnes. Mais on enregistre des exportations beaucoup plus considérables à partir de 1912 :

Année 1912	4.835.200
— 1913	4.806.900
— 1914	3.542.300
— 1915	4.330.600
— 1916	2.873.900

Et puis, voici que les sciences appliquées interviennent pour découvrir dans le maïs un collaborateur inattendu.

Le « Bulletin de la *Sociedad Agricola Mexicana* » donne à ce sujet des renseignements curieux.

Au cours de la combustion d'un énorme tas d'épis de maïs, brûlés pour s'en débarrasser dans une ferme du Canada, un chimiste de Cleveland, M. Russell Coutts, observa le dégagement considérable d'oxyde de carbone qui se produisait. Des essais furent entrepris dans le Nebraska, où il est possible de se procurer de grandes quantités de ces épis à bon compte, avec l'aide de capitalistes qui virent quel parti on pourrait tirer de l'exploitation rationnelle du gaz contenu dans ces épis. Pratiquement, on emploie des appareils analogues à ceux dont on se sert pour la fabrication du gaz d'éclairage, mais on enfourne dans les cornues des épis et de la paille de maïs au lieu de houille. On découvrit bientôt que les épis de maïs donnaient un coke aussi bon que celui du charbon de terre, et on abandonna ce dernier. Lorsque le gaz commence à s'échapper, on le purifie et on le met dans des réservoirs.

Environ 30 0/0 du poids du maïs introduit dans les cornues

---

1. En France nous récoltons, en moyenne, 18 hectolitres à l'hectare. Le poids de l'hecto varie de 70 à 82 kilos. Nous consacrons à cette culture 480.000 hectares.

s'y retrouvent sous forme d'un coke pouvant être employé dans les chaudières; quant au gaz produit, son pouvoir calorique est de 5.870 calories par mètre cube, contre 4.890 que donne en moyenne le gaz d'éclairage ordinaire.

Le nouveau gaz peut être produit à si bon marché qu'on pense qu'il a un avenir assuré dans toutes les régions où il est possible de se procurer la matière première à bon compte.

Il en coûterait peu de développer ces expériences dans les pays gros producteurs parfois menacés de pléthore. Le cas s'est vu pour l'Argentine où la récolte pour 1917-1918 fut officiellement évaluée à 4.335.000 tonnes. La réserve pour la consommation intérieure et les semailles n'exigeant que 2 millions de tonnes, il fallut songer à exporter le reste.

Oui, mais on était en guerre et les sous-marins donnaient la chasse aux transports. Le charbon et le bois étant d'une cherté excessive, les compagnies de chemins de fer argentins chauffèrent les locomotives au maïs. Les résultats donnèrent toute satisfaction.

Et voilà le maïs promu au rang des houilles noires, blanches et vertes. Il semble bien pourtant que la distillation eut tiré un meilleur emploi de ce végétal en le faisant participer au plein des moteurs à alcool.

Toutefois, l'avenir du maïs n'est en rien menacé par ces utilisations accidentelles à la traction.

En effet, 14 pays d'Europe consomment plus de maïs qu'ils n'en produisent et la France est du nombre.

Seules, la Roumanie, la Russie, la Bulgarie et la Serbie en produisent plus qu'elles n'en consomment.

Par ailleurs, certains pays s'éveillent à la production. C'est ainsi que le Tonkin qui ne pouvait en 1905 exporter 500 kilos de maïs, en exportait 100.000 tonnes en 1910 représentant une somme de 14 millions de francs. Ce qui tend à prouver qu'une colonie bien dirigée peut se mettre à la page.

Pour l'instant, retenons que l'Argentine est de tous les pays du monde le plus fort *exportateur* de maïs.

Production mondiale 693 millions d'hectolitres environ.

ORGE. — AVOINE. — SEIGLE. — L'orge n'exige pas une grande quantité de chaleur, encore qu'on la rencontre dans certaines oasis sahariennes où on la récolte avant l'arrivée des fortes insolations. L'avoine est moins accommodante et surtout le seigle qui redoute la sécheresse au point de n'être, en plusieurs contrées de l'Europe, qu'une céréale d'hiver. En Argentine, la récolte de l'orge s'inscrit pour une somme de 6 millions 380.000 francs et celle de l'avoine pour 77 millions de francs. Le seigle vient immédiatement après car il est de plus en plus supplanté par le froment dans la nourriture de l'homme. Ce fléchissement atteint tous les pays producteurs.

Voyons le cas de l'Europe :

EUROPE. — LA PRODUCTION DU SEIGLE

ÉTATS	1908-1909	
	SUPERFICIE cultivée.	PRODUCTION totale.
	Milliers d'hectares.	Milliers de quint.
Allemagne	6.131	113.484
Autriche-Hongrie	3.154	41.070
Belgique	258	5.639
Bulgarie	176	1.807
Danemark	276	4.836
Espagne	833	8.865
France	1.227	14.146
Luxembourg	10	167
Norvège	15	257
Pays-Bas	224	4.473
Roumanie	137	784
Russie	28.174	223.076
Serbie	48	247
Suède	404	6.338
Suisse	24	507[1]
Totaux	41.091	425.696

1. Le poids moyen de l'hecto de grains de seigle varie de 68 à 73 kilogrammes.

En 1875, le seigle occupait en France 1.850.000 hectares. Il a, depuis cette date, rétréci sa superficie de plus de 700.000 hectares.

On pourrait comparer la production argentine et la production française pour ces deux céréales (orge et avoine).

ARGENTINE, hectares cultivés. { *Orge* : 62.000.
{ *Avoine* : 572.000 [1].

FRANCE, production........ { *Orge* : 15 millions d'hectos.
{ *Avoine* : 92 — [2].

L'importance donnée à l'avoine dans les exploitations agricoles s'explique par son usage dans l'alimentation du cheval. Mais l'homme lui emprunte également d'excellents éléments nutritifs [3]. Certaines populations de la Suède, de la Norvège et de l'Écosse en font leur principale nourriture. Le *porridge* écossais (bouillie d'avoine) est un mets national.

L'orge entre également dans la ration du cheval et son utilisation par la brasserie est trop connue pour qu'il soit nécessaire d'insister. On verra plus loin, au chapitre de l'Industrie, l'extension de la fabrication de la bière en Argentine.

LIN. — D'après les renseignements fournis par le consulat de France à Rosario, la valeur des récoltes de lin, de 1901 à 1912, s'accuse par les chiffres suivants :

---

1. *Orge* : poids à l'hecto, 64 à 69 kilos pour l'orge de printemps et 62 à 65 kilos pour l'escourgeon.
Avoine : poids *moyen* à l'hecto, 47 kil. 5.
2. Le rendement varie de 10 à 120 hectolitres.
3. Que ce soit pour un usage ou pour un autre, l'Argentine qui, en 1897, n'exportait que 566 tonnes d'avoine en exportait, en 1912, près de 300.000 tonnes et, en 1916, plus de 800.000. Il est vrai que les nations en guerre se souciaient peu de produire.

Années.	Piastres-or de 5 francs.
1901	20.475.000
1902	19.418.000
1903	26.820.000
1904	33.847.000
1905	30.118.000
1906	28.233.000
1907	40.207.000
1908	52.603.000
1909	56.533.000
1910	52.843.000
1911	48.017.000
1912	41.489.000

L'impossibilité d'utiliser la fibre du lin oblige à en brûler chaque année des quantités considérables. C'est une source importante de revenus qui se perd annuellement, puisque toute la fibre du lin est réduite en cendres. En effet, si les 1.455.600 hectares ensemencés en 1909=1910 et qui ont produit une moyenne de 200 kilogramme de fibre par hectare avaient été utilisés, les producteurs auraient réalisé, au prix infime de 0 piastre 10 (0 fr. 50) par kilogramme une vente de 29.112.000 piastres or de 5 francs [1].

Le consul de France estime que les industriels français pourraient profiter de cette situation pour se procurer dans de bonnes conditions de prix cette matière première.

C'est surtout en 1881 que la culture du lin reçut en Argentine une forte impulsion. La province de Buenos-Ayres qui, cette année-là, lui consacrait 27.000 hectares passa à 37.000 hectares en 1884.

Aujourd'hui, l'Argentine entière doit réunir 1.700.000 hectares de lin.

---

1. Et pourtant le lin argentin fait à l'exportation l'objet d'affaires intéressantes. Les deux plus fortes années (1908 et 1913) indiquent plus d'un million de tonnes chacune à l'exportation.

C'est, comme on voit, un immense entrepôt de matières premières pour l'industrie textile européenne.

A l'heure actuelle, voici la liste des pays où la culture du lin est le plus en honneur.

La Russie d'Europe............................ 3.467.000 acres.
La Russie d'Asie..............................   228.000 —
L'Inde.. 4.946.000 —
Les États-Unis................................ 2.992.000 —
Le Canada..................................... 1.678.000 —
La République Argentine....................... 4.283.000 —

En estimant à 210 millions de francs la valeur du lin récolté annuellement dans l'Argentine on ne doit pas être loin de compte.

Dans tous les cas, ses exportations nous renseignent très exactement :

Années.	Tonnes.
1904	880.500
1905	654.800
1906	538.500
1907	763.700
1908	1.056.000
1909	887.200
1910	604.800

La fibre n'est pas le seul élément qui nous intéresse dans le lin. Cette plante se cultive autant pour sa fibre que pour sa graine que l'industrie emploie de cent façons (peintures à l'huile, vernis, encres d'imprimerie, etc., etc.). Les tourteaux de lin sont précieux pour l'alimentation des bestiaux et des moutons. Les déchets de ces mêmes tourteaux constituent des engrais remarquables. A tous ces titres, le lin doit retenir l'attention.

Si l'Argentine organisait son industrie textile pour traiter sur place sa production de fibres — quelques millions de broches seraient nécessaires — elle ne pourrait manquer de trouver profit à l'innovation. Les ingénieurs pourraient réfléchir à cette possibilité. La toile de lin, si en faveur il y a cinq mille ans, n'est pas près de passer de mode.

LES CÉRÉALES EN GÉNÉRAL

L'ARGENTINE A EXPORTÉ :

ANNÉES	MAÏS	GRAINE de LIN	BLÉ	AVOINE	SON
	Tonnes.	Tonnes.	Tonnes.	Tonnes.	Tonnes.
1914........	3.117.100	816.900	951.500	357.600	179.400
1915........	4.096.500	957.300	2.429.900	577.900	79.300
1916........	2.616.900	619.200	2.044.700	755.300	5.500
1917........	825.000	127.200	859.300	258.000	1.500
1918........	537.900	368.200	2.855.300	483.000	500

Le Directeur de l' « Économie rurale » apprécie les rendements de la récolte 1918-1919 de la manière suivante :

ANNÉES 1918-1919

RÉGIONS	BLÉ	GRAINE de LIN	SON
	Tonnes.	Tonnes.	Tonnes.
Province de Buenos-Ayres.....	1.810.000	160.000	544.000
— Santa-Fé.........	920.000	350.000	1.400
— Córdoba........	1.320.000	130.000	20.000
— Entre-Rios.......	280.000	45.000	10.000
Territoire de la Pampa centrale.	605.000	10.000	45.000
Autres districts............	80.000	10.000	20.000
Total...........	5.015.000	705.000	640.000

SURFACES ENSEMENCÉES

ANNÉES	BLÉ	GRAINE de LIN	AVOINE	TOTAL
	Hectares.	Hectares.	Hectares.	Hectares.
1916–1917	6.511.000	1.298.000	1.022.000	8.831.000
1917–1918	7.234.000	1.306.600	1.295.000	9.835.600
1918–1919	6.870.000	1.383.000	1.206.000	9.459.000

RENDEMENTS

ANNÉES	BLÉ	GRAINE de LIN	AVOINE	TOTAL
	Tonnes.	Tonnes.	Tonnes.	Tonnes.
1916–1917	2.180.400	102.406	464.607	2.747.413
1917–1918	6.086.445	497.578	996.245	7.580.268
1918–1919	5.015.000	705.000	640.400	6.360.400

RICIN. — Cette plante ne fait pas en Argentine l'objet d'une culture intensive et c'est dommage. Le climat — surtout celui du Nord — s'y prête excellemment. Le Brésil voisin tire de cette plante un revenu appréciable et la demande de l'Europe est abondante depuis que l'aviation s'industrialise [1];

LUZERNE. — Le triomphe de l'Argentine. Elle doit à la luzerne [2] la beauté positivement unique de son troupeau.

Les superficies qui lui sont réservées sont en progression constante.

Année 1890.. 600.000 hectares.
— 1895.. 1.200.000 —

1. Voir chap. VI.
2. Le *sainfoin* de notre Midi.

Année 1902.................................... 1.700.000 hectares.
—   1907.................................... 3.600.000   —
—   1912.................................... 5.800.000   —

Les 6 millions d'hectares sont maintenant dépassés.

Ce champ de luzerne recouvrirait les territoires de la Hollande et de la Belgique réunis !

Toutes les provinces et tous les territoires de l'Argentine, sans aucune exception, contiennent la providentielle *alfalfa* (luzerne).

En voici la répartition pour 1910 :

Ce tableau, vrai, il y a dix ans, n'a d'autre intérêt aujourd'hui que de situer l'extension des luzernières contrée par contrée. Industriellement parlant, la viande n'est qu'une herbe convertie. Les hectares de luzerne, chaque fois qu'on les associe aux hectares de maïs et d'avoine, fixent, donc numériquement le troupeau.

LUZERNE. — RÉPARTITION SUPERFICIELLE EN 1910

	Hectares.		Hectares.
Buenos-Ayres	1.750.000	Corrientès	19.000
Cordoba	1.350.000	Neuquen	18.000
Santa-Fé	760.000	Rioja	13.000
Pampa C.	320.000	Jujuy	13.000
San-Luis	170.000	Rio-Negro	12.000
Entre-Rios	118.000	Formosa	6.200
Mendoza	87.000	Chubut	4.300
San-Juan	53.000	Santa-Cruz	1.350
Salta	33.000	Chaco	750
Calamarca	31.000	Misiones	180
Santiago del Estero	26.000	Los Andes	50
Tucuman	21.000	Terre de Feu	Mémoire.

Cette relation permet ainsi de considérer ce tableau comme donnant les éléments d'un graphique approché de l'élevage. Entre la province de Buenos-Ayres, par exemple, et Los Andes les différences de quantité d'herbe sont proportionnelles aux différences de quantité de cheptel.

Alors qu'en Algérie[1] nous en sommes encore au chapitre de

---

1. Les cultivateurs argentins et algériens ont les mêmes ennemis : la sécheresse et les sauterelles.

l'expérimentation pour le fourrage fauchable et que les colons, livrés à eux-mêmes, attendent vainement la création de « stations expérimentales », la République Argentine — qui ne possédait pas une touffe de luzerne quand nous débarquâmes à Sidi-Ferruch — en fauche aujourd'hui sur ses terres pour une valeur de 130 millions de francs et approvisionne ainsi de fourrage l'Afrique du Sud et le Brésil. L'état et la préparation du sol sont tels en Argentine qu'il est à peine besoin de semer la luzerne tous les vingt ou trente ans. Autant dire que cette légumineuse est perpétuelle. Ainsi s'explique qu'il n'existe pas au monde un troupeau plus beau, plus amélioré, plus sélectionné que celui de la jeune République Sud-Américaine. Pour mourir de faim dans ce pays, il faudrait être vraiment résolu au suicide. Alors qu'elle n'avait que 4 millions d'habitants, l'Argentine exportait déjà chaque année pour 500 millions de plus que sa consommation intérieure !

Riz. — Je ne dirai rien du riz qui se cultive dans quelques régions et qui ne peut intéresser nos émigrants aux regards tournés vers l'Amérique. Les rizières classiques se trouvent dans la direction opposée, en Asie.

Les légumes. — Il ne saurait être question sous ce titre des légumes que produit la propriété. Les cultures maraîchères proprement dites se rencontrent toujours aux environs des localités de quelque importance. Cette culture est l'une des premières qui s'installent au début de toute colonisation et l'on peut penser qu'elle s'étend en Argentine en proportion du développement des cités. Il suffira donc à l'immigrant de fixer ses préférences locales pour se voir, au début, proposer un emploi qui lui servira de stage indispensable. Il pourra par la suite se mettre « à son compte » à la faveur d'un achat de terrain réalisé dans de bonnes conditions.

La seule province de *Buenos-Ayres* comprend plus de 30.000 hectares de terres maraîchères exploitées. *Santa Fé* en accuse autant et partout ailleurs, c'est par milliers d'hectares qu'on les compte. Il conviendra de choisir des terrains à proximité d'une gare ou d'une route rendant facile l'évacuation des produits.

LES FRUITS. — Les conserves ont pris, de nos jours, une telle importance qu'il n'est point de localité en Europe qui ne consomme peu ou prou de confitures venues des deux Amériques. Le pot de nos aïeules le cède à la boîte qui a conquis bien avant la guerre nos entrepôts et nos docks.

La variété des climats de l'Argentine, qui s'étend aux ressources des régions tropicales, rend possible l'exploitation de nos essences européennes et celles des essences plus particulièrement exotiques. C'est assez dire que l'industrie du fruit trouve ici un terrain à peu près illimité, desservi admirablement par les transports terrestres et maritimes.

Le fruit est une entreprise d'attente. Les industriels et les poètes sont en parfait accord sur ce point : « Passe encore de semer mais planter à cet âge ! » Il n'importe. Les immigrants plantent d'ordinaire avec allégresse en pensant qu'il peut se produire pour eux, en Argentine, ce qui s'est passé pour les autres en Californie. Il y a une part de vérité dans ces prévisions. La Califorine et le Nord-Argentine se trouvent à une même distance de l'équateur. Or, voici à peine cinquante années, on ne comptait, dans la première de ces contrées, que quelques rares essences fruitières. Aujourd'hui, on en trouve 40 millions de pieds parmi lesquels on rencontre :

Pruniers	10	millions d'arbres.
Orangers-citronniers	6	— —
Pêchers	4	— —
Abricotiers	3	— —
Figuiers	1	— —

Ce développement inattendu de l'arboriculture permettait à la Californie d'exporter ses fruits frais ou séchés par millions de kilogrammes.

En ce qui nous concerne, malgré le magnifique jardin fruitier de notre Afrique du Nord en prolongement de notre Midi, nous sommes dans la nécessité d'importer de l'étranger et plus particulièrement de l'Amérique, pour plus de 100 millions de francs de fruits annuellement. La guerre a quintuplé cette somme.

Supposons que l'arboriculture argentine reçoive l'extension qu'on peut attendre d'elle, elle bénéficiera aussitôt sur les marchés d'Europe d'un arrivage plus rapide puisque les voies ferrées européennes seront alors — espérons-le — soudées à Dakar.

Il convient donc d'envisager très sérieusement cet avenir et de prendre position dès maintenant en adjoignant aux vergers des confitureries et des usines de séchage capables de traiter les récoltes sur place.

Voici comment se décomposent en Argentine les superficies occupées par les arbres fruitiers ou plantes fruitières [1].

SUPERFICIES FRUITIÈRES

	Hectares.		Hectares.
Juguy	560	*Santiago del Estero*	10.710
Salla	5.960	*Gorrientès*	46.810
Formosa	300	*Missionès*	770
Ghaco	5.590	*Rioja*	1.910
Tucuman	14.700	*San-Juan*	4.910
Calamarca	5.410	*Cordoba*	77.750
Entre-Rios	39.700	*Santa-Fé*	48.300
San-Luis	12.620	*Mendoza*	2.210
Pampa	15.900	*Buenos-Ayres*	357.520
Neuquen	7.370	*Rio-Négro*	1.750
Chubut	2.480	*Santa-Cruz*	1.480

1. Pêchers, abricotiers, pommiers, poiriers, figuiers, kakis, cognassiers, pruniers, citronniers, cerisiers, néfliers, amandiers, châtaigniers, noyers, noisetiers, oliviers, bananiers, ananas, etc., etc.

C'est donc, en chiffres ronds, un verger de 670.000 hectares que l'Argentine possédait immédiatement avant la guerre. Il équivaut à 14 fois la superficie du département de la Seine. Les territoires et provinces les plus favorisés sont : *Buenos-Ayres*, *Cordoba*, *Santa-Fé*, *Corrientes* qui dépassent 45.000 hectares.

TABAC. — En France, l'État qui, en 1897, retirait de la vente du tabac une somme de 397 millions de francs percevait en 1916 plus du demi-milliard; exactement 560 millions. Les quantités vendues par la régie sont passées aux dates indiquées, de 37 à 59 millions de kilogrammes. Ces chiffres prouvent suffisamment que l'impôt sur le tabac est un des meilleurs. L'État retire de son exploitation un bénéfice de plus en plus considérable.

L'Argentine, du fait de sa population raréfiée, ne saurait prétendre aux résultats merveilleux d'un pareil impôt. Mais elle cultive la plante à Nicot avec un louable souci de satisfaire à sa consommation.

La culture du tabac occupait environ 8.000 hectares en 1916, après en avoir occupé près du double en 1895. L'Argentine peut faire mieux. Ses manufactures et usines sont en nombre suffisant. Ses importations varient entre 3 et 6 millions de kilogrammes. Les provinces de *Corrientes* et de *Salta* s'inscrivent en tête de la production.

CAFÉ. — Occupe quelques centaines d'hectares sur les terres de *Jujuy* et de *Tucuman*.

COTON. — Est cultivé dans le *Chaco* (1182 hectares en 1910). Partout ailleurs n'existe qu'à l'état sporadique (*Formosa*, *Corrientes*, *Misiones*, *Santa-Fé*). A ce propos, il n'est pas sans intérêt de remarquer que la suprématie des États-Unis tend à disparaître. En 1889, ils produisaient 63 0/0 de la récolte mondiale. En 1909, ils ne représentaient plus que 59 0/0 et en 1912

58 0/0. C'est que de nouveaux pays s'éveillent à cette indispensable culture. Quand l'Afrique sera exploitée à plein rendement, elle sera la concurrente la plus redoutable des États-Unis.

Rien ne dit, au surplus, que l'Argentine ne puisse découvrir la variété qui convient à ses terres. Notre Nouvelle-Calédonie est bien passée, en moins de cinq ans, de 0 à 150.000 kilos ! Elle approche aujourd'hui de 200 tonnes. C'est un résultat dû à la sélection. Et que d'autres exemples seraient à citer? Rappelons que ce fut une stupéfaction pour les Espagnols conquérants de rencontrer au Mexique et au Pérou des indigènes vêtus de cotonnades.

En inscrivant l'aire de culture du cotonnier entre le quarantième parallèle Nord et le vingtième parallèle Sud, les chances de l'Argentine apparaissent faibles dans l'ensemble. Toutefois, elles ne sont pas inférieures — surtout en considérant ses terres du Nord-Est — à celles de pays se trouvant à même distance sud-équatoriale. Le Brésil est mieux placé et, d'ailleurs, il a installé l'industrie cotonnière sur ses immenses terres.

MANIOC. — On note 6.000 à 8.000 hectares. Cette culture rémunératrice est susceptible d'extension. Le *tapioca* est une fécule que l'on retire de la racine du *Manioc* (*Manihot*). Pour obtenir le tapioca, on arrache les tubercules que l'on débarrasse de la terre adhérente. Rendues propres, ces racines sont réduites en bouillie dans une machine à râper. Cette bouillie pénètre alors dans des tamis cylindriques tournants où elle est abondamment lavée à l'eau. Cette eau contenant l'amidon est placée dans des cuves où la fécule se dépose. On la sèche à l'étuve. Il n'y a plus qu'à la passer au feu pour obtenir la granulation. C'est le *tapioca*.

Dans les pays grands producteurs de vastes usines analogues à nos féculeries traitent mécaniquement les racines de manioc.

Aux colonies, le manioc reste le principal aliment des noirs

L'hectare de manioc fournit aux Antilles environ 3.120 litres de farine et 120 litres de tapioca. Les fécules extraites trouvent encore leur emploi pour les apprêts blancs et colles, papeteries, produits gommeux, glucoseries, distilleries, etc.

La culture du *manihot* fournit des rendements formidables.

A la Réunion, on obtient fréquemment 25.000 kilos et plus de racines à l'hectare. A Madagacar, 15.000 à 50.000 kilos. A la Nouvelle-Calédonie, 40.000 kilos. Le Brésil dépasse parfois 100.000 kilos !

Dans ce dernier pays il suffit d'une année pour que la plantation de manioc donne une récolte abondante. La plante est ici dans une terre éminemment favorable. Cinq hectares de terre peuvent contenir une plantation de manioc produisant dès la seconde année 1.000 sacs de farine et 100 sacs d'amidon.

Les colonies françaises devraient suffire aux demandes de la métropole.

Hélas ! comme sur tant d'autres produits, nous demandons la moitié du manioc qui nous est nécessaire au Brésil et à Singapour. Et pourtant, avec Madagascar, la Réunion et nos Antilles, nous pourrions très largement nous affranchir des marchés étrangers.

LE MATÉ. — C'est l' « arbre à thé » du Paraguay, le voisin nord de l'Argentine. Les Portugais le désigne sous le nom d'herbe de Maté. En réalité, c'est un arbre qu'avec du soin on peut conduire à l'âge de 50 ans. Sa feuille est toujours verte et c'est elle qui pénètre dans le commerce après préparation. Dans l'Amérique du Sud 26 millions de personnes consomment du maté sous forme d'infusion. C'est en quelque sorte une boisson nationale extrêmement stimulante.

Le Brésil déjà roi du café l'est également du maté. L'Argentine lui demande les quelques millions de kilos qui lui manquent — un peu par sa faute — et dont elle pourrait s'affranchir en conduisant rationnellement l'exploitation des réserves qu'elle possède et en étendant les cultures. J'ai déjà donné[1] quelques indications sur cette plante en précisant que sa culture exigeait un capital de 10.000 francs au minimum. Suivant âge, l'arbre donne de un à sept kilos de maté chaque année. En fabrique, le maté revient à environ 0 fr. 70 le kilogramme.

CAOUTCHOUC. — L'Argentine n'est point dépourvue de plantes à latex caoutchoutier. Jusqu'ici, cependant, leur exploitation n'a suscité aucune véritable grande entreprise. A noter que les caoutchoucs de plantations l'emportent maintenant sur les caoutchoucs empruntés à la forêt. Le tableau suivant en fait foi très éloquemment.

CAOUTCHOUC DANS LE MONDE

ANNÉES	CAOUTCHOUC de plantations.	CAOUTCHOUC brésilien.	CAOUTCHOUC divers.	PRODUCTION totale[2].
1900............	4	26.750	27.136	53.890
1901............	5	30.300	24.545	54.850
1902............	8	28.700	23.632	52.340
1903............	21	31.100	24.829	55.950
1904............	43	30.000	32.077	62.120
1905............	145	35.000	27.000	62.145
1906............	510	36.000	29.700	66.210
1907............	1.000	38.000	30.000	69.000
1908............	1.800	39.000	24.600	65.400
1909............	3.600	42.000	24.000	69.600
1910............	8.200	40.800	21.500	70.500
1911............	14.419	37.730	23.000	75.149
1912............	28.518	42.410	28.000	98.928
1913............	47.618	39.370	21.452	108.440
1914............	71.380	37.000	12.000	120.380
1915............	107.687	37.220	13.615	158.702
1916............	152.650	36.500	12.448	201.598
1917............	204.251	39.370	13.258	256.879
1918............	210.000	38.000	12.000	260.000

1. Louis Gros, *Dictionnaire colonial pratique* : Technologie, commerce et agriculture.

2. En tonnes anglaises.

Et cela prouve aussi qu'il faut savoir attendre, puisque le caoutchouc Hévéa planté exige huit années pour atteindre à son plein développement.

On voit que la menace des caoutchoucs synthétiques — que l'on redoute toujours — n'a pas découragé les planteurs.

J'avoue maintenant que, pour l'Argentine, le voisinage du Brésil, gros producteur, n'est pas de nature à l'inciter aux concurrences dispendieuses.

CHAPITRE II

Je suis vigneron. Que faire ?

Vous êtes vigneron.

Il convient d'abord de vous diriger vers les régions viticoles. Les voici avec le nombre d'hectares consacrés à la vigne. Tenir compte que cette répartition d'avant-guerre s'est considérablement étendue.

LE VIGNOBLE ARGENTIN

	Hectares.		Hectares.
Jujuy	57	*Catamarca*	7.129
Santiago del Estero	596	*San-Juan*	48.432
Rioja	3.256	*Santa-Fé*	333
Cordoba	1.594	*Mendoza*	48.500
Entre-Rios	4.875	*Pampa*	370
San-Luis	1.105	*Neuquen*	24
Buenos-Ayres	3.256	*Rio-Négro*	375
Salta	1.121		

Déjà, en 1907, l'Argentine consommait 374 millions de litres sur lesquels 317 millions provenaient du vignoble national. Cette production la place en tête des pays des deux Amériques. Son vignoble représente déjà un capital de 400 millions de francs. On peut prédire que, dans peu d'années, l'Argentine ne s'approvisionnera qu'à sa cave et ne demandera à l'étranger que les vins de luxe de vente courante. Enfin, ayant réglé sa consommation, le pays deviendra le pourvoyeur des nations voisines Chili, Brésil, Pérou, Uruguay, Bolivie, Paraguay.

Ouvrons ici une parenthèse.

Rien ne dit que la campagne d'abstinence persistera dans les États de l'Amérique du Nord. Ce sont les odieux « pinards » trop souvent\falsifiés de Hambourg importés sous étiquettes de crus merveilleux qui ont déclenché la réprobation abstentionniste. Que les bordeaux, champagnes, cognacs, madères, chiantis, portos et xérès soient emportés dans le torrent des imprécations, c'est ce dont on s'étonne à bon droit, les bons vins ayant passé jusqu'ici comme constituant la panacée la plus évidente de l'alcoolisme.

Et puis, le Gouvernement américain perd à l'interdiction. Ses douanes lui fournissaient, au titre des vins importés, plus d'un milliard de francs chaque année. C'est une somme qu'on ne saurait se résigner à perdre sans contre-partie possible.

Pour l'instant, les pampres européens sont fortement touchés par les décisions américaines. La France importait aux États-Unis 35 millions de francs de vins et spiritueux, l'Espagne 5 millions, l'Italie 10 millions et le Portugal un million de francs. Pour le Canada, l'abstention s'adresserait à 40 millions de francs de ventes annuelles effectuées par l'Espagne et le Portugal. Et ces chiffres font réfléchir.

L'Argentine aurait tort cependant d'ajuster son vignoble aux textes prohibitifs des Nordistes. Ces marchés fermés ne peuvent de longtemps l'inquiéter et des clients plus immédiats lui demanderont ses vins et ses raisins.

Revenons à la vigne.

Si l'on arrête à 4.825.000 hectos de vin la production argentine, on trouvera que, par comparaison, la récolte de notre seul département de l'Hérault lui est plus de trois fois supérieure. La France a produit en pleine guerre — campagne 1917-1918 — 50 millions d'hectos provenant de 1.500.000 hectares de vignes. Il conviendrait d'ajouter à ces chiffres les réalisations de l'Algérie et de la Corse.

Le chapitre du "Pinard"
Production
471
millions
de
litres
Argentine
L'Argentine
se révèle
comme pays
producteur de vin
Elle figure maintenant
au 5me rang
dans la production
mondiale
Océan Atlantique
France
vente à la France
3.769.000
litres
Nous mangeons à Paris ses raisins frais

Ceci pour indiquer que l'immigrant, vigneron de son état, peut espérer trouver en Argentine un terrain propice d'extension et des gains sérieux puisque l'industrie viti-vinicole n'est, de ce côté, qu'à son début. Ne jamais oublier, au surplus, que les instruments de traitement et de transports frigorifiques sont particulièrement nombreux en Argentine et que, de ce fait, les cépages de choix fournissant des beaux raisins de table acquièrent une valeur d'exportation qui n'est pas à dédaigner[1]. Que toutes ces considérations ne nous dissimulent point la situation très exacte de l'Argentine et la nôtre par comparaison.

Il se rencontre, en effet, que pendant les années de guerre le plus grand vignoble du monde, — le vignoble français, — se trouva dans l'obligation de faire appel au jeune vignoble argentin. Question de « pinard » évidemment, le poilu ne pouvant, à la fois, se trouver à la cave et au grenier, dans sa vigne et aux tranchées. C'est là, toutefois, un enseignement d'une particulière saveur.

VIN

PRODUCTION ARGENTINE

RÉGIONS	ANNÉES 1915	ANNÉES 1916	ANNÉES 1917
Province de Mendoza..	388.266.100	360.784.900	380.594.000
Autres provinces......	94.081.500	90.736.700	94.626.300
Total.....	482.347.600	451.521.600	475.220.300

1. En temps normal, Paris accepte des raisins de table, en décembre-janvier, au prix de 2, 3 et 4 francs le kilogramme, selon qualité.

Mais on remarquera l'importance sans cesse accrue de l'exportation :

VIN

EXPORTATION ARGENTINE

ANNÉES.

1913...	37.200
1914...	206.500
1915...	862.400
1916...	5.837.300
1917...	3.411.600
Six premiers mois de 1918...................	2.051.200

Sans doute le Brésil, l'Uruguay et le Paraguay, voisins immédiats de l'Argentine, sont parmi les preneurs, mais, en 1915 et 1916, la France acheta à l'Argentine 3.770.000 litres.

On était au plus fort de la guerre, Madelon rugissait et les bidons ne pouvaient attendre.

C'est l'explication la plus rationnelle.

CHAPITRE III

Je suis agriculteur-éleveur. Que faire ?

Vous tombez bien.

La formule de Sully « labourage et paturage », si elle contient la fortune de la France contient également celle de l'Argentine. Le troupeau argentin comprenait avant la guerre :

LE TROUPEAU ARGENTIN

Année 1908.

Moutons	67.500.000	têtes.
Espèce bovine	29.200.000	—
Chevaux	7.532.000	—
Chèvres	4.000.000	—
Porcs	1.405.000	—
Mules et mulets	470.000	—
Anes	285.000	—

Ne retenons que les bœufs, chevaux, moutons et porcs et demandons-nous quelle place pourrait occuper l'Argentine sur le tableau des ressources mondiales.

Ce tableau montre qu'elle vient au premier rang pour les moutons, au troisième pour les chevaux, au troisième également pour les bœufs et au huitième rang pour les porcs.

On trouverait difficilement un pays d'élevage présentant un plus bel équilibre. A ce point de vue, la surface agit en Argentine comme aux États-Unis et en Australie puisque, de tous les États concurrents, c'est l'Argentine qui présente la plus faible population.

La grande guerre a retenti profondément dans la production sud-américaine comme partout ailleurs. Si nous comparons le tableau ci-dessus (1908), avec le tableau suivant (1918) nous surprendrons les variations d'une décade comprenant les dures années des hostilités.

LE TROUPEAU ARGENTIN

Année 1918

Espèce bovine	25.867.000	têtes[1].
Chevaux	8.324.000	—
Mulets	565.000	—
Anes	200.000	—
Moutons	44.000.000	têtes[2].
Chèvres	4.320.000	—
Porcs	3.000.000	—

Disposant d'immenses pâturages, l'Argentine ne peut manquer d'occuper, dans un très prochain avenir, le premier rang parmi les pays d'élevage.

Il faut nous rappeler en effet qu'en Argentine plus de 100 millions d'hectares peuvent être affectés à l'élevage. Or, il s'en faut que toute cette étendue soit mise à profit. 250 millions de moutons et 45 millions de bovins pourraient peupler les fabuleux pâturages argentins.

Ces 250 millions de moutons représenteraient la moitié de ce que possède le monde entier.

L'avenir est donc sans limite.

Examinons, un à un, les différents cheptels de façon à orienter les éleveurs.

---

1. En France, nous nous retrouvons après la guerre avec 3 millions de bovines en moins.

2. La France possédait 32 millions de moutons en 1840, 17 millions en 1907. Nous restons à ce chiffre. Il est vrai que toutes les nations de l'Europe sans exception sont en baisse. Par contre, l'Australie à elle seule possède presque autant de moutons que l'Europe entière.

Bovins. — La province de *Buenos-Ayres* vient en tête pour les bovins avec plus de 9 millions de têtes. Viennent ensuite *Santa-Fé* (3.180.000), *Corrientes* (3.550.000), *Entre-Rios* (2 million 334.000), *Cordoba* (2.540.000). Les éleveurs n'hésitent jamais à améliorer leurs produits par une sélection rigoureuse et en faisant intervenir des reproducteurs de race pure. Certains taureaux ont été achetés en Angleterre aux prix de 30.000, 50.000, 80.000 et 110.000 francs. En 1919, au concours de Palermo, un taureau de race Schorton fut vendu 500.000 francs !

Moutons. — C'est encore la province de *Buenos-Ayres* qui arrive en tête avec près de 19 millions de moutons. Elle est immédiatement suivie par : *Entre-Rios* (4.300.000), *Santa-Cruz* (4 millions), *Rio-Negro* (2.800.000), *Corrientes* (2.350.000), *La Pampa* (2.300.000) et *Chubut* (2 millions). *Misiones* vient au dernier rang avec 12.000 têtes.

On comprendra l'intérêt que présente ce cheptel quand, pour l'amener au point, des éleveurs se décident, comme cela s'est vu, à payer 1.250.000 francs une étable de 1.200 béliers et brebis lincolns. L'Australie n'a pas débuté autrement. Elle paya ses trois premiers béliers mérinos 120.000 francs.

Chevaux. — La province de *Buenos-Ayres* est encore au premier rang par près de 3 millions de bêtes. Après elle viennent : *Cordoba* (1.230.000) et *Santa-Fé* (1.100.000). Les autres provinces ou territoires s'inscrivent au-dessous d'un million. *Los Andes* figure en dernier lieu par quelques centaines de têtes.

Un étalon fut payé 800.000 francs. Toutes les races sont représentées dans les écuries ; chevaux légers, de selle et de trait.

Mules et mulets. — Le premier rang revient à *Cordoba* avec 140.000 têtes, suivie par *San-Luis* (53.000), *Santiago del*

Estero (60.000) et *Tucuman* (46.000). *Santa Cruz* et la *Terre de Feu* ensemble ne réunissent pas 500 bêtes.

ANES. — C'est *Jujuy* qui réunit le lot le plus important de cette cavalerie trottinante (46.000 têtes). *La Roja* et *Santiago del Estero* ne viennent qu'après. *Santa-Cruz* se contente d'une cinquantaine de bourricots.

CHÈVRES. — *Santiago del Estero* l'emporte par 776.000 têtes suivie de près par *Cordoba* (737.000). Viennent ensuite *Catamarca* (430.000) et *San Luis* (473.000). Les régions les moins favorisées sont celles de *Santa Cruz* et de la *Terre de Feu*.

PORCS. — *Buenos-Ayres* s'adjuge à nouveau la priorité par 1.400.000 têtes. *Cordoba* suit de loin (334.000) et *Santa-Fé* (475.000). *Los Andes* est d'une pauvreté navrante; à peine 50 représentants. Il est vrai que les indigènes de cette contrée préfèrent s'intéresser aux lamas et aux vigognes[1] qui leur sont d'une utilité plus immédiate et d'un revenu plus certain.

ÉTENDUE DE L'ÉLEVAGE. — Tout ce que nous venons de détailler s'applique à un ensemble d'exploitations rurales couvrant un peu plus de 136 millions d'hectares sur les 300 millions que représente la République Argentine. Les propriétés se divisent ainsi en chiffres ronds :

81.900	propriétés ayant moins de	625 hectares.	
11.540	propriétés de	625 à 1.250	—
9.280	—	1.251 à 2.500	—
4.790	—	2.501 à 5.000	—
3.290	—	5.001 à 12.500	—
1.660	—	12.501 à 25.000	—
213	—	25.001 à 37.500	—
108	—	37.501 à 50.000	—
146	—	50.001 hectares et plus.	

---

1. On sait qu'elles fournissent une laine soigneuse analogue à celle de *l'alpaca*.

On surprend ici une minorité de « féodalité » foncière qui tranche sur la répartition générale.

Sous la désignation de « grande propriété » nous groupons en France les exploitations agricoles de 40 à 100 hectares. Elles sont au nombre de 118.000. A ce titre, nous sommes fortement handicapés par les 81.900 propriétés argentines qui adoptent la limite de 625 hectares.

D'autre part, les exploitations de 50.000 hectares et au-dessus laissent supposer l'existence d'immenses *latifundias*.

Effectivement, certaines propriétés ne couvrent pas moins de 175.000 hectares. En voici une de 191.000 hectares, une autre de 120.000. Dans le *Chubut* vous en trouverez de 132.000 hectares et dans le territoire de *Santa-Cruz* une exploitation couvre 285.000 hectares. Une compagnie possède à elle seule 655.000 hectares de terres à cheval sur *Rio-Negro* et *Chubut*. Beaucoup de départements français n'ont pas cette étendue. On comprend, à parcourir ces énumérations fastueuses, que notre compatriote M. de Tonnens, ait tenté dans le Chili voisin de se faire nommer roi d'Araucanie.

Au vrai, ces véritables fiefs ne se comprennent que dans les colonies d'exploitation comme notre Congo, où les concessions dépassant le million d'hectares ne sont pas rares. Mais, outre que l'Argentine n'est la colonie de personne, on comprend moins son adhésion à ce régime de grandes terres qui, en principe, bloque l'initiative des bras venus spontanément s'offrir à elle. J'entends bien que malgré l'énormité des propriétés considérées le lot inemployé est suffisant pour donner satisfaction à tout le monde. Ce n'est point la crainte de voir la terre faire défaut qui anime cette légère critique, c'est uniment le souci d'écarter la méfiance de l'esprit réaliste de l'immigrant que terrifie toujours un peu le voisinage de la toute-puissance rurale. Il est clair que cette toute-puissance existe partiellement, en fait.

Voulez vous un exemple
de
ce
que
produit l'Argentine?
Si les boeufs et les moutons que l'Argentine a
sacrifiés dans la seule année 1917 se suivaient
en file indienne la longueur de ce troupeau
serait égale á la distance de Paris au Canada

Montréal
(Canada)
distance : 6.580 kilomètres
Paris
(France)
et dans 10 ans la longueur sera celle
de l'axe de la terre

On se demande assez souvent pourquoi l'Argentine, dont les conditions climatériques sont pour l'immigrant autrement favorables que celles du Nord-Ouest canadien, n'obtient pas une dérivation complète du flot migratoire vers ses terres privilégiées.

Pour ma part, je vois à cela d'abord un défaut de propagande. L'Argentine, en ce qui nous concerne, est méconnue de la grande majorité des Français. Les appels se font d'immigrants fixés à immigrants éventuels. Le Gouvernement argentin ne suscite les vocations que timidement encore laissant ainsi le champ libre à l'activité du Canada dont le seul avantage en la circonstance réside, — avouons-le, — dans ses traditions historiques confondues si intimement avec les nôtres. En second lieu, les bras ne s'ouvrent qu'à la terre « promise » à courte échéance. L'installation de la grande propriété n'attire que les capitaux et l'on sait qu'ils seront toujours impuissants à créer un homme. Pourquoi ne pas comprendre que, pour une nation, un travailleur trouvé et fixé réalise la double fortune acquise du capital et de la famille?

CHAPITRE IV

Je suis industriel. Que faire ?

Au point de vue industriel, l'émigrant ne peut se prononcer que s'il sait, par avance, quelles sont les industries argentines existantes susceptibles de l'accueillir. Un exposé succint des principales industries installées lui fera pressentir, du même coup, quelles sont celles qui manquent ou peuvent manquer et qui sont de nature à susciter, éventuellement, les initiatives.

QUELQUES PRODUITS DE L'INDUSTRIE ARGENTINE

I. — *Utilisation des matières d'origine animale* : viandes (conserves de), viandes frigorifiées, caséïne, laine (tissus de), cuirs (préparation et tannerie), cuir (courroies de), jambons, oléo-margarine, os (peignes en), cire, lavage des laines, lait (liquide, condensé, en poudre), langues (conserves de), couvertures laine, fromages, plumes (apprêts de), suifs, graisses, guanos, gants, chaussures cuir, stéarine, phosphore, savons, boutons d'os, appareils orthopédiques cuir, soieries, matelas, billes (ivoire), carderies et filatures laine, encaustiques, colles animales, outres en peau, éponges, brosses crins, beurre.

II. — *Utilisation des matières d'origine végétale* : blés, farines, fruits frais, glacés (et conserves de) ; sirops, gommes, balais, sabots, galoches, cordes, ficelles, étoupes, extrait de québracho, malles, valises, sacs, éventails, fibres végétales, vermicelles, feutre, fleurs naturelles et artificielles, fourrages frais et fourrages compressés, bâches, toiles et vêtements imperméables, boutons bois, ornements d'église, parapluies, cannes, passementerie, brosses, parfums naturels et de synthèse, légumes (conserves de), lingerie, tapis (laine et fibres), filets (toute nature), droguerie.

Teintures végétales, glucoses, gommes végétales, vannerie (paniers, cages, fauteuils), jouets bois, vins, liqueurs, palmistes, pâtes alimentaires, casquettes, lubrifiants, instruments de musique (mandolines, tambourins, etc.), mannequins (modes), tabliers, instruments de mesure (en bois), ameublement, modes, cartes (jeux de), ouate hydrophile, amidon, espadrilles, riz, matériel rural, scierie de bois, barques et bateaux, sucre (raffineries de), meunerie, confiserie, volets, jalousies, fenêtres, menuiserie (outils de), bière, chocolat, fils, rubans, ceintures, corsets, rideaux, couvertures, bananes, buis (outils de), sacs (jute et papier), biscuits, cravates, bouchons liège, nattes, tonnellerie, pulpe de bois, filatures et carderies coton, chemises et cols, huile d'olive, huiles de graissage, reliure, colles végétales, pavés de bois, eau de lavande, distilleries, voitures, chars, café, chapeaux feutre et paille, broderies, chaises, boîtes et caisses bois, charbons de bois, alcool à brûler dénaturé, comestible, tamis, queues de billard, vinaigres, herboristerie, sculpture bois, caramels, pastilles et dragées, carton, papier (fabriques de), étuis de cartouches, lits bois, bois d'ébénisterie (exploitation de), tabacs.

III. — *Utilisation des matières d'origine minérale* : poteries, clous, aiguilles, épingles, appareils d'éclairage, acétylène, sable (extraction de), glace industrielle et comestible, chaînes métalliques, articles aluminium, marbres, pierres (scieries de), asphalte, bitume, pétroles, élévateurs, ciment armé, serrurerie, céramique, wagons, pyrotechnie, cuisine (ustensiles de), bijouterie, jouets métalliques, optique (appareils d'), forages (instruments de), orfèvrerie, lithographie, inscriptions lumineuses, briques (toutes espèces), tuiles, pierres précieuses (taille, montage de), mortiers, norias, engrais minéraux, peintures, sculpture pierre, fer forgé, chaudières, teintures minérales, robinets, cycles, siphons, verre et verre armé, gravure et ciselure, talc, vulcanisation, balances et bascules, pompes, récipients métalliques, bombones verre, borax, outils de fer, chaudronnerie, lits fer, charpentes fer, chaux, baignoires, bassines, poêles et réchauds, fourneaux fonte, objets de réclame et de publicité, appareils photo et ciné, chirurgie (instruments de), scies, rabots, plaques photo, compteurs à gaz, médailles (frappe et gravure de), or en feuilles, boutons métal, capsules, charbons électriques, bronze (ouvrages et articles de), chaînes et chaînettes (or, argent, acier, fer), décoration sur porcelaine, chromolithographie, rideaux métalliques, aéroplanes, équipement militaire, métaux en feuilles, dorures, acier fondu et laminé, produits chimiques (acides azotique, sulfurique, chlorhydrique), pavés de pierre, métallurgie minière, imprimeries, eaux gazeuses (fabriques d'), encres à écrire et d'imprimerie, mesures métalliques, fontes artistiques, sculpture pierre, freins, granit, fers émaillés, galvanisation, ferblanterie, étamage, lampes et lanternes, produits vétérinaires et pharmaceutiques de toute origine, armes, pièges, toiles métalliques.

Cette énumération n'est faite qu'à titre de référence car il va de soi qu'elle ne constitue pas la liste complète des industries argentines à l'heure actuelle. Le futur émigrant peut y rencontrer sa spécialité et alors il acquiert une certitude. Au cas où cette spécialité n'apparaîtrait pas dans cet exposé abrégé, il devra s'informer par écrit. L'Argentine, dont l'industrie naissante présente déjà un ensemble fort satisfaisant, a moins besoin de journaliers — l'immigration piémontaise lui en fournit surabondamment — que de têtes dirigeantes, de contremaîtres habiles et d'ouvriers spécialistes. En un mot, on sol licite davantage les. compétences que la grósse main-d'œuvre.

L'installation d'une nouvelle industrie à l'étranger est presque toujours une excellente affaire quand le pays dispose de matières premières variées en quantité considérable. C'est le cas pour l'Argentine. Mais, encore sur ce point, il serait imprudent de s'embarquer sans biscuits. Les devis devront être établis avec le constant souci de les adapter à la demande du marché. Il s'agit, en somme, pour un produit manufacturé de répondre au questionnaire suivant :

a) Quelle est la capacité probable d'absorption par le pays lui-même?

b) Dans quelle mesure sera-t-il accepté par les pays frontières?

c) Son coefficient d'exportation?

Il ne restera plus, ensuite, qu'à lui faire subir sur le papier les épreuves de la concurrence, et c'est le point capital. Il ne faut jamais oublier que l'Amérique du Sud, en travail d'organisation, se trouve dans la zone d'action économique la plus immédiate de l'industrie des États-Unis qui, elle, arrive au degré de saturation et peut, de ce fait, améliorer ses conditions de vente et de paiement. Le produit P de l'Amérique du Sud, s'il se rencontre avec un produit similaire p de l'Amérique du Nord, devra donc tendre à se présenter sur le marché avec des chances au moins égales.

Bière. — La première fabrique fut installée dans la République Argentine, en 1868. On en compte, aujourd'hui, 25 en activité; sur ce nombre, 7 appartenaient à des Austro-allemands. Réunies, ces fabriques produisent environ 771.000 hectos de bière. Elles utilisent une force de 7.000 HP et occupent un personnel de 3.000 personnes.

VIANDES FRIGORIFIÉES. — L'industrie frigorifique a pris, en Argentine, une extension que les nécessités de la guerre ont considérablement accrue.

Une vingtaine de puissantes sociétés traitent les viandes et les exportent. 16.000 ouvriers sont occupés dans ces établissements situés principalement dans les provinces d'*Entre-Rios*, *Buenos-Ayres* et *Santa-Cruz*. L'industrie des viandes salées et viandes en conserve se développe concurremment avec celle des viandes congelées.

Au cours de l'année 1917, 1.698.000 bœufs et près de 3 millions de moutons ont été sacrifiés pour les frigorifiques. Alors qu'il y a vingt ans, l'Argentine exportait à peine 4.000 tonnes, elle atteint aujourd'hui, 415.000 tonnes. Si l'habitude de la *frigo* s'installait chez certaines nations de l'Europe centrale comme elle s'est installée depuis longtemps en Grande-Bretagne, l'Argentine pourrait tripler son chiffre d'exportation, l'extension de son troupeau n'ayant point de limite.

EMBARQUEMENT DE VIANDES CONGELÉES

ANNÉES	CARCASSES de mouton et d'agneau congelés.	QUARTS de bœuf congelé.	QUARTS de bœuf refroidi.
1913	2.270.300	1.404.500	2.730.100
1914	2.599.000	1.660.900	3.159.400
1915	1.399.100	4.215.800	1.232.000
1916	1.923.300	5.229.900	838.400
1917	1.520.900	4.974.500	629.700
1918	1.423.800	6.069.600	21.300

EXPÉDITIONS DE VIANDE CONSERVÉE

Années.	Tonnes.
1913	13.014
1914	13.590
1915	32.514
1916	45.197
1917	102.153
1918 (6 premiers mois)	86.610

L'Argentine a battu les États-Unis dans l'exportation des viandes.

C'est ce qui résulte des chiffres fournis par l'*Institut international de Rome.* Le tableau suivant doit se lire en tonnes pour toutes les viandes (bœuf, mouton, agneau, porc, etc.).

LES PAYS EXPORTATEURS DE VIANDES

PAYS	1913	1914	1915	1916	1917
Argentine ..	446.629	461.998	443.305	546.058	561.070
États-Unis..	220.567	207.514	572.240	578.467	675.029
Australie....	216.880	»	246.951	58.793	150.916
Nouvelle-Zélande.......	133.314	166.334	185.974	168.716	»
Uruguay....	80.749	88.167	122.421	100.243	»
Autres pays.	46.765	50.415	123.510	205.132	248.285
	1.144.904	974.428	1.694.401	1.657.409	1.635.300

Il convient de remarquer que les États-Unis, qui paraissent dominer en 1915-1917, doivent leur chiffre aux viandes de porc. C'est ainsi qu'en 1916, 78 0/0 des viandes embarquées sont des viandes de porc dont l'Argentine ne tient, pour ainsi dire, aucun compte comme en témoigne le tableau page 194.

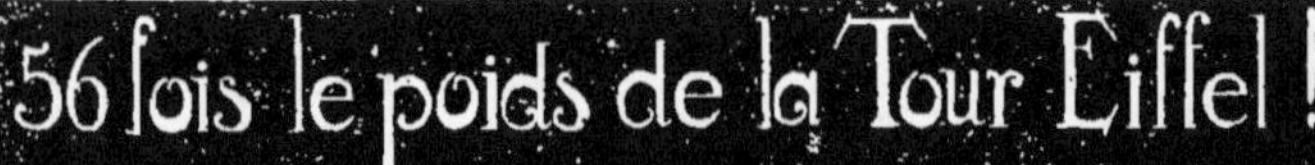
56 fois le poids de la Tour Eiffel !

Si on les pouvait placer
dans le plateau d'une
balance 56 Tours Eiffel
seraient insuffisantes
pour faire équilibre
à la quantité de viande
exportée par l'Argentine
(Poids de la Tour : 7.300000 Kg)
en une seule année

VIANDES EXPORTÉES PAR L'ARGENTINE (EN TONNES)

VIANDES	1913	1914	1915	1916	1917
Bœuf congelé et refroidi......	370.139	371.345	362.952	428.619	394.857
Mouton et agneau congelés.....	45.928	58.688	35.040	51.318	39.820
Viande de porc	»	353	915	1.512	1.661
Divers : Langues, conserves, extrait, etc.........	30.562	31.612	44.398	64.609	124.732
	446.629	461.998	443.305	546.058	561.070

D'un rapport des services argentins, il résulte que les animaux abattus en 1917 dans les entreprises frigorifiques et fabriques de conserves affectées exclusivement à l'industrie de la viande, représentent un poids brut de 762.449 tonnes, à savoir 681.293 t. pour l'exportation et 81.156 tonnes pour la consommation indigène.

690.016 tonnes brutes correspondent à la viande de bœuf.

56.421 tonnes brutes correspondent à la viande de mouton et d'agneau.

16.012 tonnes brutes correspondent à la viande de porc.

Le gros bétail abattu en 1917 montre une augmentation de 843.573 animaux, soit 2.161.725 animaux en 1917, contre 1.318.152 animaux en 1913.

La concurrence est établie désormais entre les bœufs de Pierre Dupont et la plus belle conquête de l'homme célébrée par M. de Buffon. Les exigences de l'alimentation carnée n'épargnent même pas notre meilleur ami, le chien. Et cet éclectisme gastronomique ne date pas d'hier. Les Germains d'autrefois mangeaient la viande des chevaux sacrifiés à Odin et les premières populations chrétiennes de l'Europe centrale en usaient avec tant de brio qu'il ne fallut rien moins qu'un ordre du pape Grégoire III pour mettre fin à cette hippophagie ancestrale. L'interdiction, datée du VIII⁰ siècle, prévalut jusqu'en 1815, époque à laquelle les Allemands se remirent au régime du cheval un peu forcés au menu, il est vrai, à la suite des disettes effroyables qui suivirent les guerres du premier Empire.

L'Anglais et l'Allemand sont de terribles carnivores. Un membre de la haute aristocratie britannique consomme, bon an, mal an, 300 kilos de viande de toute nature, et les 36 millions d'habitants de la Prusse n'exigent pas moins de 1 milliard de kilos de viande de porc annuellement. Toutefois, si l'Anglais avoue son faible pour le rosbeef et le beafteck, l'Allemand apporte moins d'ostentation à faire le détail de son régime carné. C'est en 1847 que s'ouvrit, en Prusse, la première boucherie hippophagique régulière. L'innovation fut heureuse et les États de l'Empire aidant, l'Allemagne mangeait déjà 120.000 chevaux en 1904, et 180.000 en 1905. Autrement dit, l'Allemagne dévore, chaque année, un nombre de chevaux supérieur à celui de sa cavalerie à l'effectif de paix.

Les États qui se font le plus remarquer dans cette formidable consommation d'escadrons sont ceux de Mecklembourg, d'Anhalt et de Lubeck.

Mais, de même que l'Empire avait mis l'Allemagne au régime du cheval, c'est l'Allemagne qui fit adopter le même régime à la France en 1870.

Depuis cette époque, nos boucheries hippophagiques se multiplient et prospèrent.

Au 31 décembre 1910, on en comptait 300 rien qu'à Paris et la banlieue en possédait 141 desservies par deux abattoirs. On mangeait alors, bon an mal an, 15 millions de kilos de viande de cheval. Paris dévore, aujourd'hui, 60.000 chevaux chaque année.

Oui, mais on peut se demander si Pégase, Cocotte et Rossinante persisteront à se prêter aux fantaisies culinaires des cordons bleus.

Notez que notre grande pourvoyeuse était la Compagnie générale des omnibus, riche en percherons, cauchois et berrichons qu'elle abandonnait aux fourneaux, après cinq ans de bons et loyaux services.

Le sachant ou non, chacun de nous a mangé d'incalculables « Panthéon-Courcelles » aux pommes et d'inchiffrables « Batignolles-Clichy » en miroton.

Les autobus ont chassé cette cavalerie comestible, et rien n'indique, jusqu'à présent, qu'elle cède ses pneus réformés à nos maîtres coq.

Sur tous ces points, nous n'avons rien découvert et la civilisation occidentale est en retard sur l'Extrême-Orient.

Le Japon, par exemple, qui possède 1.500.000 chevaux (ce qui est peu, si on compare ce chiffre au stock russe qui atteint plusieurs millions), mange beaucoup plus de chevaux qu'il n'en importe. De 1894 à 1900, le Japon achète, à l'extérieur, 155.000 chevaux et en mange 241.000. De 1900 à 1903, la proportion est encore plus formidable; 90.000 chevaux achetés et 200.000 dévorés. On conçoit, dès lors, la difficulté qu'éprouve le petit Jap à assurer sa remonte, d'autant que le pays est totalement dépourvu d'ânes et de mulets.

Si nous passons en Chine, nous constatons que, depuis plus de mille ans, le cheval figure avec honneur sur les tables mondaines.

Alors ! Où allons-nous ?

Nous allons aux chiens.

Un pays de chiens, c'est la France, puisqu'on y compte 75 toutous pour 1.000 habitants. Les Allemands viennent après, avec 38 unités ; mais cette pauvreté relative en fox, mâtins et caniches dissimule des instincts barbares.

Songez qu'une loi de 1900 ayant autorisé, en Allemagne, la consommation du meilleur ami de l'homme, il s'en fit aussitôt de colossales hécatombes. A elle seule, la Saxe, en 1902, mangeait 3.000 chiens.

En 1904, la fourchette teutonne plongea dans 7.000 chiens. L'année suivante, 9.000 cabots furent sacrifiés à la gloutonnerie classique de nos insatiables voisins.

Je vous laisse à penser ce qu'il a pu advenir du Médor boche pendant ces cinq années de guerre famélique. On ne joua pas les Alcibiade pour tenir le rôle d'Alexandre et, les cimetières de chiens si admirablement entretenus en Angleterre et en France, se résumèrent outre-Rhin par des sépultures stomacales dont l'entretien demeure pratiquement économique.

Peut-être les Allemagnes ont-elles emprunté le goût du chien à notre Annam.

On sait que le chien annamite, qui pullule dans les villages du Delta, est recherché pour sa chair fine. Nourri de patates et de riz, il constitue, à l'âge de six mois, un mets de choix. Certains Annamites tiennent étal de viande de chien comme d'autres de viande de porc. Une tranche de chien fumé est, à dire d'expert, un régal capable de le disputer à une côtelette de cochon laqué.

Avant d'en arriver à ces menus, il est de notre intérêt d'examiner les réserves de nos viandes coutumières que l'Argentine tient à notre disposition et que la guerre nous permit d'apprécier.

Sachons que la viande frigorifiée à — 3 à 4º, peut se conserver trois mois si on la maintient à — 4º jusqu'à un délai de quarante-huit heures avant sa consommation.

La viande congelée à — 15º et maintenue à — 4º jusqu'à

un délai de quarante-huit heures avant sa consommation, peut se conserver six mois.

En Amérique, en Angleterre, en Australie, etc., on fait un usage constant de ces viandes.

Pour ne citer que la Grande-Bretagne, elle demande à l'étranger, chaque année, 400.000 à 500.000 tonnes de viandes congelées.

Au point de vue hygiénique, il convient· de noter que la congélation de la viande présente l'avantage d'éliminer, *ipso facto*, la viande contaminée puisque seules peuvent se congeler des viandes indemnes de matières nocives.

Il est singulier, — les tarifs en temps normal y furent peut-être pour quelque chose, — que le Français rechigne à l'utilisation partout ailleurs généralisée des produits de la congélation, alors que l'inventeur est un de nos compatriotes, Charles Tellier, le « Père du Froid », titre que lui décerna solennellement un congrès de savants. C'est lui qui, à bord du paquebot le *Frigorifique*, fit les premiers transports de viande entre l'Amérique du Sud et la France.

La congélation proprement dite n'est même pas utile à la conservation des viandes. Celle-ci, après avoir été refroidie à un degré convenable, est, par le moyen du froid sec, combiné avec une ventilation appropriée, déshydratée en partie. Elle est alors imputrescible et se conserve à l'air libre.

En cette matière, comme en tant d'autres, hélas ! de pratique courante, nous sommes devancés par les nations concurrentes.

Dès 1906, on comptait 182 navires frigorifiques faisant le transport des viandes d'Australie, de Nouvelle-Zélande. et de la République Argentine.

Plusieurs de ces navires sont aménagés pour contenir 150.000 moutons congelés. La flotte Cunard emploie par douzaines des navires frigorifiques pour son service des États-Unis.

Londres possède plus de 50 entrepôts frigorifiques.

L'Argentine, il y a treize ans, envoyait déjà en Angleterre 455.000 quartiers de bœufs réfrigérés.

Ce sont les flottes et les trains frigorifiques qui permettent de recevoir à Londres et à Paris des fraises de Californie et des pêches, des abricots et des poires du Cap lointain.

Ce même matériel permet également au Canada d'exporter 700.000 colis de beurre et 100.000 colis de fruits en Angleterre.

Près de 1.500 puissantes sociétés exploitent l'industrie frigorifique aux États-Unis.

La seule maison Armour possède à elle seule 10.000 wagons froids; 1.000 magasins réfrigérants publics existent dans les villes de l'Union.

Rien de semblable n'existe dans la France créatrice de ces admirables procédés. La lenteur de notre adaptation nous coûte déjà plusieurs millions. Nous exportions autrefois 80 millions de francs de beurre en Angleterre. La Finlande, la Suède et le Danemark nous ont enlevé ce marché en organisant des transports frigorifiques.

Ils envoient à l'Angleterre 240 millions de francs de beurre, 50 millions de francs d'œufs sans compter le lait et la crème. C'est le prix de notre indifférence.

80.000 wagons réfrigérants circulent sur le réseau des États-Unis. Nous en avions en France 360 avant la guerre. Nous en possédons aujourd'hui 2.400. C'était bien la peine de les inventer !

On pourrait en dire tout autant de l'automobile que nous avons créée.

Il est temps de nous reprendre.

GRAISSES. — Elles constituent, en Argentine, une industrie qui se développe rapidement tant pour correspondre aux besoins de l'intérieur que pour servir les demandes à l'exportation faites principalement par la Grande-Bretagne, les États-Unis et la France.

ARGENTINE. — EXPORTATIONS

MARGARINE ET PALMITINE		SUIF ET GRAISSE FONDUE	
Années	Tonnes	Années	Tonnes
1913...............	6.200	1913...............	63.100
1914...............	3.400	1914...............	51.200
1915...............	1.900	1915...............	49.900
1916...............	2.400	1916...............	48.700
1917...............	13.300	1917...............	67.800
1918...............	9.900 [1]	1918...............	52.600

Dans le commerce, les unités en usage sont la *pipe de suif*: 400 kilos; le *fût de suif*: 200 kilos; et le *baril de suif* de 160 kilos.

CUIRS ET PEAUX. — La surabondance de matière première oblige à l'exportation; celle des cuirs salés est en progression constante; 27.000 tonnes en 1897 et 78.000 en 1916. Les cuirs secs s'inscrivent aux mêmes dates pour 29.000 et 21.000 tonnes[2].

ARGENTINE. — EXPORTATION EN TONNES

6 PREMIERS MOIS DE	CUIRS DE BŒUF salés.	CUIRS DE BŒUF secs.	CUIRS DE CHEVAL salés.	CUIRS DE CHEVAL secs.	PEAUX DE MOUTON non lavées.	PEAUX DE CHÈVRE et chevrau.	PEAUX DE NUTRIA (Ragondins).
Années							
1916............	35.920	7.190	190	940	6.260	1.760	330
1917............	36.810	9.250	450	1.510	6.450	1.050	330
1918............	31.150	6.580	50	840	1.980	630	320

1. Pour l'année 1918, les chiffres indiquent les quantités concernant les six premiers mois seulement.

2. Dans l'intérieur, on utilise parfois la *pesada* de 27 kilogr. 600 pour les cuirs salés et la *pesada* de 16 kilogr. 100 pour les cuirs secs, bien que notre système métrique soit en usage. La *balle* de peaux de mouton est de 400 kilogrammes et la *balle* de peaux de chèvre de 370 kilogrammes.

CHAUSSURES. — De gros progrès ont été réalisés dans la fabrication des chaussures de cuir. Le nombre des fabriques ou manufactures est de 230. Les cordonneries, proprement dites, sont au nombre de 2.240. Les chaussures de tresse, espadrilles, etc., occupent 240 établissements.

LAINE. — Il va de soi que l'Argentine ne saurait traiter toute la laine de son immense troupeau, le premier du monde. L'Australie est battue.

Rappelons que le brin de laine doit être *fin*, *long* et *résistant*. Les laines courtes sont dites *à carde* et les laines longues *à peigne*. La race mérinos à elle seule fournit annuellement à l'industrie pour près de 2 milliards de francs de laine.

C'est en 1899, que la plus forte exportation de laines brutes est enregistrée en Argentine; 237.000 tonnes. Les 200.000 tonnes à l'exportation ont été dépassées à quatre reprises (années 1897-1898-1899-1901). Les quantités baissèrent ensuite régulièrement. En 1912, on note 165.000 et en 1913, 120.000 tonnes. Le 1er janvier 1919, le marché disposait de 22.667.000 kilos (dont 2.000.000 de kilos vendus), contre 21.784.000 kilos en 1918.

La tonte totale en 1917-1918 a été de 181.000 tonnes, contre 160.000 tonnes en 1916-1917.

Les exportations, pendant la saison lainière entière de 1917-1918 (du 1er octobre au 30 septembre 1918), se sont élevées à 288.051 balles contre 349.622 balles pendant la même période de 1916-1917 et 299.207 balles pendant la même période de 1915-1916.

ARGENTINE. — EXPORTATIONS

PAYS ACHETEURS	SAISON LAINIÈRE entière 1915-16	SAISON LAINIÈRE entière 1916-17	SAISON LAINIÈRE entière 1917-18
	Balles [1]	Balles	Balles
États-Unis..............	152.598	225.467	209.528
Italie.................	41.491	32.286	21.835
France.................	33.220	37.505	23.834
Espagne................	7.002	3.637	9.108
Grande-Bretagne........	31.894	33.988	6.226
Hollande...............	11.697	7.517	150
Autres pays............	21.305	9.222	17.370
Total.......	299.207	349.622	288.051

En 1915, l'exportation fut de 257.500 balles.

PRIX AUX 10 KILOS EN PAPIER [2]

Qualités.	1er janvier 1919
Croisés supérieurs Concordia..................	26–30.
Croisés supérieurs...........................	19–24.
Bons croisés courants........................	16–18.
Croisés inférieurs...........................	15–17.
Mérinos supérieurs Concordia.................	22–26.
Mérinos supérieurs...........................	18–21.
Bons mérinos courants........................	15–17.
Mérinos inférieurs...........................	12–16.

ALCOOL. — Disposant d'une matière première abondante, l'Argentine pourrait distiller plus qu'elle ne fait. Les demandes nécessitées par les industries de guerre lui ont permis d'ex-

---

1. Le poids moyen de la balle de laine est de 420 kilogrammes.
2. Ces prix ne sont donnés qu'à titre indicatif, car ils sont nécessairement variables d'un jour à un autre.

EN VOILA DU CUIR!
L'Argentine vient au premier rang dans le monde
pour les moutons avec: 67 500 000 têtes
et au troisième rang dans le monde
pour les bovins avec: 29 200 000 têtes
Paris
7.802 Hectares
Oui mais
elle a de la place pour un troupeau
qui comprendrait 250 millions de moutons
et 45 millions de bovins
le morceau de cuir qu'elle fournirait alors
recouvrirait
plus de deux fois la superficie de Paris

porter les quantités suivantes, en France pour la plus grande part :

Années.	Litres.
1914	859.500
1915	5.749.800
1916	16.015.300
1917	3.475.300

Si l'alcool carburant finissait par s'imposer aux moteurs, nul doute que l'Argentine ne soit à même d'étendre cette industrie à laquelle elle ne songeait guère avant les hostilités si ce n'est pour ses besoins.

LE LAIT, LE BEURRE ET LES FROMAGES. — Le prodigieux troupeau argentin laisse supposer l'existence des industries du lait, du beurre et du fromage traités en vue de l'exportation.

La guerre a révélé l'importance des laits condensés et des beurres importés.

Quelle est notre situation et celle de l'Argentine dans cette industrie ?

On sait qu'en France les beurres sont en provenance des Charentes, du Poitou, de la Touraine, de la Normandie et de la Bretagne.

A défaut du chiffre exact de la consommation, qu'il est bien difficile d'établir, on peut prendre pour éléments de comparaison les quantités qui passent annuellement par les Halles centrales de Paris et que je mettrai en regard des *exportations* de l'Argentine en direction de tous les pays. Le tableau suivant est établi en chiffres ronds :

BEURRE

ANNÉE	QUANTITÉS vendues AUX HALLES	VALEUR en FRANCS	BEURRE ARGENTIN quantités exportées
	Kilogrammes		Kilogrammes
1905.........	13.734.000	40.004.520	5.393.230
1906........	13.036.300	41.193.180	4.405.300
1907........	13.425.700	41.148.220	3.035.430
1908........	13.716.000	42.916.140	3.550.000
1909.........	15.092.300	44.113.710	3.993.000
1910........	15.048.600	47.492.410	2.876.500

On voit ainsi que si toute l'exportation Argentine d'avant-guerre avait été réservée aux Halles parisiennes elles eussent à peine satisfait le quart de nos exigences.

Ces chiffres, toutefois, ne fixent point la capacité de production de l'Argentine. Les hostilités ayant accéléré les demandes, le marché s'amplifia tout à coup dans la proportion suivante :

BEURRE ARGENTIN EXPORTÉ[1]

Années.	Kilogrammes.
1914..	2.490.000
1915..	3.692.000
1916..	4.895.000
1917..	7.847.000
1918..	12.647.000

Ainsi donc, l'Argentine peut satisfaire à toutes les demandes en passant indifféremment de 2 millions à 12 et 15 millions de kilogrammes sur marché ferme. On peut dire que là guerre a

---

1. Les exportations se font en caisses de 25 kilogrammes. Les quantités énoncées dans ce tableau furent à peu près totalement absorbées par la Grande-Bretagne, qui paya un prix avantageux aux producteurs.

révélé l'industrie argentine du beurre qui compte plus d'un millier d'établissements répartis principalement dans les provinces de Cordoba, Buenos-Ayres, Entre-Rios et Santa-Fé.

Quant au lait, la capitale fédérale en consomme environ 500.000 litres par jour.

Les établissements produisant la crème et le beurre fabriquent le plus souvent les fromages.

Notre industrie fromagère, dont la réputation est mondiale, gagnerait à s'installer en Argentine où la demande dépasse de beaucoup la production. Toute fromagerie, installée avec l'outillage moderne et conduite par des spécialistes, serait assurée de réussir en Argentine.

FROMAGES

Années.	Importations en Argentine.	Exportations.
1911	4.919.400	500
1912	5.374.600	1.900
1913	5.045.000	7.000
1914	3.834.400	3.700
1915	3.314.000	6.100
1916	1.421.200	227.700
1917	312.700	2.728.400
1918 [1]	13.400	3.921.100

Quantités exprimées en kilogrammes.

L'Argentine a donc exporté en 1918 une quantité à peu près équivalente à son importation de 1913.

Rien n'est plus propre à nous faire saisir la rapidité avec laquelle ce pays s'adapte aux nécessités du marché mondial.

L'effort que la fromagerie argentine a fourni pendant la guerre, elle le peut continuer dans la paix et inscrire ainsi à son actif une nouvelle industrie rémunératrice.

---

1. Les chiffres pour 1918 ne s'appliquent qu'aux six premiers mois. Les relevés du tableau sont fournis par les services argentins du *Département national des statistiques*.

LES ŒUFS ET LA VOLAILLE. — On peut se demander pourquoi l'Argentine, si puissamment favorisée par les céréales, ne figure pas au rang des pays grands exportateurs d'œufs et de volailles. Peut-être cette industrie n'attend-elle qu'un peu d'organisation pour prendre un essor que le matériel frigorifique de l'Argentine aiderait dans une très large mesure.

Avant la guerre la situation se présentait ainsi :

PAYS EXPORTATEURS D'ŒUFS

Autriche-Hongrie..................	150.000	tonnes exportées[2].
Russie..........................	120.000	—
Italie..........................	32.000	—
Danemark.......................	20.000	—
Bulgarie........................	12.000	—
Turquie.........................	4.000	—
Maroc[1].		

Les pays, grands consommateurs d'œufs, sont les suivants par importance décroissante : Allemagne, France, Grande-Bretagne, Belgique, Hollande.

Quant à la volaille, on peut se représenter le pouvoir de production de l'Argentine en songeant que la France, à elle seule, sacrifie en moyenne et chaque année 40 millions de volailles !

LE BOIS. — Avant la guerre, la demande en bois d'œuvre était bien supérieure à la production mondiale. En ce qui nous concerne, — malgré nos 9 millions d'hectares de forêts, — nous importions, chaque année, pour 150 millions de francs de bois divers[3]. On se figure aisément à quel chiffre vont être portés nos achats puisque la guerre a sacrifié nos grandes sylves de la

---

1. Dès 1909 le Maroc, par huit ports, exportait déjà pour 6.150.000 francs d'œufs.

2. Il faut en moyenne 12 œufs gros, 17 moyens ou 22 petits pour obtenir le kilogramme.

3. On se demande pourquoi, devant cette pénurie de bois, nous conservons en France 6 millions d'hectares de terres incultes.

Haute-Marne, de la Marne et de Seine-et-Marne (près de 500.000 hectares boisés). Et je ne dis rien de la contribution fournie par les autres forêts. On est très près de la vérité en disant que la guerre impose le reboisement à peu près total de la France. Voilà bien le moment d'exploiter nos ressources forestières coloniales de la Côte d'Ivoire, du Congo et de la Guyane. Malheureusement, les essences qu'elles nous procurent ne constituent pas toutes, il s'en faut, les bois d'œuvre qui nous sont indispensables.

L'Argentine possède un domaine forestier exploitable dont la superficie recouvrirait la France entière.

Les essences précieuses ou communes s'y rencontrent en quantité. Toutefois, l'industrie n'accorde une faveur particulière qu'au bois de *quebracho* essentiellement tannifère et dont l'extrait obtenu maintenant sur place s'exporte dans le monde entier.

L'exportation de bois de quebracho diminue, tandis qu'augmente celle de l'extrait tannique.

EXPORTATION DU QUÉBRACHO ARGENTIN

Années.		Quantité en tonnes[1].
1914	Bois.........	276.100
	Extrait.......	88.800
1915	Bois.........	178.600
	Extrait.......	111.600
1916	Bois.........	101.700
	Extrait.......	120.000
1917	Bois.........	108.900
	Extrait.......	100.900
1918	Bois.........	8.000
	Extrait.......	124.700

1. On obtient habituellement 25 0/0 d'extrait par tonne de bois traité. Pourtant le québracho rouge est plus riche que le blanc.

Les principaux acheteurs sont dans l'ordre : États-Unis, Grande-Bretagne, France, Italie, Japon, etc...

L'industrie qui, parfois, éprouve de grandes difficultés à se procurer la houille, utilise le bois de *quebracho campana*. 2.500 kilos de ce bois remplissent le même office que 1.000 kilos de charbon.

Le quebracho fait surtout l'objet d'une grande exploitation dans les provinces de Chaco, Formosa, Salta et Jujuy, c'est-à-dire en direction de la ligne tropicale [1]. Plusieurs de nos compatriotes se livrent aux entreprises ayant pour objectif le traitement du quebracho, soit en vue d'obtenir l'extrait, soit pour livrer des traverses de chemins de fer et des poteaux télégraphiques.

CANNE A SUCRE. — Les chiffres suivants feront connaître l'importance de la culture de la canne en Argentine et des industries qui en dérivent.

	Année 1895.	Année 1915.
Tonnes des cannes traitées...............	1.114.562	3.231.526
Tonnes de sucre obtenu..................	68.992	289.350
Hectolitres des alcools, rhums...........	92.471	120.510
Personnel occupé par cette industrie.....	28.300	37.000
Force motrice employée en *H. P*..........	11.300	48.220

Les progrès, en vingt ans, ont donc été considérables et permettent de considérer l'Argentine comme entrée définitivement dans la catégorie des pays grands producteurs.

Si l'on fixe les limites de végétation de la canne entre les 35° de latitude Nord et de 35° de latitude Sud, on surprend sur la carte de l'Argentine d'immenses espaces qui lui sont propices

---

1. Je rappelle en passant que nous possédons dans l'Amérique du Sud, à la Guyane française, 1 million d'hectares de forêts incomparables. 76 espèces d'essences trouvent preneurs soit dans le commerce, soit dans l'industrie. Encore conviendrait-il de les exploiter.

14

particulièrement en direction des zones tropicales. C'est, qu'en effet, la chaleur et l'humidité sont indispensables à la plante. Le froid, si faible soit-il, lui est mortel.

Au point de vue mondial on peut estimer ainsi la production du sucre :

1917-1918 {	Sucre de canne	13.327.770
	Sucre de betterave	4.886.789
1918-1919 {	Sucre de canne	12.424.660
	Sucre de betterave	4.360.200

Quand les Croisés rencontrèrent pour la première fois la canne à sucre, à Tripoli de Syrie, ils ne se doutaient guère de l'importance que la jolie plante allait prendre dans la suite des siècles, car le sucre de canne dura exclusivement jusqu'au commencement du XIXe siècle. Il était importé en Europe d'outre-mer. Puis, tout à coup, un concurrent se manifesta : la *betterave*. Celle-ci pouvant être cultivée en France, se révéla d'emblée comme devant faire baisser rapidement le chiffre du sucre d'importation. Voyons ce qui se passa chez nous.

C'est vers 1820 que fut industrialisée en France la production du sucre de betterave.

Cette production se développa rapidement :

Années.	Tonnes.
1830	3.090
1840	26.000
1850	76.000

Pour abréger nous poursuivrons l'état des rendements par périodes :

Périodes.	Tonnes.
1877-1884	342.800
1884-1892	452.720
1892-1900	607.740
1900-1908	810.340
1908-1909	723.000

Prenons l'année 1909 comme référence. Quelles sont à cette époque les usines françaises en activité? On comptait alors :

DÉPARTEMENTS	NOMBRE D'USINES	PRODUCTION en millions de kilogrammes de sucre raffiné
Aisne..........................	59	177
Somme.........................	39	119
Nord..........................	54	119
Oise..........................	23	81
Pas-de-Calais..................	27	74
Seine-et-Marne.................	12	47
Seine-et-Oise..................	10	20
Ardennes......................	4	11
Autres départements...........	23	72

Tel était, en ce qui nous concerne, l'état de nos usines et de notre production trois années avant la guerre.

Notre place comme producteur se dégage du tableau suivant qui fixe les quantités de sucre produites en Europe (année 1908), par les principales puissances.

États.	Tonnes.
Allemagne..................................	1.862.000
Autriche-Hongrie...........................	1.233.000
Russie....................................	1.147.000
France....................................	723.000
Belgique..................................	231.000
Pays-Bas..................................	193.000
Divers....................................	472.000

Il ressort de cet exposé que l'Allemagne est au premier rang dans la production et que notre lot, comparé à celui de nos concurrents germains et slaves, est dans la proportion de un à deux.

Ce que nous produisons, nous le consommons amplement. La récolte est à peine suffisante à nos besoins. Où trouver le complément? Il n'y a que deux réponses en temps de guerre : Chez les neutres ou dans nos colonies.

Encore faut-il ajouter que la guerre a diminué notre production de toute l'étendue des terres betteravières envahies.

C'est ainsi que les hectares cultivés en France se décomposent à différentes époques du conflit et des années qui le précédèrent :

HECTARES CULTIVÉS

Années.	Superficies.
1905	276.331
1913	216.200
1914	242.337
1915	63.209
1916	66.974

En même temps, le nombre de nos usines se réduisait à 65, ne pouvant fournir plus de 136.000 tonnes en 1916 et 185.000 tonnes en 1917.

Or, n'oublions pas que *la consommation nationale française exige environ 750.000 tonnes de sucre en période normale.* Faisons la différence entre ces 750.000 nécessaires et les 66.974 produites en 1916 et nous constaterons de suite le déficit effrayant qu'il reste à combler.

Et voilà bien où apparaît l'utilité des colonies prospères. Les nôtres sont-elles outillées pour nous donner du sucre de canne? Alors tout est bien. Ce n'est plus qu'une affaire de transport. Au contraire, nos colonies sucrières ont-elles laissé péricliter cette précieuse industrie, aussitôt nous nous trouvons dans l'obligation d'acheter à l'étranger.

Retenons bien ces chiffres; nous avons importé en 1916 la quantité formidable de 543 millions de kilogrammes de sucre raffiné. Et c'est à peine si nos colonies sucrières (Martinique, Guadeloupe, Réunion) apparaissent dans cette fourniture pour 110 millions de kilos. C'est le cinquième de ce qui nous eût été nécessaire !

Sans doute, nous ne pouvions songer à demander à nos possessions la totalité de nos différences.

C'est que la canne trouva un jour une rude concurrente dans la betterave. Parcourons le tableau suivant :

LA LUTTE DE LA BETTERAVE CONTRE LA CANNE

Production mondiale.

Années.	Betterave en tonnes.	Canne en tonnes.
1881-1882	1.800.000	2.000.000
1886-1887	2.700.000	2.800.000
1890-1891	3.600.000	2.600.000
1894-1895	4.700.000	3.400.000
1899-1900	5.400.000	3.000.000
1901-1902	6.800.000	4.000.000
1905-1906	7.200.000	5.000.000
1907-1908	6.700.000	4.700.000

On saisit ainsi d'un bloc l'évidente supériorité de la betterave sur la canne[1]. Mais, d'autre part, la canne se défend avec avantage, puisqu'en moins de trente ans sa production a plus que doublé.

La canne, produit des pays chauds, continuera sa courbe ascendante pour correspondre à la demande du marché mondial. Le machinisme moderne la favorise tout autant que la volonté des nations colonisatrices orientée désormais vers

---

1. Dans certaines régions on récolte plus de 25.000 kilos de racines par hectare. La fabrication donne assez souvent 12 à 13 kilos de sucre par 100 kilos de betteraves traitées.

l'exploitation rationnelle des nouvelles terres qui s'offrent à leur activité.

Et puis, canne et betterave peuvent tout à coup se voir concurrencées à leur tour par l'intervention de plantes saccharifères à grand rendement. On pense déjà au rôle considérable que pourrait remplir le *sorgho*. Et il n'est pas le seul. Les ressources de la flore coloniale, à peine inventoriées, sont pleines de promesses.

Au point de vue strictement français nous pouvons déplorer le peu d'encouragement donné à celles de nos possessions plus particulièrement caractérisées pour l'industrie sucrière.

Il est certain que la *Réunion* française ne fait pas figure auprès de l'île *Maurice* anglaise et, de même, nos Antilles sont considérablement inférieures aux Antilles étrangères. A ces questions de culture se mêlent des questions de tarifs et de douanes, des questions de transport et de crédit, toutes choses qu'il conviendrait de considérer mais qui dépassent le cadre nécessairement restreint de cet ouvrage.

Un détail encore.

Il ne faut jamais perdre de vue l'activité de nos concurrents. C'est ainsi que *Cuba*, faible producteur il y a une trentaine d'années, jette aujourd'hui sur le marché plus de deux millions de tonnes !

A *Porto-Rico*, aux îles *Hawaï*, à *Java*, les récoltes sont cinq fois plus fortes qu'autrefois et trouvent à leur sortie les formidables marchés de l'Asie et de l'Amérique.

Nos Antilles ne jouissent pas des mêmes privilèges. La France est loin et, particularité déprimante, la France est la concurrente des Antilles par l'extension donnée à ses cultures betteravières. Tout de même une sage interprétation des intérêts de la métropole, conjugués avec ceux de nos colonies, rendrait l'alliance d'autant plus profitable qu'il y a peu d'écart, en somme, entre nos besoins et le déficit facilement récupérable par notre production coloniale.

Et puis, et puis, ce n'est pas tout.

Écoutons bien ceci :

Avant la guerre, l'Allemagne fournissait *les deux tiers de la graine de betterave industrielle utilisée en France*. Et, de plus, cette variété de betterave produisait sur nos terres 25 0/0 *de sucre en moins par hectare* qu'en Allemagne[1].

En 1907, l'Allemagne produisit à elle seule deux millions de tonnes, c'est-à-dire *plus que le monde entier* en 1882.

A chacun d'apprécier les progrès réalisés par cette puissance.

Je n'insiste pas davantage sur la culture de la canne qui ne peut intéresser nos émigrants métropolitains. Seules les 30 usines qui, en Argentine, traitent cette plante avec les moyens perfectionnés dont dispose l'industrie moderne, sont de nature à attirer l'attention des capitalistes, des ingénieurs et des chimistes de sucrerie. Les provinces de *Santa-Fé* et de *Corrientes* ainsi que des territoires du *Chaco* et de *Formosa* possèdent, à ce titre, des terres privilégiées. Il convient de leur adjoindre *Salta*, *Tucuman* et *Jujuy*.

L'Argentine consomme entre 190.000 et 200.000 tonnes. Sa production pourrait y suffire si toutes les années étaient favorables, mais elle a parfois des récoltes déficitaires. Le dernier cas s'est présenté en 1917, ce qui força le Gouvernement à s'adresser à l'importation.

Il y a donc lieu, pour éviter les surprises, d'étendre les plantations. Avec un produit de cette nature on ne risque rien des méfaits de la surabondance.

---

1. Le déficit pouvait encore être estimé à 140 kilos de betteraves en moins à l'hectare.

CHAPITRE V

Je suis commerçant. Que faire ?

Il convient de considérer la différence qui existe entre le commerce de gros et le commerce de détail ou, si l'on préfère, entre le bureau et la boutique.

I. Commerce de gros. — Il est essentiellement lié aux grandes entreprises de production et son activité s'exprime très nettement dans les colonnes des transactions locales et dans les tableaux du commerce général sous les rubriques de l'importation et de l'exportation. C'est, au propre, le baromètre d'une nation.

Quelle est, à ce point de vue, la situation de l'Argentine?

Dans une période de cinquante ans (1861-1910), le cas d'exportations supérieures en francs à celui des importations s'est présenté 24 fois.

De 1910 à 1917, — intervalle où se trouvent incluses les premières années de guerre, — les exportations dominent constamment les importations, sauf en 1911.

La balance est donc nettement en faveur de l'Argentine. Elle produit beaucoup et vend beaucoup. C'est un indice de prospérité.

En considérant une année normale, 1912 par exemple, on constate que le plus gros client de l'Argentine est l'Angleterre qui lui vend des marchandises et qui lui en achète pour des sommes sensiblement égales. Viennent ensuite l'Allemagne et les États-Unis. Les autres nations se suivent dans l'ordre suivant : France, Belgique, Italie, Espagne, Hollande, Autriche-Hongrie, Brésil, Uruguay, Paraguay, Chili.

La France, qui figure au quatrième rang dans le commerce international de l'Argentine, n'a pas toujours eu cette place effacée et qui ne correspond, en rien, à l'effort financier que notre pays a consenti en faveur de la jeune République.

Il y a une quarantaine d'années nous occupions le second rang. Nous aurions pu le garder à la faveur d'une plus complète compréhension de nos intérêts. L'Allemagne, dont l'ascension industrielle fut si prodigieuse, nous gagna de vitesse grâce à son organisation commerciale. Sa représentation disposa toujours de crédits abondants qu'elle employa à satisfaire le goût argentin et non à imposer le sien propre. Il est vrai que la marine marchande de l'Empire lui garantissait un atout qui nous a toujours fait défaut. Il faut un pavillon pour couvrir la marchandise.

On peut espérer que les reprises d'équilibre consécutives au formidable ébranlement de la guerre, replaceront nos échanges dans la situation rationnelle qu'ils devraient occuper en Argentine, en gardant pour base le capital français engagé[1] et les concours actifs que nous n'avons cessé d'apporter au développement économique et aux œuvres sociales du pays.

D'ores et déjà nous pouvons fixer la nature des échanges entre la République française et la République Argentine. Ces énumérations ne comprennent que les principaux produits et

---

1. On verra plus loin que dans la répartition des capitaux étrangers placés en Argentine, le capital français vient au second rang, immédiatement après le capital britannique. S'agit-il de considérations ethniques? L'élément français domine très nettement l'élément allemand. Et je ne dis rien des influences de la culture française dont l'action, dans le milieu argentin imprégné de latinité, est incontestablement prédominante.

se prolongent des articles secondaires qu'il serait fastidieux
d'énumérer.

I. — L'ARGENTINE VEND A LA FRANCE : Chevaux, mulets, viandes frigorifiées et de conserve, laines, crins, plumes de parures apprêtées ou non,
graisses animales, engrais organiques, fanons de baleine, cornes, sabots et
os de bétail, céréales en grains et farines, graines oléagineuses, tabacs en
feuilles et fabriqués, huiles volatiles, essences et parfums naturels et synthétiques, bois communs et bois exotiques, fourrages et son, tourteaux, drêches,
vins, eaux-de-vie et esprits, produits chimiques, tissus de laine, fibres de jute
et de phormium tenax, lingerie, vêtements, articles de confection, peaux
préparées, ouvrages en peau, ouvrages en cuir naturel ou artificiel, outils
et ouvrages en métaux, lait condensé, beurre.

II. — LA FRANCE VEND A L'ARGENTINE : conserves de viande et de
gibier, conserves de foies gras d'oie, extraits de viande, poils bruts, peignés
et cardés, lait, beurre et fromages, poissons frais, salés ou de conserve,
pommes de terre, légumes secs, fruits de table, préparations sucrées : sirops,
bonbons, fruits et confitures; huiles volatiles, parfums, essences, vins,
eaux-de-vie, esprits, liqueurs, matériaux, produits chimiques, crayons,
encres, couleurs, parfumerie et savons, produits pharmaceutiques, colle
de poisson, de nerf, de peau, d'os; poteries, verres et cristaux, fils, tissus de
lin, chanvre, ramie, coton, laine, soie, maroquinerie, broderies, modes,
lingerie, vêtements, papier et ses applications, peaux préparées, fourrures,
orfèvrerie, bijouterie, bijouterie fausse et ouvrages dorés, machines et
mécaniques, outils et ouvrages en métaux, meubles, ouvrages de bois,
tapisserie, instruments de musique, ouvrages de librairie, sparterie, vannerie,
cordages, carrosserie, automobiles, articles caoutchouc et gutta, tabletterie,
éventails et brosses, boutons, bimbeloterie.

Comme on le voit, bon nombre de produits identiques sont
interchangeables entre les deux nations. La surproduction de
l'une peut trouver un écoulement chez l'autre et, telle
matière exportée brute, retourne manufacturée à son port de
départ.

Mais, en fait, ces tableaux ne valent que pour les indications
et les possibilités. Dans la réalité, nous ne pouvons songer à
l'heure actuelle à satisfaire le marché argentin uniquement
parce que « ce fut la guerre » et que notre victoire fut payée
d'un prix effroyable de sang et de richesses.

Croire que sa défaite a évincé le concurrent allemand, serait nous leurrer. Et, d'ailleurs, l'ennemi entend bien continuer par ses usines la guerre définitivement perdue de ses arsenaux. Il nous en prévient avec un tel luxe de détails qu'on ne saurait dire si l'exposé de ses méfaits provient du dégoût de son œuvre ou des espoirs de relèvement qu'elle lui suggère. Voici comment s'exprime le *Leipziger Volkszeitung* du 29 avril 1919 :

« Rien que les faits de guerre immédiats ont détruit, particulièrement dans le Nord de la France, des valeurs incalculables. Les rapports français parlent d'une bande de pays dévasté de 80 kilomètres de large s'étendant de la mer à la frontière lorraine. Pris textuellement et schématiquement, cela peut n'être pas exact, et, même si l'estimation du territoire dévasté oscille entre 20.000 et 40.000 kilomètres carrés, on peut admettre comme certain que les quatre années de guerre de position, qui a été conduite, de part et d'autre, avec les moyens de destruction les plus barbares et les plus perfectionnés, ont créé un désert grand comme deux fois la Saxe et qui, malgré le travail le plus intensif, demandera des années et des années pour se transformer à nouveau en pays de culture.

« Jamais, dans une guerre, dans la lutte directe ou pour des raisons stratégiques, on n'a détruit tant de routes, abattu tant de forêts, pilonné tant de terres, détruit à coups d'obus, à coups de mines, nivelé tant de villages et de villes. Des forêts entières ont disparu, qui ont servi à construire des abris sous terre. Un chaos de blocs de béton, de rails de chemins de fer de campagne, de fils de fer barbelés, de câbles téléphoniques, d'éclats d'obus, marque les lieux où les adversaires étaient face à face. Des années et des années passeront jusqu'à ce que la charrue du paysan puisse, dans ce chaos, labourer à nouveau la terre.

« Rien que la valeur des réquisitions, estimées au prix de paix, allait dans les milliards.

« Mais alors, on apprit à faire des affaires avec les biens réquisitionnés.

« Et, plus encore ! Aux réquisitions, la concurrence ajouta les destructions volontaires et systématiques qui furent facilement exécutées sous un prétexte quelconque, et la grosse industrie métallurgique allemande y allait, en particulier, fort largement dans les régions occupées du Nord de la France et de la Belgique. La commission des dépôts et objets réquisitionnés, inspirée et dirigée par les gros industriels, a fait tout un travail. De toutes les installations de l'industrie métallurgique française et belge (hauts fourneaux, laminoirs, fonderies, fabriques de machines, usines, etc.), en tant qu'elles ont été du ressort de cette commission, il n'est pas resté pierre sur pierre.

« Lorsque les stocks eurent été expédiés, ce fut le tour des parties les plus importantes des machines, puis celui des machines et, enfin, celui de la vieille ferraille qui se trouvait dans les bâtiments.

« Il est possible que l'industrie du fer, en Allemagne, ait eu absolument besoin de cette vieille ferraille pour sa production. *Mais l'intention était d'exclure, pour des années, du marché mondial, la concurrence d'un voisin gênant. Pendant que la France et la Belgique, après la guerre, reconstitueraient leurs industries et emploieraient des années à cela, on espérait, immédiatement après la conclusion de la paix, pouvoir offrir au monde dépourvu de marchandises ouvrées, notre propre production.*

« *Toute l'industrie de la France se concentrait avant la guerre dans le Nord. Elle est complètement détruite, anéantie en ce qui concerne le capital, la technique, les relations commerciales. L'industrie allemande est solide au point de vue du capital; au point de vue technique, elle est restée très haut. Elle ne manque pas de travailleurs, et ce qu'elle a perdu comme relations commer-*

*ciales, elle le rattrapera bientôt dès qu'on pourra de nouveau
importer en quantité suffisante les matières premières. »*

Aucun regret, des calculs.

J'ose à peine écrire qu'il est en notre pouvoir de les déjouer,
tant les destructions et les razzias furent complètes. Je les
rappelle ici pour l'édification de l'étranger qui lira ce livre.

Dommages causés aux biens par les Allemands dans les
régions dévastées :

Habitations et monuments publics, y compris le mobilier
meublant et le reste, 34 milliards 500 millions;

Agriculture, forêts, etc., 35 milliards;

Industries agricoles, sucreries, distilleries, brasseries et meunerie, 3 milliards;

Houillères, 4 milliards 500 millions;

Mines et industries métallurgiques, petite métallurgie, 13 milliards;

Constructions mécaniques et électriques, 4 milliards;

Produits chimiques, teintures, blanchiment et apprêts,
4 milliards 500 millions;

Textiles (peignages, filatures et tissages), 22 milliards;

Industries diverses, 2 milliards;

Moyens de communication par fer, par eau, routes, 9 milliards;

Impôts et contributions de guerre, 2 milliards 500 millions.

Total, 134 milliards, non compris la marine marchande qui
peut être estimée à 2 milliards.

Il faut ajouter à ces chiffres les dépenses qui résultent des
pensions à servir aux veuves et aux mutilés, des allocations,
du pécule aux veuves, etc...

Ces dépenses, ajoutées à celles représentant les dommages
aux victimes civiles de la guerre, représentent 74 milliards
429 millions, et même un peu plus, d'après les chiffres produits
par le ministre des finances.

Nous arrivons au chiffre de 210 milliards 249 millions, auquel il faut ajouter les dépenses de guerre proprement dites, ce chiffre est, au 31 décembre 1919, de 143 milliards.

Au total, 353 milliards 429 millions[1].

Mais d'autres préoccupations s'ajoutent au vertige de ces sommes effarantes et les voici telles qu'elles furent dites par l'éminent rapporteur à la Chambre, M. Louis Dubois :

« Vous avez sans doute parcouru comme moi le dernier fascicule de la statistique douanière, vous avez été comme moi effrayés des chiffres qui s'y trouvent. Pendant les premiers six mois de cette année, il est entré aux importations plus de 12 milliards de marchandises et encore ce chiffre est-il trop faible, car l'évaluation a été faite sur des prix qui ne sont pas ceux d'aujourd'hui Il faudrait le majorer, mais prenons-le pour ce qu'il est. Nous avons donc importé pour plus de 12 milliards de marchandises.

« Et savez-vous combien, pour faire la balance, nous en avons exporté dans la même période? Pour 2 milliards, alors qu'en 1914, aux prix de 1914, nous en exportions pour plus de 3 milliards et que nous n'en importions que pour 4 milliards. Autrement dit, en 1914, notre déficit était d'un milliard dans les six mois, de 2 milliards dans l'année, déficit que nous compensions très facilement à l'aide de nos créances à l'étranger et de l'argent que l'étranger pouvait laisser chez nous dans les visites qu'il nous rendait.

« Aujourd'hui, 12 milliards contre 2 milliards; déficit de 10 milliards.

« Et qu'avons-nous pour le combler? Rien. Nos créances à

---

1. Ce sont là les chiffres officiels, par catégories, fournis, à la séance de la Chambre du 9 septembre 1919, par M. Louis Dubois, rapporteur des Réparations et Clauses financières, dans la discussion du projet de loi portant approbation du traité de paix conclu à Versailles, le 28 juin 1919.

l'étranger ont été encore pour ainsi dire anéanties par la guerre. Où sont nos créances sur la Turquie, sur la Hongrie, sur la Bulgarie, sur la Russie, sur tant d'autres états? Qu'en pouvons-nous faire à l'heure actuelle? Quel argent en pouvons-nous tirer pour *payer nos achats à l'étranger, de 12 milliards en six mois, de 24 milliards dans l'année?*

« Supposez donc que pendant quelques années seulement, nous soyons obligés, en sus de nos exportations chaque année, de payer 20 milliards. Comment les payerons-nous? Nous les payerons par notre substance, par l'épuisement, par la ruine, par l'endettement à n'en plus finir, qui nous tiendra débiteurs de l'étranger pendant des années et des siècles. *(Applaudissements.)*

« Comment donc, messieurs, pourrons-nous en sortir?

« Et ce n'est pas la seule répercussion économique.

« Le fret?

« Voyez, au bas du tableau général récapitulatif des statistiques douanières, le nombre des navires passés dans nos ports.

« Navires français entrés dans nos ports pendant les six premiers mois : 2.600; navires étrangers dans la même période : 13.800. Vous savez à quel prix nous devons payer le fret. Répercussion formidable encore, nous sommes tributaires de l'étranger pour le fret.

« Il faut souhaiter, il faut espérer que nos alliés comprendront cette situation et qu'ils sauront nous faire des conditions de fret qui ne soient pas des conditions de rançon, qui soient des conditions d'amis. *(Applaudissements.)*

« Autre répercussion, la répercussion du change.

« Si encore nous pouvions payer au pair du franc. Mais vous savez dans quelle situation se trouve notre change. C'est une perte actuellement de 40 à 60 0/0. Cela peut-il durer? Est-ce possible? Ceux qui, durant cette guerre, ont moins souffert que nous, qui avons été le rempart de la civilisation et leur sauvegárde, peuvent-ils supporter que nous restions dans cette situation misérable. *(Applaudissements.)* Peuvent-ils supporter que nous devenions les tributaires du monde entier, que nous soyons réduits à une situation que n'ont pas les nations aux finances les plus avariées? Et ce serait la situation de la France, qui fut le banquier du monde ! *(Vifs applaudissements).* »

Nous fûmes en effet le banquier du monde et pas toujours, hélas ! avec discernement. Il s'est trouvé fort heureusement que ce banquier était un soldat et qu'après avoir obligé le monde en lui prêtant son or, il l'a sauvé par la dépense de tout son sang.

Et voici que nous quémandons des conditions d'amis à ceux qui, moins que nous, eurent à souffrir dans leur sol et dans leur chair.

Il faut espérer que cette supplique de grand blessé sera entendue et que, désormais, les communiqués du commerce extérieur nous seront aussi favorables que ceux de la grande guerre.

Toutefois, j'avoue ingénument ne pas avoir une absolue confiance dans les manifestations d'une politique sentimentale dont le moins qu'on puisse dire, — après avoir interrogé la philosophie de l'Histoire, — c'est qu'elle est régulièrement éphémère.

Aussi bien devons-nous agir pour ne devoir notre relèvement qu'à nous-mêmes. Un redressement de Marne économique n'est pas plus impossible que l'autre quand on escompte la vaillance de notre épargne, la variété de notre génie et l'invincible foi dans nos destinées. C'est elle qui nous vaut de vivre dans l'unanime admiration du monde. La valeur morale de ce témoignage est immense et doit nous servir.

D'autre part, notre renaissance est désormais gagée par des réalités de tout premier ordre résultant de certaines transpositions économiques.

I. — Notre empire colonial est accru et nous garantit une matière première inépuisable, mais que doit conditionner une flotte marchande correspondante.

II. — Nous devenons les premiers producteurs du monde pour le minerai de fer.

III. — Nous venons au second rang pour la production de l'acier.

IV. — Nos ressources en houille s'augmentent de 17 millions de tonnes.

V. — Les potasses d'Alsace ont un pouvoir d'exportation de plus d'un million de tonnes de sel brut.

VI. — Ces mêmes potasses d'Alsace, s'ajoutant à nos phosphates tunisiens et aux nitrates de synthèse, se présentent pour l'exploitation intensive de nos cultures. En particulier, sur nos 5 millions d'hectares de blé, nous pouvons en affecter un million à l'exportation puisque notre consommation n'exige les rendements que de 4 millions d'hectares.

VII. — L'équipement de nos chutes va nous procurer une énergie motrice nombreuse et à bon marché permettant une résurrection et un développement rapides de notre outillage.

VIII. — Une large diffusion de l'enseignement technique et la création de laboratoires généreusement dotés doivent réunir, dans une même formule de travail, les cerveaux et les bras, l'invention et l'exécution.

Ce n'est point là le rêve de Perrette, mais des réalités d'aujourd'hui et de demain. Et donc, il ne nous reste plus qu'à besogner âprement pour que la vie, — en l'espèce une fleur dans les ruines, — se manifeste à nouveau sur nos terres dont j'ai dit que le fécond soleil ne se séparait jamais.

Sous le bénéfice de toutes ces raisons d'espérer, nos commerçants doivent résolument prendre position sur le marché argentin et ne point céder aux menaces de concurrences irrésistibles. C'est l'instant du ressort et de l'élan. Toute place que nous n'occuperons pas sera prise par un autre et à notre détriment.

Que nos grandes firmes voient large et installent victorieusement la « marque française » en multipliant leur représentation. L'Argentine « part ». Il faut « partir » avec elle. Les audacieux du début qui emboîtèrent le pas aux États-Unis naissants

15

n'eurent généralement aucun motif de s'en repentir. Entre Latins sud-américains nous avons le vent pour nous. Sachons en profiter.

II. Le commerce de détail. — Nous pénétrons dans la boutique en quittant le bureau des transactions de gros. Le détail est infiniment délicat. L'immigrant veut « s'établir. ». On comprend toute la portée de cette résolution : risque du petit capital, incertitude de la réussite. La prudence devient sur ce sujet une vertu d'obligation.

En général, ne rien tenter dans cet ordre d'idée sans la connaissance de la langue espagnole.

Cette condition réalisée, il conviendra d'examiner quelles sont les « chances » du produit que l'on se propose de vendre. Correspond-il aux besoins? Dans quelles mesures? Importance de la clientèle éventuelle? Quel fut le sort de tentatives analogues? Le chiffre du loyer et des frais généraux? Le coût de la vie? Les réponses précises à ce questionnaire dicteront la décision. Il s'agit donc bien d'éviter un coûteux voyage à l'aveuglette et le désappointement d'impossibilités matérielles rencontrées sur place.

En bref, s'informer, solliciter des conseils, établir soigneusement son devis avant de « risquer le coup ». Si l'offre d'un établissement vient d'un tiers inconnu fixé dans le pays, la même enquête conduite parallèlement aux déclarations reçues s'impose avec plus de rigueur encore. *Homo homini lupus*; l'homme est un loup pour l'homme.

Au demeurant, rien de plus facile que de se renseigner. En dehors de notre représentation consulaire il existe en Argentine (voir p. 110) des organismes d'entr'aide et des institutions privées strictement français qui, en toute occasion, se font un devoir et une joie d'obliger les compatriotes qui s'adressent à eux.

On se doute bien que les 40.000 Français fixés à Buenos-Ayres ne sont pas tombés de la lune et qu'ils apportent aux choses de l'Argentine une compétence particulière.

Tout émigrant éventuel qui a la sagesse de s'éclairer auprès de compatriotes sûrs, déjà installés, ajoute nécessairement à la sécurité de toutes les indications officielles qu'il aura pu obtenir.

CHAPITRE VI

Je suis ingénieur. Que faire ?

PRODUCTIONS MINIÈRES

PÉTROLE. — Le pétrole a, jusqu'ici, été rencontré dans les provinces et territoires de *Mendoza, Salta, Jujuy, Neuquen* et *Chubut*[1]. Aussitôt repérés, les pétroles sont exploités. Cette industrie est naissante. La plus ancienne remonte à 1886. Les autres suivent en 1911 et 1917. L'huile se rencontre à des profondeurs variables : 220, 500, 650 et 700 mètres. A *Comodo Rivadavia* (Patagonie) malgré les solitudes à peu près inexplorées de la région, un matériel répondant à la technique la plus récente des sondages a été réuni : 20 machines perforatrices et des réservoirs métalliques d'une capacité de plusieurs milliers de mètres cubes. D'ingénieux dispositifs amènent l'eau potable aux travailleurs. Canalisations, pompes et pipe-line concourent au transport rapide des produits. Les qualités du pétrole extrait le désignent à l'éclairage et aux moteurs. Certains bruts vont au chauffage des locomotives[2]. D'autres sont utilisés comme

---

1. Ajoutons : *Rio-Negro, Los Andes, Terre de Feu, Santiago del Estero.*
2. Notons encore, à ce sujet, que c'est l'ingénieur français Dieudonné, de la Compagnie de l'Est, qui fit les premiers essais de chauffe au pétrole sur les locomotives. Napoléon III les inaugura, monté sur la machine auprès du novateur. Depuis ce temps, des milliers de locomotives s'alimentent au pétrole. Excepté en France, bien entendu où l'idée pourtant vient d'être reprise.

combustibles par la grande industrie. Le jour où l'Argentine réalisera 3 millions de tonnes sur ses terres, elle sera libérée des pétroles d'importation et maîtresse absolue de sa consommation domestique et industrielle.

L'exploitation de l'État Argentin à Comodoro Rivadavia a donné, en 1917, 163.000 mètres cubes et, en 1918, 202.000 mètres cubes. C'est un début prometteur.

Le marché du pétrole, par suite de la pénurie de la houille consécutive à l'état de guerre, est assez agité en ce moment. En 1918, les États-Unis consommèrent 395 millions de barils, quantités record comme le montre le tableau ci-dessous :

LE PÉTROLE AUX ÉTATS-UNIS

Années.	Consommation.
1918	396.000.000
1917	376.000.000
1916	320.000.000
1915	296.000.000
1914	280.000.000
1913	260.000.000
1912	225.000.000
1911	225.000.000

N'oublions pas que le pétrole est meilleur marché que le charbon, qu'il tient moins de place à bord des navires, qu'il se prête aux plus longs voyages sans escale et que sa manipulation plus simple amène une réduction sensible du nombre d'hommes des équipages.

Ces avantages pour la marine se retrouvent sur les voies ferrées et dans les moteurs d'industrie.

L'Argentine ne saurait donc interrompre ses coups de sonde. Trop d'avenir est attaché aux prospections !

SEL. — Existe en quantités considérables : *Santa-Cruz,* salines *Valdez, Salinas grandes, Puna de Atacama, Salinas Chicas* (Bahia-Blanca). Les provinces et territoires de *Cata-*

marca, La Rioja, Cordoba, Santiago del Estero, San-Juan, La Pampa, Santa-Cruz, etc., etc., contiennent également des gisements exploités. L'abondance des points de sel laisse prévoir l'abondance future des pétroles.

OR. — Se rencontre dans les provinces et territoires suivants : Mendoza, San-Juan, La Rioja, Calamarca, Salta, Jujuy, Cordoba, San-Luis, Tierra-del-Fuego, Santa-Cruz, Chubut, Neuquen, Los Andes.

ARGENT. — Neuquen, San-Luis, Cordoba, Tucuman, Jujuy, Salta, Calamarca, La Rioja, San-Juan, Mendoza.

CUIVRE. — Misionès, Pampa Centrale, Neuquen, Jujuy, Tucuman, Salta, Calamarca, La Rioja, San-Luis, Mendoza.

FER. — Misionès, Mendoza, Sarta, Calamarca.

COBALT-NICKEL. — Leur présence est signalée.

SOUFRE, GRAPHITE. — San-Luis, Calamarca, La Rioja.

BISMUTH. — Calamarca.

ANTIMOINE. — Calamarca, San-Juan.

AMIANTE. — San-Juan.

MANGANÈSE. — Cordoba, San-Luis, Misionès.

WOLFRAM. — Cordoba, San-Luis, La Rioja.

L'Argentine exporte les quantités suivantes :

Années.	Kilos.
1913	535.700
1914	394.200
1915	158.200
1916	760.400
1917	986.600

KAOLIN. — San-Luis, Misionès, Cordoba.

ARDOISES, MARBRES, ONYX. — Mendoza, Cordoba, San-Luis, Jujuy, San-Juan, La Rioja.

PLATRE, CALCAIRES, MATÉRIAUX DE CONSTRUCTION. — *Chubut, San-Luis, Corientes, Santa-Cruz, Entre-Rios, Neuquen, San-Juan, La Rioja, Mendoza, Cordoba, Buenos-Ayres, Rio-Negro.*

HOUILLE, LIGNITE, TOURBE. — *Neuquen, Tierra-del-Fuego, Santa-Cruz, Jujuy, Salta, Calamarca, Mendoza, San-Juan.* Production insuffisante [1].

***

STATUT MINIER. — La loi minière argentine divise les mines en trois catégories :

a) Mines situées sur des terres appartenant à l'État et qui ne peuvent être exploitées qu'après autorisation délivrée par l'état propriétaire.

Sont comprises dans cette première catégorie les mines de nature suivante : antimoine, manganèse, nickel, cobalt, bismuth, or, platine, plomb, zinc, cuivre, étain, mercure, fer, arsenic, les houilles, lignites, les bitumes, pétroles et les pierres précieuses.

b) Mines dont l'exploitation est concédée au propriétaire du sol : sables métallifères (ou contenant des gemmes) roulés par les eaux courantes ou constituant les rives immédiates de la rivière. Les gisements de borax et azotate de potasse, les salines, les tourbes combustibles et, en général, les matières qui ne figurent pas dans la première catégorie telles que le kaolin, le spath, le fluor, le graphite, ocres, résines minérales, soufre, etc.

c) Mines situées dans une propriété privée et qui ne sauraient être exploitées sans le consentement exprès du propriétaire

---

1. L'Argentine est, en effet, dans la nécessité d'importer; on compte aux importations : en 1913, 4.046.300 tonnes; en 1914, 3.421.500 tonnes; en 1915, 2.543.900 tonnes; en 1916, 1.884.800 tonnes; en 1917, 707.700 tonnes.

sauf le cas d'utilité publique : pierres, terres et tous matériaux de cette nature servant à la construction ou à la décoration.

CONCESSIONS. — L'autorisation d'exploiter est subordonnée aux conditions suivantes réalisées par le demandeur : la *prospection*, l'*inscription*, les *travaux effectués*, le *bornage*.

Pratiquement, la demande écrite spécifie la *situation* et la *nature* de la mine sollicitée ainsi que le détail des investigations, prospections et travaux accomplis pour sa découverte.

L'administration procède aussitôt, — et s'il y a lieu, — à l' « *inscription* » afin d'établir le droit de priorité du solliciteur.

L'exploitation peut commencer aussitôt après l'établissement du bornage.

Bien entendu, l'exploitant doit se conformer à l'obligation d'exploiter autant de jours par an et avec un nombre d'ouvriers déterminés. Toute dérogation à ce contrat entraîne la radiation et la mine peut être concédée à une autre personne sans égard pour la priorité primitivement établie.

I

CHEMINS DE FER. — TRANSPORTS

La formule française de colonisation fut trop souvent appliquée dans ces termes : le peuplement d'abord, le rail après.

En Argentine, la formule est victorieusement appliquée dans l'ordre inverse : le rail d'abord, le peuplement après.

A la réflexion, c'est bien ce principe qui doit prévaloir puisque le train prend en charge toute la civilisation représentée par les hommes et les produits.

Demandons-nous où en est le rail dans le monde afin de fixer le rang de l'Argentine dans ce domaine de l'activité, véritable baromètre des échanges.

États-Unis	402.890 kilom.
Allemagne	62.730 —
Russie	62.200 —
Indes Britanniques	53.670 —
France	50.230 —
Autriche-Hongrie	45.820 —
Canada	43.000 —
Angleterre et Irlande	37.070 —
Argentine	*36.210* —
Australie	28.880 —
Mexique	25.490 —
Brésil	21.780 —
Italie	17.420 —
Espagne	15.350 —
Suisse	14.270 —

Faites le groupement et vous verrez que les vieilles nations de notre Europe sont considérablement distancées par les pays les plus récemment entrés dans l'activité générale.

La jeune Argentine roule sur un réseau égal à celui de la vieille Angleterre !

Abandonnons le tableau mondial pour consulter le tableau particulier de l'Amérique du Sud.

Nous trouvons :

Brésil	21.780 kilom.
Chili	6.370 —
Pérou	2.680 —
Uruguay	2.640 —
Bolivie	1.440 —
Équateur	1.050 —
Venezuela	1.020 —
Colombie	1.000 —
Paraguay	470 —
	38.450 —

Ainsi donc, quand l'Argentine s'inscrit pour 36.210 kilomètres tous les autres états de l'Amérique du Sud n'en présentent que 38.450.

Cette remarque suffirait à justifier la prépondérance économique de l'Argentine sur tous ses voisins.

Les chemins de fer argentins appartiennent soit à l'État, soit à des compagnies particulières.

La part de l'État est exactement de 6.258 kilomètres contre 28.884 kilomètres aux compagnies.

Le kilométrage de ces dernières s'établit comme suit, par ordre d'importance et en chiffres ronds.

RÉSEAUX DES COMPAGNIES ARGENTINES

COMPAGNIES	KILOMÈTRES	NOMBRE de STATIONS
Sud de Buenos-Ayres	6.084	384
Fusionados	5.349	537
Central Argentino	2.886	184
Seccion Principal	2.531	193
F. C. la Provincia de Santa-Fé	1.946	145
Central de Cordoba	1.940	155
Seccion Grand Oeste Argentino	1.574	130
Compania Général de Buenos-Ayres	1.268	103
Seccion B. Blanca y N. Oeste	1.403	100
Nordeste Argentino	1.210	60
Entre Rios	1.146	77
Rosario a Puerto Belgrano	799	53
Central de Buenos-Ayres	375	40
Buenos-Ayres al Pacifico, S. Tr.[1]	179	14
Central del Chubut	104	5

Bien entendu, les lignes de l'État étant moins importantes desservent un plus petit nombre de stations :

Central Norte (Estado).................... 180 stations.
Argentino del Norte.................... 77 —

1. Ligne de Buenos-Ayres au Pacifique, section transandine.

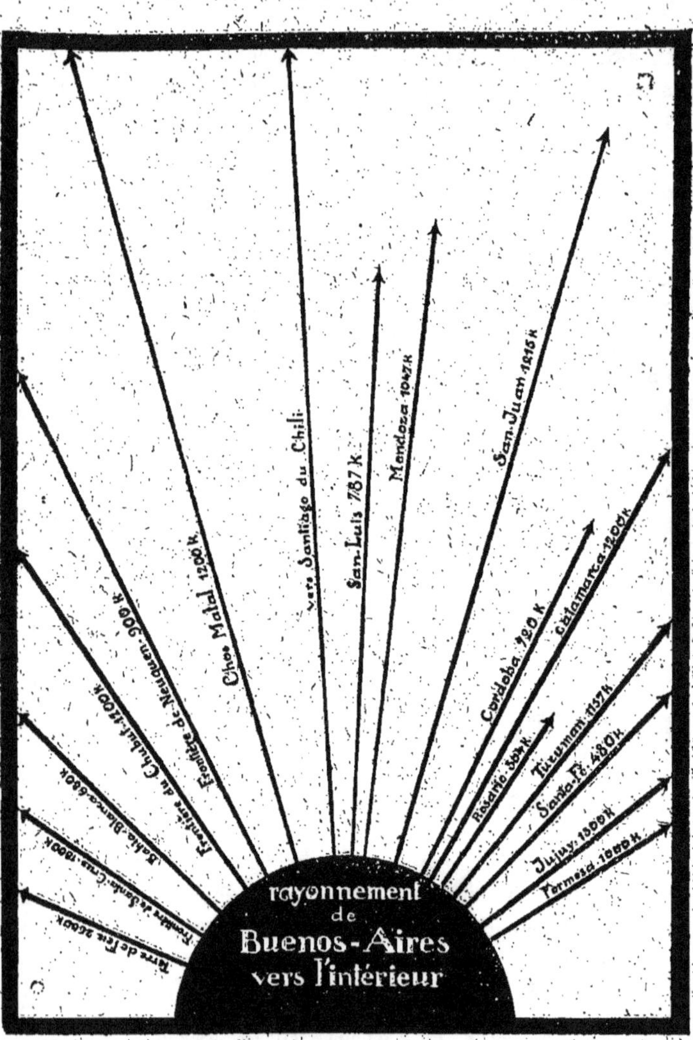
Chos Malal 1200 k.
Frontière de Neuquen 900 k.
Frontière du Chubut 1100 k.
Bahia-Blanca 680 k.
Frontière de Santa-Cruz 1800 k.
ligne de fer 2600 k.
vers Santiago du Chili.
San-Luis 787 k.
Mendoza 1047 k.
San-Juan 1215 k.
Cordoba 720 k.
Catamarca 1200 k.
Rosario 300 k.
Tucuman 1157 k.
Santa-Fé 480 k.
Jujuy 1800 k.
Formosa 1800 k.
rayonnement
de
Buenos-Aires
vers l'intérieur

Formosa a Embarcacion...................... 15 stations.
Comodoro Rivadavia a Col. Sarmiento...... 10   —
Puerto Deseado a Col. Las Heras........... 14   —
San Antonio a Nahuel Huapi............... 11   —

En résumé, les compagnies groupent 2.191 stations et l'État 307.

Sur l'immense trame ferroviaire roulent 3.280 locomotives entraînant 100.000 voitures. A eux seuls, les wagons réservés aux transports des grains représentent une capacité de 1 million 700.000 tonnes ! Ce beau chiffre est pourtant insuffisant quand on le met en regard des productions sans cesse accrues de la culture et de l'élevage. A l'époque des battages, l'engorgement des voies se produirait infailliblement si l'on n'avait prévu l'installation de « graneros », greniers gigantesques destinés à absorber *en gare* les moissons traitées.

Près de 1.200 stations sont pourvues de *graneros* pouvant accueillir plus de 5 millions de tonnes de grains. Et les ports placés devant les mêmes nécessités reçoivent, dans les flancs d'immenses constructions pourvues d'élévateurs, un peu plus de 500.000 tonnes. Pendant la guerre on peut affirmer que les nations européennes durent de ne point succomber à la famine aux puissantes réserves des greniers argentins.

La France et sa succursale algérienne, pays à céréales, ne possèdent pour la manipulation des grains aucun outillage comparable à celui de l'Argentine dont les élévateurs sont de pures merveilles industrielles. En moins de douze heures, ils permettent le déchargement de milliers de wagons. Un élévateur peut édifier une montagne de 800.000 à 900.000 sacs de blé et les tenir à l'abri. Sa capacité de travail est supérieure à 20.000 t. chargées journellement.

Ainsi donc, la puissance de la manipulation correspond ici à la puissance de la production.

Revenons aux voies ferrées.

De tous les pays du monde c'est la République Argentine qui met le plus grand nombre de kilomètres de voies ferrées à la disposition de la population; près de 44 kilomètres par 10.000 habitants. Les États-Unis n'en offrent que 39 et la France à peine 12 pour le même chiffre de voyageurs éventuels.

Les voies ferrées argentines sont à l'écartement de 1 m. 676 (voie large); 1 m. 435 (voie moyenne); 1 mètre (voie étroite).

Si l'on songe que la première concession d'une ligne à une compagnie remonte à l'année 1857, on se rendra compte de l'étonnante rapidité que l'Argentine apporta au développement de son réseau.

L'inspection de la carte révèle immédiatement l'importance régionale des voies. C'est la province de *Buenos-Ayres* qui présente le plus de compacité. Viennent ensuite *Cordoba* et *Santa-Fé*. Quelques fuseaux de ce large éventail s'élancent isolément au nord où la ligne du tropique est franchie pour atteindre les voies boliviennes. Au centre, le rail scellé sur le rivage atlantique, pousse droit vers le Pacifique par-dessus les Andes. A l'est le Brésil, l'Urugay et le Paraguay sont touchés par les voies d'*Entre-Rios*, de *Corrientes* et de *Chaco*. Enfin, au sud, à partir du 40e parallèle c'est l'indigence à peu près absolue mais à laquelle doivent remédier les projets établis pour *Neuquen* (prolongement sur les rives du Rio-Negro); pour le territoire *del Rio-Negro* (prolongement jusqu'à Bariloche); pour le territoire du *Chubut* (traversée totale du territoire entre le 42e et le 46e parallèles); enfin, pour *Santa-Cruz* (doubles lignes; l'une amorcée à Puerto-Deseado et l'autre à Rivadavia que l'on rencontre à l'extrémité sud du *Chubut)*.

A signaler encore les lignes en construction :

Formosa à Embarcacion.
Resistencia à San-Miguel et prolongement.

Diamante à Guacia.
Cordoba à Rio-Cuarto.
Villa-Maria à San-Ubano.
Alberdi à Sampacho.
Alsina à Alvéar.
Rivadavia à Lac-Buenos-Ayres, etc., etc.[1].

On peut affirmer qu'un instant interrompus par la guerre, les travaux de construction des voies ferrées ne s'arrêteront plus désormais.

L'Argentine peut prétendre égaler, plus tard, le formidable réseau actuel des États-Unis. C'est cet avenir qu'elle prépare en demeurant consciente du rôle que lui imposent sa situation géographique et l'exploitation de ses invraisemblables richesses.

Au surplus, l'ingénieur n'a pas à craindre dans ce pays accessible à toutes les grandes initiatives de paraître trop audacieux.

La voie ferrée qui, partant du zéro de Buenos-Ayres, file et monte à 3.600 mètres d'altitude pour franchir les Andes neigeuses, est une preuve de hardiesse qu'on retrouve dans le fameux chemin de fer suspendu de *La Rioja*, le seul au monde de son espèce. Au terminus de ses 35 kilomètres aériens, par-dessus abîmes et précipices, il s'accroche à l'altitude de notre nont Blanc !

Il en coûta 380.000 piastres or pour exécuter ce travail mais la difficulté fut vaincue.

Après les voies ferrées proprement dites, l'ingénieur doit encore considérer les transports ruraux — chemins de fer économiques — et la variété nombreuse des transports urbains.

Ce champ d'activité est illimité.

Le « métro » s'insinue sous Buenos-Ayres.

---

1. Quelques-uns de ces tronçons doivent être terminés à l'heure actuelle

Tramways à vapeur et tramways électriques concourent indifféremment aux transports rapides.

Les seuls tramways électriques de la ville de Buenos-Ayres, développés sur une seule droite, couvriraient la distance Paris-Marseille !

Dès l'année 1892, ils transportaient déjà 57 millions de voyageurs. Ils en transportent, aujourd'hui, 350 millions. C'est la population de l'Europe en voiture [1] !

Que sera-ce lorsque Buenos-Ayres, décongestionnée, se donnera du large et que les villes de l'intérieur, enfin peuplées à l'instar des grandes cités des États-Unis, devront à leur tour exécuter la trame d'immenses réseaux ?

LA PARTICIPATION FRANÇAISE. — La participation française à ces divers travaux est déjà considérable. Ne pouvant, faute de place, la détailler par le menu, je me contenterai de citer la *Compagnie des chemins de fer de Rosario à Puerto-Belgrano*, fondée avec des capitaux français. La concession du chemin de fer à voie étroite pour la province de Buenos-Ayres reprise par une Compagnie française, la *Compagnie française des chemins de fer de la province de Santa-Fé*. Et, enfin, la Compagnie belge-argentine de tramways dans laquelle les capitaux français entrent dans la proportion de 60 0/0 du capital constitué.

D'une façon générale et sous toutes les formes de son application, l'argent français engagé dans la République Argentine dépassait — il y a dix ans — la somme de 900 millions de francs. Elle approche, aujourd'hui, de 4 milliards !

------

1. Et que l'on comprenne bien qu'il ne s'agit pas d'installations de fortune. Toutes les rues de Buenos-Ayres emploient l'asphalte, le bois et le granit.

II

TRAVAUX PUBLICS

Nous touchons ici à une matière considérable et qui présente, pour l'ingénieur, un intérêt que justifie la variété des travaux à accomplir.

Assainissement des villes, desséchement, canalisation et régularisation des fleuves, routes, digues, bassins de filtration des eaux, égoûts, ponts, etc., ce sont là motifs à l'ouverture d'autant de chantiers pour lesquels les techniciens sont indispensables et, d'ailleurs, très recherchés.

Le phénomène des « cités champignons » n'est pas spécial à l'Amérique du Nord et l'on conçoit que cette poussée cryptogamique entraîne les habituelles nécessités d'une mise en état provisoire ou définitive.

Tel bourg ignoré deviendra ville importante et cette ville jugée importante à l'heure actuelle, prendra un essor prépondérant à la faveur des formules extensibles que l'on applique à toutes les agglomérations.

Une ville n'est jamais terminée. Et quand on la croit achevée elle se renouvelle à la façon d'une forêt dont les coupes régulières ne font qu'accentuer le débit.

Il en est ainsi pour Paris et Londres. Il n'en saurait être autrement pour les cités d'outre-Atlantique condamnées, comme leurs devancières, à subir les bouleversements que leur imposent le modernisme de la traction, de la salubrité, des échanges commerciaux et de l'habitation.

Sur tous ces points encore notre activité se manifesta avec ampleur comme nous le verrons aux chapitres suivants. Notons simplement sous ce chapitre, les possibilités que représentent certaines institutions françaises telles que la *Société franco-argentine des Travaux publics*, le *Crédit foncier du Nord de l'Argentine*, la *Société foncière de l'Argentine*, le *Comptoir foncier franco-argentin*, la *Caisse hypothécaire sud-américaine*, etc., etc.

III

LES PORTS

On imagine sans peine ce qu'un pays d'exploitation intensive exige de moyens d'évacuation tant fluviaux que maritimes.

Voici le *Parana*[1] qui se développe sur 4.800 kilomètres (c'est la distance en droite ligne de Paris au Sénégal!) et, sur cette immense route mouvante, les largeurs prennent des proportions de bras de mer : 20, 30, 50 kilomètres. Ce fleuve majestueux traverse les plus riches provinces de l'Argentine et peut recevoir la totalité des produits qu'elles exportent. La profondeur d'eau permet, en effet, aux grands paquebots de l'Atlantique d'aller charger directement à *Rosario*, en plein cœur des riches terres de *Santa-Fé*, d'*Entre-Rios*, de *Corrientes* et de *Buenos-Ayres*.

Figurez-vous notre Loire — et la comparaison est bien faible — acceptant les transatlantiques tout le long de son cours de 1.000 kilomètres.

Les ports fluviaux se multiplient donc en proportion du trafic et l'on en compte une douzaine en pleine activité sur

---

1. C'est près de *Corrientes* que le *Parana* s'unit au *Paraguay*. Il se confond ensuite avec l'*Uruguay* pour aller former l'immense estuaire du *Rio de la Plata* (la rivière d'Argent) dont les flots baignent Buenos-Ayres.

La liberté de navigation sur le *Parana* est inscrite dans un traité du 1er juillet 1853.

le Parana. Tout ce tonnage soulage d'autant celui de Buenos-Ayres qui reste le port principal de l'Argentine avec ses 12 kilomètres de quais couverts d'entrepôts pouvant abriter 45 à 50 millions de tonnes de marchandises diverses.

L'aménagement de ce port a coûté, au début, 175 millions de francs et les travaux d'agrandissement sont incessants pour faire de Buenos-Ayres un des ports les mieux outillés du monde entier.

Comme importance, le port de *Rosario* ne tardera pas à s'imposer dans le commerce mondial.

PARTICIPATIONS FRANÇAISES. — Cette participation pourrait se résumer dans l'activité de la *Société du port de Rosario*[1] dont la création remonte à 1902.

AUTOMOBILES. — C'est la route qui conditionne l'auto. Un pays aussi immense que l'Argentine et aussi jeune ne saurait encore posséder un réseau routier à sa mesure. Cela ne veut pas dire qu'il en est totalement dépourvu.

Seulement regardez une carte. L'Argentine est au rez-de-chaussée et les États-Unis au premier étage. Toutes les facilités lui sont donc laissées de s'approvisionner en machines dans la maison supérieurement outillée, d'ailleurs, de l'oncle Sam.

A l'heure actuelle les États-Unis possèdent 6.354.000 autos et camions. Dans le Nébraska on compte une auto par 6 habitants. Et ils sont 1.297.000 !

Pour toute la France nous ne possédons que 94.884 véhicules automobiles !

Le moyen, après cette constatation, de ne point adhérer aux paroles si vraies d'un confrère averti qui, sous le pseudonyme du « Gicleur », écrivait naguère :

---

1. Capital actions, 10 millions de francs; obligations, 174.551.000 francs.

« Avant que le service automobile réclamé par les circonstances, en France, ait atteint le chiffre normal qu'exige le trafic, il s'écoulera plusieurs années, durant lesquelles les constructeurs auront à travailler presque uniquement pour leur propre pays.

Après avoir été, en matière d'exportation automobile, la première puissance du monde, après avoir, quinze années durant, fourni l'univers de voitures et de camions, nous devenons, par suite d'une politique difficile à qualifier, un pays d'importation. Pour cinq ans, au minimum, nous allons rester les terres de convoitise des Anglo-Saxons, des Italiens et même des Allemands, dès que ceux-ci auront vu se rouvrir devant eux les barrières économiques.

Dans cinq ans, sans doute, nous pourrons songer à réapparaître sur les marchés mondiaux. Mais, à ce moment, mille concurrents nous auront devancés. Nous les trouverons solidement installés et difficiles à battre.

C'est ainsi qu'on perd par imprévoyance, par sottise et par routine, les belles places que nous avaient données notre travail et notre génie d'invention. Nous tâcherons, sans doute, de les reconquérir. Soit; mais au prix de quels sacrifices? On n'a pas le loisir d'attendre dans l'industrie et les autres ont déjà tout ce qu'il faut pour nous évincer à jamais. Nous avions montré la voie; nous tenions le flambeau; il ne fallait pas déserter la route; il ne fallait pas éteindre nos lumières (1). »

Mon confrère a mille fois raison. Mais, hélas ! se contenter d'avoir raison dans le domaine des choses pratiques n'est qu'une bien faible satisfaction.

Peut-être les Argentins — gens de goût — nous demanderont-ils quelques voitures de luxe destinées à Buenos-Ayres; mais,

---

1. *Le Volant*, Numéro du 27 septembre 1919.

étant donnée l'ampleur du marché américain, il est à croire qu'à ces commandes isolées se borneront leurs ordres.

Nous avons inventé les automobiles et les Américains ont inventé l'art de les vendre. On ne peut songer à les en blâmer puisqu'il nous était possible d'en faire autant.

TISSUS, TEXTILES, FIBRES. — On compte en fabriques de tissus de coton, 27 maisons pour la broderie et les festons. Les rubans de soie et de coton occupent 3 établissements. On note ensuite : 7 corderies; 1.500 filatures de laine; 80 fabriques de chapeaux feutre et paille, 55 manufactures de tissus divers. A l'extérieur les métiers domestiques sont au nombre de 700.

La République Argentine n'a pas moins besoin de techniciens que de main-d'œuvre. L'ouvrier suit l'ingénieur puisque l'exécution est contrôlée par la conception. On peut affirmer, à cet égard, que l'Argentine par la variété de ses climats, l'abondance de ses ressources, la richesse de sa matière première, la puissance de son outillage initial et les perspectives illimitées de son développement économique, on peut affirmer, dis-je, qu'il n'est point au monde un chantier plus magnifique ouvert aux entreprises de la technique. Nous sommes ici les spectateurs de la genèse d'un monde. C'est, renouvelée au Sud-Américain l'œuvre géante accomplie au Nord. Encore un siècle et l'Amérique du Sud entraînée par l'Argentine sera à égalité avec les États-Unis dans le plan de la production. Plus tard, les populations s'équilibreront et la vieille Europe qui sélectionne actuellement, — peut-être sans s'en douter, — la semence de formidables réalités verra les fruits mûrs du génie anglo-saxon et la floraison prometteuse du génie latin.

On peut prédire que le second, bénéficiaire des expériences du premier, lui sera nettement supérieur.

Il s'agit donc de prendre position dès maintenant en se disant que la France créatrice, par ses inventeurs, ses applications qui émerveillent notre vieux monde (automobile, aviation, phonographe, cinématographe, radiotélégraphie, machine à coudre, acier Martin, transport de la force, industrie du froid, etc.) ne saurait marquer le pas dans l'unanime poussée vers le travail qui entraîne tous les peuples indistinctement.

Je suis médecin. — Je suis professeur. — Je suis vétérinaire. Que faire ?

L'instruction fait de très rapides progrès dans la République Argentine. L'État développe et multiplie sans cesse les programmes et les écoles.

La loi du 8 juillet 1884 déclare l'enseignement primaire obligatoire.

A ce jour on compte dans la République 8.120 écoles de toutes catégories, nationales ou provinciales, groupant près d'un million d'élèves. Le personnel enseignant comprend 29.000 professeurs de tous grades.

Voici les divisions de l'enseignement :

a) ENSEIGNEMENT PRIMAIRE. — Le programme de l'enseignement primaire s'étend aux matières suivantes : lecture, écriture, les quatre règles, le système métrique, les monnaies, les poids et les mesures, géographie de l'Argentine et notions de géographie générale, histoire de la République Argentine et notions d'histoire universelle, rédaction, morale, hygiène, éléments des sciences mathématiques, physiques et naturelles, chant, gymnastique. Les adultes sont initiés en outre aux travaux manuels et reçoivent des notions d'économie politique.

Les jardins scolaires sont très répandus dans les campagnes où les enfants étudient pratiquement les méthodes culturales et les procédés d'élevage. Les enfants arriérés ne sont pas oubliés et quant à ceux qui ne peuvent, soit à cause de l'éloignement, soit pour une autre raison, fréquenter une école fixe, des écoles ambulantes les visitent régulièrement. Il existe même des institutions analogues à celles que nous possédons pour les enfants des familles de bateliers. Des écoles-péniches desservent certaines rivières ou îlots.

Dans de nombreuses agglomérations des cours du soir fonctionnent très régulièrement.

b) ENSEIGNEMENT SECONDAIRE. — Cet enseignement est donné dans 36 collèges occupant 1.145 professeurs pour 11.200 élèves inscrits.

c) ENSEIGNEMENT SUPÉRIEUR. — Indépendamment d'une université catholique, 5 universités existent, dont les sièges sont à : *Buenos-Ayres, Tucuman, La Plata, Cordoba, Santa-Fé.*

L'Université de Buenos-Ayres groupe 7 facultés des spécialités suivantes : sciences économiques, sciences sociales, lettres et philosophie, sciences médicales, agronomie et sciences vétérinaires, sciences mathématiques, physiques et naturelles.

Ces facultés délivrent les grades de docteurs et d'ingénieurs. La Faculté de Médecine possède en annexes les écoles de pharmacie, d'odontologie et d'obstétrique.

L'Université de Tucuman, en dehors de l'enseignement préparatoire aux carrières d'ingénieurs des sciences chimiques, techniciens des ponts et chaussées, agricoles et pharmaciens, donne un certain nombre de cours spéciaux : dessin, langue française, littérature espagnole, peinture, etc.

La pratique des sciences agricoles est particulièrement poursuivie dans des laboratoires bien installés.

A signaler encore l'Académie nationale des Sciences, l'Académie nationale des Belles-Lettres, les Écoles normales, les Écoles de Commerce et les Écoles industrielles, les Écoles militaires, et de nombreuses écoles professionnelles où se donne l'enseignement technique.

On voit que l'enseignement à tous les degrés est réparti selon le dispositif adopté par les nations de l'Europe.

Pour une nation dont le territoire s'étend sur les fabuleuses distances que nous avons indiquées, cette organisation de l'enseignement, son ampleur et sa variété sont dignes des plus grands éloges. Il convient de se souvenir, en effet que l'Argentine reçoit chaque année, de toutes les parties du monde, des lots importants d'illettrés et que c'est au relèvement intellectuel de ces foules d'émmigrants qu'elle consacre une bonne part des sommes énormes qu'exige son département de l'Instruction publique.

Bien que cela, l'Argentine, comme tant d'autres nations, n'a pas rencontré encore l'adhésion complète de toutes les familles à l'enseignement obligatoire. Qu'il s'agisse de l'Amérique du Sud ou de l'Europe, l'indifférence en cette matière fait enregistrer de navrantes constatations. Les États allemands, la France, l'Espagne, l'Italie sont — à des degrés différents — logés à la même enseigne. La catégorie des illettrés inscrit chez tous les peuples de lamentables affaissements de niveau intellectuel. En France nous n'en sommes pas, hélas ! tout à fait exempts, puisque d'après les travaux du Dr Pozzi, rapporteur à la Commission de l'Enseignement (année 1907-1908) 440.636 enfants ont manqué l'école plus de 30 jours et sans excuse; 252.846 plus de 60 jours, 165.419 plus de 90 jours, 107.000 plus de 120 jours et 111.739 sont demeurés absents des classes pendant plus de la moitié de l'année scolaire ! Quant à l'obligation de la fréquentation scolaire, on est tenté de n'en rien croire quand on constate, en 1906, que plus de 74.000 enfants de 6 à 13 ans n'étaient, en France, inscrits nulle part ! Et voilà qui explique sans doute le nombre considérable d'illettrés que l'on constate chez les immigrés français de l'Argentine. Mais, encore une fois, cette infériorité ne nous est pas particulière. On la relève encore plus aggravée parmi les contingents d'Espagne et d'Italie, ce qui, d'ailleurs, n'est pas fait pour nous consoler.

Les médecins français sont nombreux en Argentine. Nos professeurs y sont représentés très honorablement et quant aux vétérinaires il va sans dire qu'en ce pays d'élevage ils trouvent à s'occuper fort activement.

CHAPITRE VIII

Je suis employé. Que faire ?

L'employé m'est particulièrement sympathique. On lui
reconnaît de l'ordre, de la ponctualité, de la sobriété. Il est
souvent intelligent. Ce n'est jamais une brute. La classification
sociale en a fait un être de transition. C'est un bourgeois par la
jaquette et un prolétaire par le traitement. Au bas de l'échelle,
il lui est arrivé de ne pas déjeuner tous les jours, mais tous les
jours son col est blanc, ses chaussures cirées et ses mains propres.
Le livret militaire de l'employé témoigne qu'il « sait lire, écrire
et compter ». Au fond, il n'en faut pas davantage pour se débrouil-
ler dans la vie. Quand, par hasard, un diplôme universitaire
s'ajoute à ses références primaires, l'employé n'en souffle mot,
pour ne point déflorer la joie intime qu'il éprouve à se savoir,
comme Virgile ou comme Horace, issu d'un paysan. Et c'est
ainsi que la campagne chante en lui dans le vert artificiel des
cartons et des abat-jour. L'employé a-t-il des lettres? Il les
cultive. A-t-il des sciences? Il les oublie. Le « chef » trouve parfois
des sonnets encartés dans les rapports; jamais d'équations.
Les rimes l'emportent sur les polynômes. Rentré chez lui, l'employé rêve du Chat Noir et rarement du Bureau des Longitudes.
On le dit fossilifié, automatique ou routinier. Autant d'erreurs.
L'employé au bureau n'est pas l'employé chez lui. Là, ce diamant
d'homme apparaît débarrassé de sa cangue en manches de
lustrine. Il vit au milieu de ses livres, de ses estampes et de ses
manuscrits, car il pioche indifféremment la sociologie, la critique

littéraire et l'économie politique. Marié, il adore sa femme et lui donne exactement le nombre d'enfants que tolère l'unique chambre à coucher de son logement.

Fouillez dans ses tiroirs, vous y trouverez une pipe, le plan d'une maison de campagne, un bouton de manchette et les barèmes de ses divers traitements jusqu'à la retraite. Et tout cela compose un aggloméré de sensualisme, de rêves et de possibilités sans contours. C'est de la vie ébauchée, une maquette de l'avenir traité à coups d'espoirs.

Gratteur de papier, lui? Il ne se meut que dans le concret. C'est un constructeur de réalités d'où la plume de ronde qu'on lui reproche est absente. Il est employé parce que ses parents, mal avertis de ses goûts, ont fait de lui un employé, sans cela... Hé oui! sans cela il eût ramé d'un autre aviron pour s'enfoncer dans l'existence. Les vieux ne pouvaient pas savoir. Ne connaissant que la glèbe et le geste lent de l'outil, ils crurent bien faire d'en épargner le poids et la monotonie au garçon.

*
*   *

A tous ces titres, l'employé réalise-t-il une « matière coloniale » utilisable? Je réponds oui sans la moindre hésitation. Un tel homme est assez souvent un foyer de vie intense. C'est à l'employé de factorie et de comptoir que nous devons d'être représentés partout où le climat chasse le colon.

Le Sénégal et le Congo, la côte des Somalis et certaines régions de l'Indo-Chine exigent vraiment le feu sacré. L'employé s'y rencontre, soit en pleine brousse, soit dans les bureaux. De tout son bien, il n'a emporté de France que sa pipe et ses rêves. Demeurez assurés que s'il échappe à la bilieuse ce sera pour jouir de l'indépendance poursuivie jadis entre les lignes des rapports. N'est-ce rien que d'avoir un but?

On me dit que présenté sous cet aspect le type de l'employé apparaît trop visiblement camouflé pour répondre à la définition du colonial entreprenant, actif et faisant œuvre consistante. Il se peut pour certains sujets, mais pour certains autres l'argument d'inaptitude à la colonisation proprement dite est sans valeur. Je lui opposerai un seul exemple choisi entre cent.

On sait quels sont nos efforts aux Nouvelles-Hébrides, dépendance géographique de la Nouvelle-Calédonie. Auprès de colons fortunés (disposant de 10.000 à 50.000 francs) d'autres colons se sont installés n'ayant que leurs économies de travail (1.500 à 3.000 francs). Tous ces derniers ont réussi et se trouvent aujourd'hui à la tête de très importantes exploitations.

Or, ce sont, pour la plupart, d'anciens employés de la Société des Nouvelles-Hébrides. Très courageusement ils déposèrent le porte-plume pour retrousser leurs manches.

Ce qui est possible dans une île perdue du Pacifique à 20.000 kilomètres de la mère patrie, doit l'être en Argentine, économiquement équipée pour seconder les activités et développer l'esprit d'entreprise.

L'employé que je me représente s'imposera l'étude de la langue espagnole puis, aussitôt qu'elle lui deviendra familière, il offrira ses services soit à une Société, soit à une Compagnie (finances, banques, travaux publics, industries, etc.) pour y continuer le travail de bureau de sa spécialité. Il ne trouvera à cette besogne pas plus d'agrément qu'en France et, probablement, pas plus d'argent. Mais, si de sa chambre il a pris soin de se ménager une vue sur l'immense horizon, le vent de la pampa lui apportera comme à ses collègues des Nouvelles-Hébrides l'appel de la terre.

Puisse-t-il l'écouter, le comprendre et lui céder. Là est le salut.

CHAPITRE IX

Je suis ouvrier. Que faire?

L'ouvrier mettait autrefois une coquetterie professionnelle à faire son tour de France. En dehors du bénéfice moral qu'il retirait de cet effort décentralisateur, il obtenait encore les avantages critiques que la rencontre ou la fréquentation des industries de sa spécialité ne manquaient pas de lui procurer.

Tous ces contacts alertaient son jugement et fortifiaient sa maîtrise.

Faut-il étendre ce tour de France au tour du monde? Personnellement, je n'en vois ni les profits ni la nécessité, encore qu'un tour d'Europe m'apparaîtrait beaucoup plus susceptible d'instruire notre chemineau d'atelier.

L'Amérique du Nord adoratrice de la série, et l'Amérique du Sud qui s'éveille à peine aux grandes conceptions industrielles, ne sont pas de nature à solliciter l'isolé que tourmente le besoin de voir et du savoir.

C'est au bon ouvrier français de tous les corps de métier que la France est redevable de la réputation aujourd'hui mondiale qui accompagne ses articles finis.

Que cet ouvrier reste en France.

Sans doute, il est en droit de se perfectionner, de s'instruire, et d'améliorer sans cesse sa technique en pénétrant chaque jour plus avant dans son art.

Mais, pour l'acquisition de ce complément, point n'est besoin de traverser les mers.

L'organisation des cours professionnels, l'extension des études post-scolaires, les facilités d'un enseignement du soir consécutives à la liberté que la journée de huit heures accorde à chacun, constituent autant de possibilités et de réalités infiniment supérieures au hasard d'une traversée entreprise avec l'arrière-pensée de tenter la chance.

L'ouvrier qui reste dans ces dispositions doit se convaincre que nous ne sommes plus au temps des éblouissements causés par les chimères de la littérature exotique.

Si l'on pouvait s'enrichir, comme cela, tout d'un coup et sans mal, en allant regarder voltiger les colibris dans le jardin des Hespérides, ça se saurait.

La vérité est autre.

Ainsi que l'écrivait Laboulaye, c'est la résistance, c'est l'effort, qui donnent à l'individu la volonté d'aboutir, sans quoi il n'est rien. Cette formule positive devrait inspirer les déterminations d'une pratique sérieuse. Résistance, effort, volonté, sont des mots robustes qu'on ne rencontre guère dans la peinture sentimentale des mirages.

Je n'ignore pas que la fiction populaire continue à s'encourager d'illustres exemples. Elle désigne le seuil rayonnant des milliardaires américains où se tiennent les Vanderbilt, les Gordon Bennett, les Stéphen Girard, les Jay Gould et les J. Chamberlain, qui, tous, furent à l'origine des ouvriers aux cottes minables et aux mains rugueuses.

Sans doute. Mais comptons que cela fait six étoiles de première grandeur dans la constellation des 110 millions d'astres que représente la population des États-Unis.

Est-ce une proportion suffisante pour décider les candidats à la fortune de Crésus? Est-ce un chiffre capable d'embarquer les illusions sur les gallions légendaires? Je ne le crois pas.

Et puis, pourquoi céder à l'attirance des Amériques quand

on trouve en France des exemples tout aussi probants? Il suffit de regarder autour de nous pour rencontrer le patron d'usine ou de magasin issus des durs apprentissages dans la plus insigne pauvreté.

A tout bien considérer, c'est encore en France que l'ouvrier a le plus de chance d' « arriver ». C'est chez nous, en effet, que l'on peut constater que le nombre des chefs d'industries ou de maisons de commerce augmente sans cesse tandis que celui des salariés, ouvriers ou employés, diminue.

C'est ainsi qu'en 1901 la proportion des chefs était de 25,5 0/0. En 1906, elle s'élevait à 31,2 0/0. Parallèlement, les ouvriers qui, en 1901, constituaient 41 0/0 de la population active ne formaient plus en 1906 que les 39 0/0.

D'autre part, si parmi ceux que les recensements désignent sous le vocable de « travailleurs isolés » on fait la part des ouvriers établis à leur compte et des ouvriers simplement salariés, on constate qu'il y a égalité à peu près complète en France entre le groupe des patrons et le groupe des ouvriers ou employés.

Dans aucun autre pays, on ne rencontre avec ce bienfaisant équilibre des tendances plus caractérisées à l'accession au patronat.

Si donc le travailleur manuel s'inquiète avec raison d'un milieu particulièrement propice à l'exercice indépendant de sa profession, on peut affirmer que, s'il ne le trouve pas en France, il le trouvera peut-être, mais bien plus difficilement, ailleurs.

Acceptons, toutefois, que mû par le désir de se « sortir d'affaires », l'ouvrier pourvu d'un petit capital d'installation se décide pour l'Argentine. Il devra s'enquérir — et ce sera son premier soin avant de partir — de la capacité d'écoulement de son produit fabriqué et, ce calcul achevé, des prix qu'afficheront les produits similaires importés.

L'immense Argentine — on doit s'en convaincre une fois pour

toutes — est un pays essentiellement agricole et dont l'industrie se dégage des productions de cette agriculture.

L'ouvrier de France est-il d'avis, qu'ainsi spécialisée, l'Argentine favorise ses desseins d'indépendance?

Est-il d'avis qu'il pourra « se faire un trou » là où les articles d'importation américaine s'ouvrent chaque jour des gouffres d'absorption?

Est-ce que ce partenaire n'est point de taille à le décourager dans le jeu des initiatives?

Le hasard?

Le hasard, l'événement inattendu, jouent en effet un rôle dans l'avenir de certaines personnes. Tel immigrant qui descend du bateau en qualité de rémouleur peut le reprendre en qualité de banquier. Et tel banquier après quelques années de séjour peut se retrouver entrepreneur de travaux publics. Les pays neufs — précisément parce qu'ils se présentent comme une matière neuve — agissent profondément sur les hommes de ressources, sur les tempéraments ardents, en excitant leur sens de l'adaptation. De là ces transformations des conditions sociales, qui étonnent toujours un peu, mais qui ne sont que le résultat normal d'une évolution amenée par les circonstances et favorisée par le milieu.

Dans Murat, gargotier, et dans Lefebvre, meunier, ont eût malaisément au début pressenti un roi de Naples et un maréchal de l'Empire. Et qui donc, en observant les quelques types américains que je citais au début, pouvait prévoir qu'un besogneux ouvrier typographe, qu'un famélique camelot et qu'un fragile moussaillon, deviendraient à l'usage les rois incontestés de la formidable industrie des États-Unis? C'est pourtant l'histoire de Gordon Bennett, de Jay Gould et de Stéphen Gérard.

Chacun de nous peut s'écrier : « Je serai roi ! » Où la difficulté

IMMIGRANTS PAR PROFESSION (ANNÉE 1914)

PROFESSION	NOMBRE DES IMMIGRANTS	
	Année 1914	Année 1915
Journaliers	29.779	12.246
Sans profession	24.872	10.951
Agriculteurs	17.098	3.794
Domestiques	9.792	4.111
Commerçants	6.713	3.237
Couturières	4.498	1.927
Blanchisseuses, repasseuses	3.802	1.537
Cuisiniers, cuisinières	3.746	1.608
Professions diverses	2.015	1.273
Employés	1.595	562
Tisserands	1.165	560
Maçons	1.122	203
Artistes (Théâtre-Concert)	931	854
Charpentiers	924	242
Modistes	904	475
Mariniers, pêcheurs	892	294
Tailleurs	644	170
Cordonniers	635	172
Forgerons	388	65
Coiffeurs	291	84
Boulangers	253	76
Peintres	205	60
Musiciens	202	51
Tailleurs de pierre	190	30
Bouchers	173	53
Chauffeurs	165	63
Mécaniciens	116	31
Électriciens	111	44
Mineurs	103	20
Jardiniers	81	25
Éleveurs, bergers	69	32
Pharmaciens	68	18
Typographes	67	29
Horlogers	66	6
Ferblantiers, étameurs	64	24
Ébénistes	58	15
Meuniers	57	7
Chapeliers	47	18
Confiseurs	39	23
Chaudronniers	35	5
Tonneliers	27	2
Tanneurs, corroyeurs	25	9
Marbriers	24	4
Plâtriers	20	8
Sculpteurs	14	14
Charbonniers	13	5
Graveurs	10	4
Tourneurs	7	5
Vignerons, viticulteurs	4	9
Vétérinaires	3	2

commence-c'est lorsqu'il s'agit de décrocher la couronne. Dans ce genre d'arrivisme, les exceptions ne sont pas la règle et tel qui contemple sa destinée par les images que lui représente le bon bout de sa lorgnette individuelle la trouverait singulièrement réduite s'il consentait à l'observer par l'autre bout.

Cela ne veut pas dire que nous devons aveuglément confier notre avenir aux instruments, aux outils que les nécessités de l'existence ont à l'origine placés dans nos mains. Être ouvrier cela n'empêche ni le génie, ni le talent, ni les vocations supérieures. Sellier, le fameux ténor de l'Opéra, était garçon « bistrot », le baryton Lassalle était dessinateur, Talazac gâchait le mortier comme Kléber, Poultier était cercleur de tonneaux, Renard forgeron et Bosquin cordonnier. Si j'ajoute que Mlle Cassive a débuté dans une cartonnerie, et que Judic était lingère, la preuve sera administrée que l'étincelle comprimée dans le grain des silex peut jaillir sous le choc des circonstances.

Mais encore sur ce point, il ne suffit pas de dire : « Et moi aussi je serai ténor ! » Les cordes sont indispensables.

Et combien d'autres exemples nous pourrions choisir dans les arts, dans les sciences et dans la littérature.

Mais, quels qu'ils soient, ils supposent — avec une claire vision du but — un travail incessant.

Félix Faure, ouvrier tanneur, comme le père de l'illustre Pasteur, n'a pas cru nécessaire de filer en Amérique pour s'y créer une situation. Franklin, enfant, travailla à la fabrication des chandelles. Linné confectionna des chaussures. Fulton fut peintre et Oberkampf nous dira : « Je n'éprouve aucune honte à avouer que j'ai débuté à huit sous par jour. » On trouve la fierté du même aveu sous la plume de James Watt : « J'ai commencé ma fortune dans un atelier à coups de marteau. »

Le travail, toujours. Tant il est vrai que le hasard n'a de valeur que celle qu'on lui prête. Travailler au hasard ne signifie rien.

Il est juste d'ajouter que les *circonstances* ne favorisent pas également tous les travailleurs. C'est un sujet d'amère philosophie que l'on peut malheureusement vérifier à chaque page de certaines existences.

Dans le plan de la concurrence des appétits et des passions, le difficile n'est pas de travailler, c'est de faire accepter les résultats du travail.

Je citais Fulton il y a un instant. J'aurais dû lui préférer le marquis de Jouffroy dont Fulton ne fit que perfectionner l'invention du bateau à vapeur. Mais Fulton ne trouvant aucun concours en France tenta l'Amérique et réussit. Circonstances. Il aurait pu échouer là comme ailleurs.

Si Goubet avait produit son sous-marin durant la guerre, on l'eût accueilli avec enthousiasme. Il est mort ruiné et méconnu parce que venu trop tôt. Circonstances.

Mais là où les circonstances disparaissent pour nous montrer l'incompréhensible indifférence des hommes, on se prend à réfléchir douloureusement sur le sort de certains ouvriers de génie.

Niepce découvre la photographie, Ader la machine à voler, Michaux la bicyclette, Ch. Cros le phonographe. Et c'est la misère ! Et ce sera la misère pour l'ingénieux ouvrier lyonnais qui construisit la première machine à coudre; pour Martin qui, à 85 ans, mourait de faim après avoir fait gagner 900 millions de francs à l'industrie de l'acier; pour Tellier, « le père du froid » dont les procédés représentent des milliards; pour Forest qui nous donna le moteur à explosion; pour Désiré Martin, l'inventeur du frein Westinghouse; pour Lenoir qui trouva le moteur à gaz. On n'en finirait plus. Ils sont trop... Et tous ouvriers aux géniales réalisations. Une élite de cerveaux équipés pour la découverte et qui doit vivre d'emplois mercenaires pour s'assurer la liberté du travail personnel. C'est ainsi que Lenoir fut successivement garçon de café et manœuvre dans une émaillerie. Les pourboires payèrent les outils qui lui permirent de construire la première voiture automobile (1863)[1].

J'ai tenu à rappeler les noms de quelques-uns de ces ouvriers magnifiques pour qu'on les puisse de temps à autre dégager de l'oubli qui les menace et les reprocher à l'ingratitude des hommes.

Et l'Amérique?

Nous y sommes.

Ouvrez nos livres classiques, nos dictionnaires des Sciences, nos encyclopédies, vous y lirez que c'est Édison et non Ch. Cros qui inventa le phonographe; que c'est Westinghouse et non Désiré Martin qui trouva le fameux frein; que ce sont des Américains et non Goubet qui réalisèrent le sous-marin; que c'est Elias Howe du Massachusetts qui fabriqua la première machine à coudre et que même le cinématographe, conçu et construit par le Français Demény, est d'origine américaine.

Il est pourtant loisible à chacun de nous de relire le procès-verbal de l'Académie des Sciences rappelant que c'est le 30 avril 1877 que Ch. Cros déposa le pli cacheté contenant la description complète et précise de son phonographe alors que le brevet d'Édison ne fut produit que neuf mois après. Ainsi en est-il pour le frein de Désiré Martin. Celui-ci n'ayant trouvé personne pour lui acheter son appareil, ce furent les Américains qui l'exploitèrent et le revendirent à prix d'or aux compagnies françaises qui l'avaient refusé quand il était offert par l'inventeur. Il n'est de trouvailles extraordinaires et d'applications pratiques qu'en Amérique? Tout ce que dessus le démontre surabondamment.

Et, peut-être, l'ouvrier qui se sent « quelque chose » dans la

____

1. Moteur à deux temps utilisant le gaz d'éclairage aspiré par un piston et enflammé par l'électricité. Lenoir préconisait également le pétrole comme carburant de choix.

pensée et dans les doigts tourne-t-il les regards vers New-York
ou Buffalo, parce qu'il veut éviter les déceptions que lui ménagent
Paris ou Lyon.

Avouons, hélas, que cette crainte est fondée. Nous n'encou-
rageons pas, nous ne protégeons pas suffisamment les laborieux.
Pire; nous ne veillons pas sur leur mémoire.

L'artisan de génie — et fort heureusement pour lui — est
rarement un homme d'argent, sans quoi, au lieu de s'appliquer
à des solutions supérieures, il ne manquerait pas de recourir
à des applications simples et de vente facile.

Le brevet de l'encrier automatique s'est vendu 2.500.000 fr.
L'œillet-agrafe des robes a réalisé un brevet de 3.000.000 de fr.
La balle élastique dont s'amusent les enfants a rapporté — vendue
un sou — 8.000.000 à son auteur. Voici un ouvrier qui remplace
les baleines de corsets par des plumes de dindons. Il vend son
brevet 250.000 francs. Ce buveur imagine le presse-citron en
verre et l'objet lui rapporte 25.000 francs de rente en deux
ans. Un paysan, pour ménager sa chaussure, la métallisa de bouts
de cuivre; l'idée lui rapporta 2.000.000. Blessé par son lorgnon,
un myope double le ressort de lamelles en liège; et en voici
pour 500.000 francs, etc., etc...

L'ouvrier que ne tourmente pas la spéculation transcendante
doit donc se dire que l'heure n'est point passée des presse-citrons
et des balles élastiques. Un technicien peut à chaque instant
supputer une chance de vaincre en explorant le domaine immense
de l'inédit. Et je crois être de bon conseil en disant au chercheur
de réfléchir sur l'emploi des plumes de dindon s'il veut se garantir
le capital qui lui permettra d'inventer l'automobile. Les brevets
sont chers. La vie aussi. D'abord vivre. On le peut en France
aussi bien qu'en Amérique.

L'illustre Berthollet disait un jour : « La fortune dispense si
peu de travailler, qu'à 70 ans j'ignore le repos. » Comme quoi

la philosophie du bonheur est dans le travail. C'est ce que laissait entendre Dumas quand il écrivait : « Vivre inutilement? quel drôle de souhait s'il était réalisable ! » Travaillons donc. Faire sa besogne, c'est accomplir sa mission.

Les quelques navrants exemples que j'ai cités, s'ils sont propres à la France, ne lui sont pas particuliers. On en pourrait citer d'analogues choisis dans toutes les nations. En quoi ces cas isolés peuvent-ils nous décourager? Que la récompense ne va pas toujours au mérite? Eh ! nous le savons depuis bel âge. Il y a l'homme et les hommes.

CHAPITRE X

Oui, mais quel est le prix de la vie pour tous ?

Voilà un chapitre — le plus important à tout bien considérer — qui pourrait se résumer en une phrase : « En Argentine la vie est chère. »

Si cette déclaration met la puce à l'oreille des imprudents je serai le premier à me féliciter de leur avoir évité un peu plus que des surprises.

Loyer, vêtements, chaussures, alimentation, atteignent en Argentine des prix qui, par comparaion avec ceux pratiqués en France avant la guerre, vont du simple au double. On imagine donc ce qu'ils peuvent être à l'heure actuelle. La perturbation est d'ailleurs universelle et les moins exigeants auraient bien du mal à vivre aujourd'hui d'amour et d'eau fraîche dans la langueur des oasis romantiques.

Il m'est impossible en cette matière d'étiqueter des prix qui puissent simplement servir de base de comparaison.

Nul ne peut dire ce que les haricots coûteront demain et quelle somme on devra mettre dans six mois à un loyer.

Les cours sont maîtres. Ils sont eux-mêmes commandés par les exigences qui résultent des modifications profondes apportées au barême des salaires. Nous subissons l'influence d'une « queue » de guerre et demeurons sous la dépendance des bouleversements engendrés par une organisation nouvelle du travail dont la formule intensément voulue demeure encore imprécise.

On a cru qu'à la faveur des hostilités des nations neutres

— parmi lesquelles figure l'Argentine — seraient exemptes de malaises consécutifs à la grande fièvre des batailles.

La vérité est que les spectateurs, si éloignés qu'on les suppose du formidable cataclysme, furent éprouvés dans le cours normal, tout à coup rompu, de leurs échanges. C'est ainsi que les bouleversements sismiques ont des conséquences lointaines.

Dès 1917 le coût de la vie avait, en Argentine, augmenté dans des proportions inquiétantes.

En 1918 il devint insupportable et des manifestations amenées par le mécontentement général de la classe ouvrière en furent les conséquences les plus immédiates.

En 1919, le prix de la vie augmentant sans cesse, l'effervescence ne fit que s'accroître. Les troubles se multiplièrent. Le chômage, particulièrement dans les ports, fit en quelque sorte office de blocus. Industrie, commerce, agriculture, furent affectés dans une mesure considérable au titre des exportations.

En somme aucune nation ne fut totalement préservée de la tempête qui sévissait en Europe. Tous les peuples sentirent le vent du boulet. Attendons les résurrections promises par la paix pour juger sainement des conditions matérielles de l'existence.

C'est dans ces crises que l'on apprécie la position privilégiée du cultivateur-éleveur. La terre, cette grande usine de nourriture, fonctionne inlassablement sous la direction invariable des saisons.

Au chapitre « du boire et du manger » nous devons souhaiter longue vie à la petite propriété.

Ce n'est pas que les théories agraires bolchevistes se chargent de donner de la vigueur à ce souhait — nous ne savons rien de leur application et de leur solidité — mais, partout où la production s'impose et où l'on veut obtenir la stabilisation de la famille, la petite propriété répond victorieusement aux soucis des sociologues!

Et puisqu'il s'agit de vivre je ne cesserai de le répéter. La terre est une faiseuse de nourriture et une faiseuse d'enfants. C'est, au propre, la gardienne la plus évidente des nationalités faites et l'élément le moins contestable des nationalités qui s'ébauchent.

Vous pouvez imaginer les plus affolants « grands soirs », les cyclones les plus terrifiants et les dévastations les plus totales. Rasez, pillez et brûlez tout, saccagez, chambardez et détruisez, ne resterait-il plus qu'un couple humain sur la terre, le monde pourra ressusciter à la condition qu'il y reste aussi *une graine*.

Et voilà la vie conditionnée.

Une graine !

Cette petite boule qui roule dans les doigts équilibre la grande boule qui roule dans l'éther. Une graine dont la poussière s'écrase sous l'ongle et qui s'érige en principe de l'existence des hommes et des mondes !

Aussi bien devons-nous révérer celui qui nous dit ces mots si simples mais si profondément humains : « J'aime la terre. » Et par là, il ne faut pas entendre le « bien » en ce qu'il est représentatif de nombreux hectares. Le « bien » qui ne triomphe que par la vertu des deux dimensions n'est pas un témoignage de l'amour du sol tel que je le comprends. Il n'est que l'amour de l'argent. Ce n'est pas la même chose. C'est, à tout bien considérer, exactement le contraire. L'art de s'enrichir n'est pas l'art de bien vivre.

On rencontre dans les villes beaucoup plus d'hommes qui aiment la terre qu'on n'en rencontre dans les campagnes. Le fait paraît incroyable, mais il est vrai. La ville, c'est un stockage de paradis perdus, c'est le cimetière des illusions, c'est la vie factice, artificielle, la vie erzatz, menteuse et dévoratrice. Je n'ai jamais entendu un homme me dire de bonne foi qu'il aimait les pierres de taille. Mais des hommes m'ont avoué qu'ils aimaient la terre. Cet aveu est humain. L'homme se retrouve toujours au pied d'un arbre pendant qu'auprès de lui, dressée, Ève, malicieuse, cueille des pommes.

Si les récits de la primitive humanité nous avaient montré Ève empilant de la meulière auprès d'un Adam penché sur la formule du béton armé, l'existence des enfants des hommes eût été impossible. La pomme supposait des pépins.

La graine, vous dis-je.

Je ne sais si en pratiquant la petite propriété les fervents de la terre obéissent à d'obscurs atavismes, mais c'est un fait d'histoire — de l'histoire universelle — que les hommes se sont toujours battus pour l'obtenir et qu'ils n'ont jamais cessé de plaider pour, l'ayant obtenue, la conserver.

A côté de cet argument fondamental, les autres sont inexistants. Nous sommes en présence d'un fait humain incontestable et contrôlable à chaque instant.

Ceci étant, l'ouvrier ou l'employé qui porterait ses regards vers l'Argentine dans l'intention d'y surprendre un abri contre la vie chère manquerait d'optique.

Le prix des loyers subit là-bas une inflation comparable à celle que l'on constate ici. Les valeurs locatives y sont soumises aux mêmes perturbations, et quant à la hausse qui grève les matières de première nécessité elle n'est pas moins considérable que celle que nous observons. Bon nombre de candidats à l'immigration se fient aux gros salaires qui les attendent. Mauvais calculs. Tout est dans tout. Le gain argent ne compte que par son pouvoir d'achat. On peut vivre misérablement avec 50 francs par jour. La frénésie des majorations le veut ainsi. A chacun d'y réfléchir.

Je ne m'illusionne pas sur la portée de mes conseils de discernement et de prudence.

Nulle force au monde ne peut s'opposer au départ de celui qui veut « partir ».

Qu'il s'agisse d'illusions, de fugues ou d'étourderie, les raisons déterminantes du « partant » l'emportent invariablement sur la sagesse des sermoneurs. Les marins payés pour savoir à quels périls ils s'exposent en mer, affirment qu'il ne faut pas s'embarquer sans biscuits. Trop d'émigrants ne sont pas de cet avis. Ils s'embarquent tout de même pour revenir avec le pigeon de la fable, traînant l'aile et tirant le pied.

Ce sont ces amertumes et ces déceptions qu'il faut éviter. Il en coûte très peu d'ailleurs.

Voici un bon ouvrier d'une catégorie quelconque. Il suppose qu'il pourra là-bas se produire avec avantage. Rien de plus légitime. Mais qui l'empêche de se renseigner avant d'acquérir une valise pour y ensevelir ses rêves? A cette distance un voyage d'étude est onéreux. On ne part pas au Japon pour voir si vraiment les chrysanthèmes y fleurissent. On peut s'en informer.

Je prends le cas le plus favorable; celui de l'ouvrier engagé temporairement par une entreprise française en Argentine pour y accomplir des travaux de longue haleine (chemins de fer, installation d'usine, etc.). Il va sans dire qu'un contrat est indispensable. Mais il conviendra en outre que l'ouvrier apprécie son salaire au prix de la vie après l'avoir fixé au prix de son travail. Cet examen critique lui évitera bien des déboires. Car il ne s'agit pas de céder à des sollicitations apparemment avantageuses quand on les compare aux conditions françaises; il convient de faire porter la comparaison sur les réalités du nouveau milieu. Ce qui est vrai pour l'ouvrier l'est également pour les personnes de toutes conditions soucieuses de bon ordre et de sécurité. Nous avons en Argentine une représentation consulaire particulièrement qualifiée pour nous instruire. C'est à l'émigrant de s'en souvenir. En suivant cette voie il ne risque pas de faire un pas de clerc.

J'espère que le lecteur m'a compris. L' " isolé ", non informé, commettrait une imprudence en se fiant à ses seules lumières ou en obéissant à de passagères impulsions.

Le cas n'est plus le même pour l' " appelé " c'est-à-dire pour celui qui se rend en Argentine sollicité par des personnes qui y sont installées et qu'il connait très intimement.

J'ajoute que l'émigrant français est la plupart du temps " appelé " en Argentine par ces personnes de connaissance dont il connait les débuts et la situation.

Et cela vaut mieux que de se décider sur le papier.

QUATRIÈME PARTIE

EN ARGENTINE

CHAPITRE I

La nationalité. — Français ou Argentin ?

Français? Argentin?

Question délicate.

Il y a conflit entre la loi française et la loi argentine.

Voyons d'abord comment s'exprime cette dernière :

EST ARGENTIN

1. — Toute personne *née* sur le territoire argentin *quelle que soit la nationalité* de ses parents[1].

2. — Les enfants des citoyens argentins *nés à l'étranger* et qui optent pour la nationalité de leurs parents.

3. — L'enfant né en eaux neutres sous le pavillon argentin.

4. — L'enfant né dans les légations argentines à l'étranger ou à bord des navires de guerre de la République Argentine.

---

1. Exception faite pour les enfants des membres des légations et des représentants diplomatiques accrédités auprès du Gouvernement Argentin.

Comment s'obtient la carte de naturalisation?

La loi dit :

Est Argentin naturalisé :

1. — L'étranger qui, ayant dépassé l'âge de 18 ans, a séjourné pendant deux années consécutives dans la République Argentine et demandé sa naturalisation.

2. — L'étranger qui a demandé sa carte de naturalisation en invoquant les raisons suivantes :

a) Emploi honnêtement rempli dans un service de la nation ou à l'extérieur pour la nation.

b) Service accompli dans l'armée ou la marine argentine.

c) Participation honorable dans une action de guerre pour la défense de la nation.

d) Introduction d'une invention utile dans la République Argentine.

e) Introduction d'une industrie nouvelle dans la République Argentine.

f) Construction de chemins de fer dans une région quelconque du territoire argentin.

g) Participation à une colonie fixe des provinces ou territoires, en y étant propriétaire d'un bien foncier.

h) Habitation ou peuplement de territoires nationaux entre ou en dehors des lignes actuelles de frontière.

i) Être marié avec une Argentine.

j) Exercer le professorat.

Ces conditions réalisées suffisent pour obtenir la carte de naturalisation sans l'obligation des deux années de séjour requise à l'article 1. Pour tous ces cas, il n'est donc plus tenu compte du temps de présence. Il ressort de tout ce que dessus que les plus grandes facilités sont accordées pour obtenir la nationalité argentine.

Voyons maintenant la loi française :

EST FRANÇAIS :

Est Français et par suite soumis aux obligations du service militaire :

1. — L'individu né d'un Français en France ou à *l'étranger*.

2. — L'individu né en France de parents inconnus ou dont la nationalité est inconnue.

3. — L'individu né en France *de parents étrangers* dont un y est lui-même né, sauf la faculté pour lui, si c'est la mère qui est née en France, de décliner la qualité de Français dans l'année qui suivra sa majorité.

4. — L'individu né en France *d'un étranger* et qui à sa majorité est domicilié en France, à moins que dans l'année de sa majorité il ne répudie la qualité de Français.

5. — L'étranger naturalisé.

Ainsi donc, les articles 1 de la loi argentine et de la loi française sont inconciliables et s'opposent formellement.

Le premier dit :

Est Argentin l'individu né d'un Français en Argentine.

Le second répond :

Est Français l'individu né d'un Français en Argentine.

On devine les situations qui résultèrent à la mobilisation de l'application de ces textes contradictoires.

Voici un cas pour exemple :

Un Français établi en Argentine a deux fils nés en Argentine. Le premier, Jean, se trouve en France au moment de la déclaration de guerre. Il est aussitôt mobilisé et doit rejoindre dans les unités combattantes.

Le second, Pierre, resté en Argentine, ne rejoint pas. Il est porté *insoumis*.

Tous deux, pourtant, étaient Argentins de par la loi argentine et avaient accompli leur service militaire non pas dans l'armée française, — puisqu'ils étaient Argentins, — mais dans l'armée argentine.

Ces cas se sont vus et, peut-être, sont-ils nombreux.

Tant que les Gouvernements français et argentin n'auront pas clarifié cette matière, un enfant né d'un Français en Argentine ne saura jamais s'il est Français ou Argentin. Un homme ne saurait pourtant se prévaloir de deux nationalités. Alors?

Alors, on ne sait pas.

Ce que l'on peut souhaiter de mieux c'est que prenne fin ce paradoxe qui lèse à la fois l'individu et ses intérêts.

Il existe des précédents prouvant qu'il est possible de s'entendre. C'est ainsi que les Espagnols nés en France sont inscrits sur les tableaux de recensement de leur classe d'âge et astreints à deux années de service militaire, à moins qu'ils ne produisent au conseil de revision un certificat constatant qu'ils ont tiré au sort en Espagne. Les individus nés en Belgique d'un Français, nés d'un Français naturalisé Belge pendant leur minorité, et ceux qui peuvent, conformément au code civil, décliner la nationalité française pour prendre la nationalité belge, ne sont inscrits sur les listes du recensement qu'à l'âge de 22 ans accomplis. Les individus dont les parents Français d'origine, se sont fait naturaliser Suisses pendant leur minorité, sont, s'ils n'ont, dans le cours de leur vingt-deuxième année, opté pour la nationalité suisse, inscrits à 22 ans accomplis sur les listes de recensement.

Est-ce que des conventions de cette nature ne pourraient solutionner le cas franco-argentin?

La position *d'insoumis* pour le jeune homme né en Argentine de parents français est grave.

Il est urgent de s'en préoccuper. En attendant qu'une entente intervienne, voici ce que la loi française impose à l'émigrant : S'il va se fixer en pays étranger, il fait viser son livret avant son

départ et doit, en outre, dès son arrivée, prévenir l'agent consulaire de France le plus voisin, qui lui donne récépissé de sa
déclaration; s'il se déplace à l'étranger pour changer de résidence,
il en avise, au départ et à l'arrivée, l'agent consulaire de France;
lorsqu'il revient en France il fait viser, dans le délai d'un mois,
son livret individuel par la gendarmerie dont relève la localité
où il vient résider.

Les hommes qui se sont conformés aux dispositions précédentes ont droit, en cas de mobilisation ou de rappel de leur
classe, à des délais supplémentaires pour rejoindre leur corps
calculés d'après la distance à parcourir; ceux qui ne s'y sont pas
conformés sont considérés comme n'ayant pas changé de domicile
ou de résidence.

CHAPITRE II

La femme française en Argentine.

Il n'existe pas en France de ces grands mouvements d'émigration pareils à des exodes, tels qu'on en observe en Italie et en Espagne. De ce côté, les familles, hommes, femmes et enfants, emplissent les paquebots et partent bien souvent à l'aventure, résignés d'avance à toutes les besognes.

Le Français plus avisé, soucieux d'une sécurité plus entière, cède rarement aux emballements, quand il s'agit de s'embarquer à destination de l'inconnu. On peut penser que cette méfiance instinctive que l'on constate chez le Français, existe à un degré encore plus prononcé chez la Française.

Celle-ci ne cède d'ordinaire qu'aux sollicitations directes que lui font des parents ou des personnes de connaissance déjà fixés en terre étrangère et dont la situation lui est connue.

C'est un appel de famille à famille. Chez nos Basques et chez nos montagnards, les décisions n'ont pas d'autre origine. La femme part rarement seule. Elle emporte avec elle tout le foyer, tout le passé et, résolument, fil à fil, tisse la trame de la destinée nouvelle acceptée.

Dans ces conditions, parler de la Française en Argentine, c'est parler de la famille française en Argentine. Elle y existe, en effet, avec tous ses caractères essentiels.

En quelque classe sociale qu'on la rencontre, c'est toujours le même souci d'ordre et de tenue. Le même goût dans l'arrangement du foyer. Le même ardent amour de l'enfant. La même vaillance dans le travail partagé.

Cette perte nous est sensible.

Nous le sentons si bien que les employés de l'état civil — on peut maintenant l'avouer — ne mirent aucun empressement à faciliter les formalités pour les quelques milliers de Françaises fiancées à des Américains combattants.

Cette frénésie des unions franco-américaines est exceptionnelle, et l'on peut parier gros qu'elle n'est pas près de se renouveler avec cette passion positivement volcanique.

D'ailleurs, ce phénomène matrimonial se manifesta surtout dans les grandes villes où l'on sait que la séduction prodigue les chausse-trapes et les trébuchets.

Si je ne craignais de manquer de déférence envers la sainteté des liens conjugaux, je dirais que nos villageoises furent moins éprouvées.

Leur tour viendra, hélas ! non point sous l'aspect du sammy au feutre en bataille, mais sous celui autrement redoutable d'un portail d'usine. Une fois de plus, il faut en appeler à l'éloquence des chiffres :

RÉPARTITION DU TRAVAIL EN FRANCE (1906)

CATÉGORIES	HOMMES	FEMMES
Agriculture	5.525.042	3.330.011
Industrie	4.706.472	2.518.402
Commerce	1.289.456	779.164
Professions libérales et emplois publics	1.332.940	293.100
Domestiques	173.558	772.735

Ce tableau ainsi dressé, voyons quelle évolution s'est produite en quarante ans (1866-1906) dans le travail des femmes.

LA FEMME AU TRAVAIL (1866-1886)

CATÉGORIES	FEMMES — Année 1886	FEMMES — Année 1906
Agriculture...............................	1.874.915	3.330.011
Industrie.................................	1.304.254	2.518.402
Commerce.................................	241.680	779.164
Professions libérales et emplois publics...	164.572	293.100
Domestiques..............................	1.047.176	772.735
Total....................................	4.632.597	7.693.412

Ce chiffre de près de 8 millions de femmes salariées remonte à quatorze ans. Aujourd'hui, il est de 9 millions !

Certains économistes nous disent que « le travail professionnel des femmes s'affirme comme une nécessité croissante qu'aucune mesure, ni aucune prédication ne peuvent combattre, puisque cette nécessité découle de l'évolution économique tout entière ».

Bien volontiers, je me range à l'argument de la mesure inopérante et de la prédication dans le désert, mais je récuse la nécessité consécutive à l'évolution économique qui jette la femme dans l'usine pour y servir les machines. Ce n'est pas son affaire de par la physiologie, voilà tout.

J'ai le plus grand respect pour les économistes, mais ce sont leurs femmes qui accouchent et non pas eux.

Et j'observe que si depuis cinquante ans le nombre des ouvrières a triplé dans les usines, la natalité française a fléchi dans la même proportion.

Je ne vais pas jusqu'à dire que l'usine est la seule coupable du méfait, mais on énonce une vérité de sens commun, en disant

que la femme se prépare de meilleures maternités en faisant
son ménage qu'en tournant des ronds de serviette.

Vivre?

Il y a les champs.

La femme est fille de la terre, par les fleurs et par les parfums.
On nous assure, depuis peu, qu'elle est aussi sur les camions la
reine du cambouis. C'est tant pis pour elle et pour nous. Et
c'est fâcheux pour le pays.

L'évolution économique n'est pas niable. Qui la conteste?
Elle entraîne l'évolution sociale. C'est exact. Je ne vois pourtant aucune raison déterminante au coltinage des poids lourds
par Éva. Il y a usine et usine, atelier et atelier, ferme et ferme.
Tout est dans l'appropriation des forces au travail, des organes
au métier. Entre deux ouvrières, l'une qui se rend à la magna-
nerie et l'autre à la forge, il y a selon qu'on envisage la nature
de la besogne, l'épaisseur d'un fil de soie ou l'épaisseur d'un
étau. C'est affaire aux éducateurs de le dire et aux législateurs
de s'en souvenir.

Les regards alternativement portés sur les cheminées d'usine
et sur les clochers, je disais : il y a les champs.

Hélas ! les dieux s'en vont et les champs les suivent.

On nous a tant vanté sur le mode littéraire, la fécondité de
nos terres beauceronnes opposées aux stériles ornières prus-
siennes, que tout orateur de comice manquerait son nécessaire
effet, s'il n'évoquait cette substantielle suprématie.

On nous a tellement ressassé l'air de « la France, terre des
blés roux et du vin bleu » sous un ciel farci d'alouettes éperdu-
ment gauloises que l'ornithologie officielle en arrive à confondre l'agriculture et la littérature.

On nous a à ce point bourrés de périodes enflammées sur
l'inépuisable grenier français, gonflé des formidables apports
du grenier carthaginois de la Tunisie et du grenier mauritanien

de la Rome antique que nul concours agricole ne saurait débuter, sans ce gargarisme d'illusoire prépondérance.

Et, ainsi, nous semons des mots pour récolter des fleurs de rhétorique.

Dans ce concert unanime de lieux communs et d'absurdités, je ne vois guère que le cultivateur qui se refuse à jouer sa partie. Il est payé de réalités qui le dispensent du dithyrambe.

Les beaux messieurs en habit qui viennent périodiquement attester, sur les estrades provinciales, la sainteté virgilienne des champs et la poésie embaumée des prairies me font l'effet de morceaux choisis ambulants, où les « foins » épistolaires de Mme de Sévigné sont broutés par les brebis enrubannées de Mme Deshoulières.

Trop de flonflons, de bergeries, d'idylles et de pastorales, Fermez-moi ce trianon mièvre et poudré.

Toutes ces odeurs d'opoponax et de patchouli ne valent pas une muflade d'étable. Où est-il le maître d'école qui, dans une leçon de choses destinée à fixer l'enfant à la terre, fera circuler sous les yeux de ses élèves l'or liquide des décompositions reconstituantes et leur mettra sous le nez le flacon de purin, dont se délectent les blés et les pommes d'amour, les sarrasins et les choux?

En novembre 1916 — en pleine guerre — le conseil général de la Seine voulut subventionner les communes désireuses d'organiser l'enseignement de l'agriculture dans leurs écoles. Il demandait seulement que ces communes voulussent bien participer aux dépenses de cet enseignement indispensable.

La grande majorité des communes se décida pour la négative. Pas de ça pour les enfants. L'instituteur continuera comme par le passé à expliquer le problème des robinets ouverts sur des réservoirs crevés et celui du prix de revient d'un litre tiré d'un tonneau de vin, préalablement garni d'*aqua simplex*. Voilà qui est utile.

Quant aux communes, elles garderont leur argent pour souscrire au « choix des lettres » de la marquise pâmée dans les fenaisons et aux « moutons » peinturlurés de Mme Deshoulières, l'Amaryllis des salons parisiens.

Ces notions d'agriculture épistolaire et d'élevage sentimental sont parfaitement suffisantes. Il fut, d'ailleurs, très facile de s'en convaincre.

M. Belot, inspecteur de l'Enseignement primaire, interrogea la même année, par écrit, 1.500 écoliers sur leurs aspirations professionnelles.

Côté garçons, c'est à peine si 5 0/0 optèrent pour les travaux de la terre. Ils n'en veulent plus.

Côté filles, désertion complète. Aucune ne se décida pour la ferme ancestrale.

Nos enfants apprendront à labourer avec des plumes de ronde.

Ce n'est pas tout à fait de leur faute, puisque les communes approuvent cet outillage inattendu, en se plaignant de manquer de pommes de terre.

Et je me demande si en face d'une pareille situation, la sociologie rurale restera une science décevante.

Par travail des champs, il n'est pas question d'associer la femme aux durs labeurs qu'exige la production des céréales, des fourrages et du bétail.

Le dépeuplement des campagnes — les femmes allant de préférence aux industries de la ville voisine — ne peut provenir que de l'absence sur place d'occupations adaptées.

Partout, en effet, où ces adaptations ont été créées, la femme demeure. C'est le cas pour certaines régions de Bordeaux, du Mans, de Nantes, d'Antibes, de Toulon, d'Hyères, etc., où les primeurs, les fruits et les fleurs occupent des milliers de femmes et de jeunes filles. Toute la vallée du Rhône abandonne les vergers aux ouvrières pour la cueillette, la préparation, l'emboîtage des abricots et des cerises, des pêches et des fraises. L'industrie des primeurs relève exclusivement de la main-d'œuvre féminine. Il ne paraît guère qu'on y songe, puisqu'il est nécessaire, chaque année, de demander le concours de l'Italie pour la récolte en Provence de la rose et du jasmin, des violettes et des tubéreuses destinés aux distilleries.

Les jeunes filles rêvent de la ville aux floraisons métalliques de trolleys et de becs de gaz. L'éducation scolaire les a imbibées de manufactures, d'ateliers, d'usines et de chantiers, et roulées dans le bitume comme autant de pilules. De pilules pour personnes pâles. Éducation scolaire? non, bacillaire.

Montrez-moi le livre-apôtre qui enseigne aux petits ruraux le respect des noyers et des châtaigniers, ressources des pays pauvres? Où donc la leçon de choses montrant les fermières de Brie et de Bresse vivant d'un travail rémunérateur, en s'adonnant à la fabrication des fromages et à l'élevage de la volaille? Quelle part font les programmes aux bénéfices que la femme peut retirer de la pratique du jardinage? Certaines régions, en particulier la Basse-Bretagne et le Midi viticole, ignorent ce que peut être un potager auprès de l'habitation.

On nous répète que l'école est à la base de l'édifice social. Que n'ajoute-t-on que la terre est à la base de la vie des peuples; la terre sans laquelle aucun édifice ne saurait se tenir debout.

La crise de la dépopulation des campagnes résulte du dédain, partout affiché, des petites industries rurales que nos caciques ne jugent pas dignes d'un enseignement élémentaire, alors qu'elles exigeraient un enseignement supérieur. Caton repiquait ses oignons et Pasteur s'intéressait au choléra des poules.

Nous avons évolué.

Et c'est avec le sourire que l'on apprécie aujourd'hui le rôle social des pruneaux de Tours et des poires tapées de Chinon confiés aux mains expertes des villageoises.

La revanche des poires et des pruneaux ne se fera pas attendre. Elle commence à s'inscrire sur nos factures. Ce n'est qu'un début.

Un paradoxe que l'on peut surprendre à tous les coins de la question agraire, est celui qui nous montre les jeunes paysannes se désaffectionnant des champs, alors que les femmes d'un rang socialement plus élevé s'en préoccupent avec une infinie tendresse et une exacte compréhension des circonstances.

Comme je venais de publier dans la presse mon psaume habituel à la terre vivifiante et libératrice, la présidente à Paris du Club féminin automobile voulut bien m'écrire : « J'ai lu votre article. Vous engagez les femmes à devenir motocultivatrices, *car nous avons besoin et aurons de plus en plus besoin qu'on retourne à la terre.* Pour ma part, je suis tout à fait disposée à orienter des conductrices dans cette voie... »

Ces courageuses paroles indiquent suffisamment que le courant centralisateur n'a pas encore tout emporté et que les initiatives aidant, il est encore possible de le remonter.

L'émigrant est un « décidé » qui le remonte. N'ayant pu réussir sur « sa terre », il a regardé ailleurs. Puis, un jour vient où l'homme enfonce son feutre, la mère roule ses hardes, les enfants suivent. Reviendront-ils? On dit que partir, c'est mourir un peu.

Sur les bateaux d'émigrants, alors que les hommes assis sur des paquets de cordages, réfléchissent, les coudes aux genoux, ce sont les femmes qui manifestent le plus d'entrain. Elles vont des baluchons aux cantines et des cantines aux poupons avec une sereine activité.

Insouciance? Non.

Tout autant que l'homme, elles sentent au cœur la morsure des abandons et des séparations. Mais pour que ne cède point la volonté tendue du chef de famille, elles se composent des gestes de décision et des physionomies confiantes, se réservant de libérer leur âme à l'écart, quand personne ne sera là pour voir leurs larmes et s'étonner de leurs sanglots.

Pourquoi n'avons-nous pas empêché ces détresses, en fixant sur notre glèbe ces énergies farouchement éprises de la terre?

J'ai fait allusion aux mariages franco-américains. La désorientation est si grande chez nos jeunes filles, qu'il n'a rien moins fallu qu'une circulaire aux préfets du ministre Pams, pour mettre encore les intéressées en garde contre les dangers des unions franco-chinoises. « Les Chinois, fait remarquer le ministre, se marient étant encore très jeunes et, il n'est pas téméraire de l'affirmer, bon nombre des ouvriers chinois qui ont été envoyés en France ont déjà contracté dans leur pays une union légitime. Par suite, le mariage de femmes françaises avec des ouvriers chinois placés dans ce cas ne serait, « aux yeux de la loi et de la société, qu'une sorte de concubinat ». Conséquence : « L'épouse française, entrant en Chine dans la famille de son mari, s'y trouverait séquestrée, ravalée à la position subalterne de deuxième femme, en butte à l'autorité despotique de la femme légitime, sans parler de la tyrannie de ses beaux-parents, aux sévices desquels l'omnipotence paternelle, de tradition séculaire dans la famille chinoise, la livrerait sans défense. »

Ainsi donc, voilà des Françaises à ce point lasses de leur condition qu'elles n'hésitent pas à courir les pires aventures à Buffalo ou à Chang-Haï.

Il fallait leur favoriser l'entrée dans nos colonies de peuplement. On n'a rien fait. On ne se doute même pas qu'il faut faire quelque chose et l'on s'en va criant que la France se dépeuple! C'est, en effet, une amère ironie de voir des Françaises aller peupler la Chine, déjà prodigieusement saturée.

Le désarroi n'est pas moins flagrant dans l'émigration sud-américaine.

Le classement publié dans ce volume, des immigrants par profession, nous révèle en chiffres ronds 30.000 journaliers, 25.000 personnes déclarant n'avoir aucun métier et 17.000 agriculteurs. Ce sont les chiffres les plus considérables du tableau.

L'exode de cette armée de 17.000 agriculteurs est particulièrement inquiétant. Passe encore que trois vétérinaires s'en aillent chercher une situation en Argentine, mais 17.000 agriculteurs ! Voilà qui n'indique pas de bien grands efforts de fixation de la part de leur patrie d'origine.

L'émigrant en tant qu' « isolé », constitue déjà une perte sèche, mais le départ de la « famille » est autrement redoutable.

Si nous considérons le nombre de 115.321 immigrants d'outremer passés en Argentine, en 1914, il se décompose ainsi :

```
Hommes..................................................  65.870
Femmes..................................................  30.248
Enfants.................................................  19.203
```

Autant dire que c'est du dépeuplement intégral pour les pays qui se résignent à ces abandons.

Au point de vue de la femme, on peut se demander dans quelles conditions d'âge elle émigre. Le tableau suivant, dressé pour les années 1914-1915, nous renseignera complètement.

COMMENT ÉMIGRENT LES FEMMES

AGE	EN FAMILLE		FEMMES SEULES	
	1914	1915	1914	1915
Moins de 1 an......	680	244	»	»
De 1 à 7 ans......	5.200	2.517	»	»
8 à 12 ans......	2.976	1.334	»	»
13 à 20 ans......	3.847	1.552	2.808	1.001
21 à 30 ans......	6.631	2.824	5.594	2.534
31 à 40 ans......	3.800	1.871	2.035	1.009
41 à 59 ans......	3.024	1.310	1.854	805
Plus de 60 ans......	454	208	201	124

Ces précisions nous permettent de saisir, comme je le dis au début de ce chapitre, le processus de l'émigration féminine. Les 3.809 jeunes filles de 13 à 20 ans parties seules, que signalent les colonnes de droite, se sont évidemment rendues en Argentine, appelées soit par la famille, soit par des personnes de connaissance déjà établies. C'est également le cas des 325 femmes âgées de plus de 60 ans. Les aïeules ne se déracinent que pour se rapprocher de leurs rejetons.

Ainsi, nous assistons à des phénomènes de cristallisation et d'embâcle. Les mâles vigoureux partent d'abord, la femme et les enfants suivent, puis, le foyer étant reconstitué, les vieux accourent. Ce dernier stade réalisé, on peut affirmer que la famille est à jamais perdue. Elle ne reviendra plus au pays natal.

C'est une loi des réalités, qu'en matière de colonisation nous aurions pu faire concourir à notre expansion.

Et puisque réalité il y a, voyons la condition de la Française en Argentine.

On devine, sans qu'il soit besoin d'insister, que la vie de la femme reste conditionnée par la situation du mari. La femme de l'ingénieur, par exemple, se compose un milieu qui n'est pas celui de la femme de l'employé, petit salarié d'une administration. La différence n'est pas moins sensible entre la ménagère, femme d'ouvrier, et la femme du cultivateur. Celle-ci est la fermière. Elle est matériellement et moralement la plus favorisée, et c'est ce qui explique le gros contingent des cultivateurs au chapitre de l'immigration.

Dans une exploitation agricole, la division du travail entre les membres d'une même famille s'opère tout naturellement. Ce que nous voyons dans une ferme française s'observe partout. Le père et les fils, la mère et les filles ont des besognes déterminées. Travaux des champs, travaux de l'intérieur. A chacun sa part, pour créer l'ensemble. Ainsi s'édifie la fortune commune. Et comme la terre est un puissant facteur de natalité, non seulement la fortune s'édifie, mais les forces s'accroissent qui la consolident et qui la protègent.

Et dès l'instant qu'il existe encore au monde des régions où Cérès l'emporte sur Mercure, il ne faut pas trop s'étonner des grands mouvements de peuples en marche vers la terre autrefois promise, et aujourd'hui si prometteuse. Là où les moissons mûrissent, le soleil existe. Là où le soleil existe, la vie entre. Notre vieille humanité obéit aux lois éternelles de la conservation.

CHAPITRE III

La Presse. — Les Revues.
La Librairie française en Argentine.

La presse joue un rôle immense dans tous les pays puisqu'elle répond au besoin d'information du public. Mais, ce n'est pas à cette fin qu'elle doit uniquement sa puissance et sa prodigieuse extension.

Pour les gouvernements d'opinion elle représente le mouvement des idées et devient, sous tous les titres, l'expression multiple des sentiments qui agitent les masses.

Un de ses caractères les plus nouveaux se rencontre dans les méthodes vulgarisatrices qu'elle ne cesse d'adapter à l'avidité, à la curiosité des lecteurs pour tout ce qui appartient à la nouveauté tant scientifique que littéraire, industrielle et sociale. Sous cet aspect la presse intervient dans la culture générale et prolonge l'enseignement dans toutes les branches de la technique. Si l'on ajoute qu'elle est le seul agent de transmission instantanée des variations que subit, d'heure en heure, le marché international, on comprendra plus aisément encore l'action universelle de l'imprimé dans les relations des hommes et dans la vie même de la matière versée au torrent des échanges.

Les pays en gestation d'une nationalité et qui vivent et se développent au gré de contributions humaines fournies par les peuples les plus différents, témoignent invariablement au début de leur histoire d'une variété dans leurs organes de presse que les vieilles nations n'ont pas connue et pour cause.

La nécessité pour l'immigrant de demeurer, par la langue, rattaché quelque temps encore aux racines profondes de ses origines, l'oblige à recourir au seul texte qu'il comprend. Il l'abandonnera peu à peu et, pour ainsi dire, automatiquement, quand le bouturage sera assuré, quand le travail d'absorption ethnique sera complet, ce qui exige parfois plusieurs générations.

Et c'est pourquoi l'Argentine possède pour ses 8 millions d'habitants 800 journaux, périodiques ou magazines publiés en une quinzaine de langues différentes. La majorité revient évidemment à la langue espagnole qui réunit la presque totalité des organes (725 publications). Les quotidiens et périodiques en langue italienne sont au nombre de 16; la langue anglaise vient immédiatement après avec 9 journaux. La langue allemande en a 6 et la langue française 5.

Quelques journaux combinent plusieurs langues à la fois comme, par exemple, espagnol et français, espagnol et italien, espagnol et allemand, espagnol et arabe. D'autres acceptent une trilogie : espagnol, français et italien; espagnol, français et anglais, etc., etc. L'immigrant peut donc, de cette façon, se ménager une lente transition de sa langue d'origine vers l'idiome national argentin.

Bien entendu, les provinces et les territoires ont une presse en rapport avec leur population. C'est ainsi que *Santa-Cruz* publie 2 journaux quand *Buenos-Ayres* en publie 260 et que *Catamarca* en a 3 quand *Santa-Fé*, sa voisine, en a 57.

Par ordre d'importance la presse régionale se présente ainsi :

Capitale fédérale	334 publications.
Buenos-Ayres	260 —
Santa-Fé	57 —
Entre-Rios	29 —
Cordoba	24 —
Corrientes	19 —
Mendoza	12 —

Les autres régions en ont moins de 10. Partout, les publications techniques sont en nombre. Voici *le Constructeur*, *l'Économiste argentin*, *Électricité et mécanique*, *la Revue militaire*, *la*

Revue des sciences politiques, la *Semaine médicale,* l'*Ingénieur,* la *Revue municipale,* la *Gazette rurale,* la *Revue d'Architecture,* etc.

La presse conduit tout naturellement à examiner la question du livre. Il y aurait beaucoup à dire sur ce sujet à commencer par cette vérité que nos maisons françaises d'édition ne font pas en Argentine l'effort nécessaire. Je ne suppose point qu'elles ignorent la faveur toute particulière dont jouissent, là-bas, nos auteurs, tant anciens que contemporains. Je ne veux pas croire davantage à leur méconnaissance absolue de l'intérêt que nous avons à maintenir chez une nation cultivée le goût des lettres et de la science françaises.

Je ne cesserai de le répéter. Il est bon, certes, de songer aux deux Amériques comme clientes de nos modes et de multiplier, à cet effet, les luxueuses publications qui les répandent. Mais il est clair que la France, représentée à l'étranger par les créations qu'inspirent la soie et le linon, le tulle et la gabardine, ne saurait résumer à ces aspects chatoyants l'expression de notre activité.

Le goût ne réside pas entièrement dans l'art appliqué au costume.

Sans cacher que l'adhésion aux modes féminines françaises n'est pas un mince triomphe, — tant la conquête de la femme est demeurée une délicate et difficile entreprise, — on peut se plaindre que d'autres adhésions ne soient point recherchées et qui seraient d'autres triomphes.

Les Allemands, battus sans peine au chapitre de la parure, ont trouvé de profitables revanches aux chapitres des sciences appliquées et leurs revues techniques bon marché, admirablement documentées et copieusement illustrées remplissent à l'étranger le rôle efficace de commis voyageur. Leur librairie n'est pas moins entreprenante, encore que dans la section littéraire elle soit généralement très peu prisée parce que trop alourdie d'armures médiévales et de massives conceptions *überalles*.

L'Allemagne, au surplus, n'avait jamais dissimulé en période d'avant-guerre l'hypothèque qu'elle avait prise sur l'Argentine dont elle avait coiffé l'armée de son casque à pointe. L'exportation de ses méthodes de dressage militaire devait inévitablement entraîner celle de l'esprit allemand. C'était, sous la forme bénigne de vente de canons et de réveille-matin, de mausers et d'accordéons, l'asservissement politique et économique de la jeune République au puissant empire couvé par le vieux dieu des légendes.

Journaux, revues et bouquins, atlas, statistiques et diagrammes, toute l'artillerie graphique et typographique du deutschland tirait par bordée sur Buenos-Ayres. Et les rives infinies du Parana, placées sous la protection de ce feu de barrage économique, virent passer l'esquif de Lohengrin lesté d'objectivisme transcendental et de mortadelle d'imitation.

Dieu me garde de sourire à cette apparition. L'industrie allemande du livre jette sur le monde, bon an mal an, pour 300 millions de marks de produits. C'est la pensée industrialisée et rien n'est plus naturel que les rotatives alimentent le besoin de « sçavoir et de cognoistre » qui tourmente l'humanité. Mais en cette partie le danger est dans la suprématie. On aimerait un juste équilibre. 8.000 établissements travaillant aux imprimés d'exportation, c'est beaucoup pour un seul peuple. Encore s'il s'agissait d'impression gothique le goût pourrait en passer au lecteur mais, depuis la réflexion de Bismarck[1] ce caractère réservé *ad usum delphini* ne franchit guère les frontières de la République d'Empire.

---

1. Voici le texte de la lettre par laquelle le prince de Bismarck accuse réception d'une brochure que lui a envoyée le conseil municipal de Berlin :

« Berlin, 26 octobre.

« *Spezial-Bureau des Reichskanzlers*.

« J'ai l'honneur, au nom du prince de Bismarck, de remercier le conseil

Il demeure en réalité que l'Allemagne a, depuis tantôt quarante ans, usiné le livre dans toutes langues et que la part faite aux œuvres vendues comme provenant d'auteurs français n'a rien de précisément flatteur pour la mentalité de notre nation.

Quand la concurrence accepte de fabriquer l'insanité pour la porter au débit moral d'un autre peuple, il y a plus que faux et usage de faux, il y a crime.

Passe encore que nos voisins fassent causer les chiens de Mannheim [1] et calculer les chevaux d'Elberfeld, mais qu'ils fassent parler en français les cochons du Brandebourg, c'est un intolérable abus de la psychologie animale.

Si, comme le désire le professeur von Ullmann, de Munich, les nations doivent désormais « vivre d'une vie commune », ce ne peut être que dans une atmosphère respirable et non dans les foyers pestilentiels que l'Allemagne, par ses tracts malthusiens et ses romans nauséabonds, mis au compte de la dépravation française, entretient sur tous les points du globe.

Il ne suffit pas que l'opinion soit faite à ce propos. Une action concomitante s'impose. A l'offensive du livre allemand, le livre français doit répondre. Le succès de nos œuvres n'est pas douteux. Les milieux latins ont d'invincibles répugnances pour le hache-paille poméranien et ses traductions.

La librairie française, qui pouvait s'assurer la prépondérance dans tous les États de l'Amérique du Sud, n'a que mollement résisté aux éditeurs de Leipzig représentés sur le marché par des

---

municipal de la ville royale de Berlin pour l'envoi de la brochure relative à la cinquante-neuvième réunion des médecins et naturalistes allemands.

« Son Altesse regrette cependant de ne pas pouvoir en prendre connaissance, ses principes lui défendant de lire un texte allemand imprimé en caractères latins.

« V. REINBABEN. »

(*Figaro*, 5 novembre 1886.)

1. H.-E. ZIEGLER)Stuttgart), *Deutsche Revue*; février 1914.

prix avantageux et des lots imposants. Notre timidité a laissé supposer l'indigence et nous fûmes facilement évincés, disons battus, puisque aussi bien le livre est un militant.

Nous pouvons nous reprendre et triompher. Le règne est fini des dissolvantes philosophies de la Force élue. La malédiction du monde pèse sur le nom allemand. Toute propagande boche qui tentera de s'insinuer à nouveau dans les États américains à la faveur de l'imprimé sera flairée, suspectée et condamnée sans appel. C'est ce sentiment d'aversion qui doit préparer la voie aux œuvres françaises. Notre édition doit aller au devant du client par le catalogue en langue espagnole. Sa division, très claire, correspondra aux spécialités les plus demandées et chaque ouvrage annoncé sera suivi d'une phrase courte en montrant l'objet, le but et l'utilité.

Mais quelles spécialités?

Cet ouvrage les indique suffisamment. L'Argentine est un pays dont la fortune repose, tout d'abord, sur les produits de son agriculture et de son élevage. C'est un pays qui évolue vers la grande industrie et qui ne tardera pas à y prendre un bon rang. C'est, enfin, un pays où l'enseignement est dispensé avec largesse. De ces premières considérations il résulte que les collections technologiques et les ouvrages scolaires, — en langue espagnole, — seront les plus recherchés.

Restent la production de la littérature pure et les ouvrages de spéculation scientifique, philosophique et sociale réservés à la haute culture. Pour ceux-ci, de bonnes traductions seraient goûtées conjointement avec les éditions princeps originales.

Surtout, éviter de ne livrer que des rossignols fignolés dans des reliures de bazar.

La présentation est au livre ce que le costume est à l'individu et c'est bien dans ce cas que l'on juge sur la mine. Il convient « de faire bonne impression ». Pour le reste il appartient au lecteur de juger ce que le livre vendu a dans le ventre puisque, — toute question de moralité réservée, — ce n'est point l'affaire du marchand.

Le catalogue fera une large part à la femme argentine qui est, comme la femme française, une admirable mère de famille et une éducatrice remarquable. Les livres pour la jeunesse, — vulgarisation, voyages, contes, etc., — illustrés avec goût constituent un rayon qu'il convient de garnir avec un scrupuleux discernement. Sous ce rapport notre fonds est iné-puisable.

En temps normal nous venons après l'Allemagne dans la production du livre. Je ne sais s'il est en notre pouvoir de lui ravir la première place au point de vue quantitif, mais au point de vue qualitatif aucun doute n'est possible. La place la plus propre, — on me comprend, — doit nous revenir.

Le catalogue ne peut condenser nos efforts. L'établissement sur place est indispensable. L'édition française doit se fixer à demeure en Argentine en se ménageant des magasins succursales. Loin des yeux loin du cœur. Tenons-nous près des yeux[1].

Cette politique commerciale du « près des yeux », l'Allemagne l'a pratiquée avec bonheur, avouons-le, — grâce à l'appui de ses institutions métropolitaines de propagande et de crédit, — mais aussi pour correspondre à d'impitoyables nécessités poli-tiques. 25 millions d'Américains du Nord de sang allemand, 500.000 Allemands dans l'Amérique du Sud constituaient pour un seul continent une clientèle d'autant plus facile que l'Empire

---

1. Les Allemands ne se contentent pas de l'envoi de catalogues. Pour tous les ouvrages appartenant à la technologie, ils en font assez souvent l'envoi d'office aux personnes (médecins, ingénieurs, professeurs, etc.) susceptibles d'acheter. Une lettre accompagne l'envoi et le client que le livre proposé ne satisfait pas peut le retourner à l'éditeur en port dû. Ce procédé est courant en Hollande notamment.

l'exigeait légalement récupérable, — loi Delbrück[1], — au bénéfice du grand conflit escompté.

La République Argentine et, avec elle, toutes les républiques sud-américaines doivent se souvenir qu'elles étaient inscrites dans le plan annexionniste des pangermains tel qu'il fut établi d'après « *Gross deutschland* » *und das Jahr* 1950, publié sous le patronage de *Alldeutscher Verband* en 1895[2] et « *Gross deutschland* » *Die Arbeil* des 20 Jahrhundert, par Otto Richard Tannenberg[3]; plan reproduit dans le « Mémoire des Ligues pangermanistes » du 20 mai 1915.

Aussi bien les Alliés ne furent point étonnés des adhésions successives qui leur parvinrent des différentes Amériques après que les États-Unis se furent déclarés en notre faveur (7 avril 1917) Cuba (8 avril 1917), Brésil (11 avril 1917), Pérou (6 octobre 1917), Uruguay (8 février 1918), la Bolivie, l'Équateur, le Guatémala, Haïti, le Honduras, le Nicaragua, le Panama, tous ces états dont la signature figurent maintenant au bas du traité de Versailles s'opposèrent à l'agression criminelle de l'Allemagne.

La République Argentine, par un décret du 5 août 1914, avait déclaré demeurer neutre. En avril 1917, la torpille d'un sous-marin allemand coula le « *Monte Protegido* ». En juillet de la même année le « *Toro* » eut le même sort. Le Gouvernement du président Yrigoyen réclama et reçut du trop fameux Luxburg des promesses de réparations publiques pour ces conséquences regrettables de la guerre impitoyable que les alliés avaient imposée à l'innocente Allemagne[4]. Les bateaux étaient par le fond mais, ajoutait Luxburg, « le pavillon national argentin

---

1. « Les *naturalisés* absorbent les nations en conservant leur nationalité allemande. » (Loi *Delbrück*.)
2. GOETSCH, S. W. Bessel Str., 17, Berlin.
3. Chez BRUNO-VOLGER, Leipzig-Gohlis, 1911.
4. « ... Ruego à *V. E.* quiera estar persuadido de que este accidente es una consecuencia lamentable de la condicion de guerra intensiva... »

reste le symbole de la souveraineté d'un peuple ami et il est honoré et respecté par tous les Allemands ».

Le torpillage du « *Toro* » valut au Gouvernement argentin une déclaration motivée de Zimmermann[1], dans laquelle la méchante Angleterre et les coupables États-Unis étaient rendus responsables de ce délit de corsaire. Quant au reste, la République Argentine recevant de l'Allemagne des « témoignages d'amitié traditionnelle » devait se tenir pour satisfaite.

Un décret[2] remit ses passeports à von Luxburg et c'en fut fini de cette histoire.

Administrativement c'était terminé mais, populairement, les échanges de notes avaient accompagné en Argentine le sac des maisons boches. On se payait sur la bête des attentats à la liberté des mers. Ce « raffut » des foules surexcitées mit au point la sympathie « traditionnelle » qu'aimait à rappeler Luxburg. Les Allemands sont aujourd'hui fixés.

Ainsi donc, puisque *vox populi vox Dei*, et pour en revenir aux éléments d'activité que laisse entrevoir le terrain déblayé, jamais nous ne rencontrerons en France des circonstances plus favorables pour nous substituer en tout ou partie au commerce allemand dans l'Argentine, notamment en ce qui concerne le livre.

Si je n'avais peur de ravaler à une expression mercantile le sens auguste de la victoire, je dirais qu'il s'agit maintenant, pour nous, d'exploiter à fond nos succès pour y trouver, en quelque sorte, de légitimes compensations à nos ruines.

— Marchand, mes livres sont-ils dans ma berline?

Lettre de K. Luxburg chargé de la légation impériale allemande, au docteur H. Pueyrredon, ministre des Affaires étrangères de la République Argentine, Buenos-Ayres, 2 mai 1917.

1. Télégramme n° 113, Berlin, 24 juillet 1917.

2. 12 septembre 1917.

— Oui, Sire.

— Tu n'as pas oublié mon Plutarque?

— Non, Sire...

Marchand, le valet de chambre de Napoléon et son homme de confiance, a rapporté dans ses « Mémoires » ce souci de l'Empereur d'avoir toujours sous la main, quelques ouvrages choisis.

Voilà bien en quoi il est possible à tous les hommes d'imiter Napoléon. Qu'ils ne voyagent pas, qu'ils ne se fixent nulle part sans s'être assurés d'avoir toujours à leur disposition le livre de France [1].

Oui, mais celui-ci doit être énergiquement appuyé par la presse dont nous ne faisons pas assez de cas dans nos propres colonies d'abord, où les journaux officiels sont au point de vue typographique, d'innommables horreurs et, ensuite, à l'étranger où le souci de notre bon renom s'impose avec encore plus de force et de nécessité. On peut, chez soi et dans l'intimité, en prendre à son aise en chaussant des pantoufles et en enlevant son col. Cette liberté, transportée chez le voisin, devient un manque d'égards et l'indispose.

La presse, ne l'oublions pas, est un des plus formidables tremplins de l'essor allemand.

Nous devrions y réfléchir davantage et nous inspirer de cette méthode de pénétration. Les idées aussi s'exportent.

Il existe 720 journaux de langue allemande aux États-Unis, la plupart dans les États de New-York, Wisconsin, Illinois et Ohio [2]. Dans le Brésil du Sud, nous constatons que, pour environ

---

1. Les œuvres françaises sont *protégées* dans la République Argentine.
2. Dès 1762 on comptait, en Pensylvanie, cinq feuilles allemandes. En 1887, les États-Unis possédaient déjà 447 journaux et publications diverses dont 70 paraissaient chaque jour.

400.000 colons d'outre-Rhin, il existe 40 journaux de langue allemande. La seule localité de Porto-Alegre en possède 12.

Buenos-Ayres imprime deux énormes quotidiens pour moins de 30.000 Boches. Enfin, et ce détail est tristement suggestif, au Canada, demeuré pays de traditions et en partie de langue française, 14 journaux allemands représentent la kultur.

Au Japon 2 journaux et 1 revue pour 1.200 kayseristes !

Et, comme bien on pense, l'Europe d'avant-guerre était sursaturée : Transylvanie 17 journaux; entre Theiss et Danube 26; en Russie 68, dont 44 dans les provinces baltiques, lesquelles s'augmentaient encore de 14 sociétés savantes allemandes publiant 23 revues[1] ! Les sociétés allemandes sont toujours des sociétés savantes de la même façon que les frontières sont toujours des « frontières scientifiques ».

Que pouvons-nous opposer à ce fabuleux appareil de propagande, véritable métronome qui met le monde au pas de l'oie ?

Voici plus d'un siècle que les librairies allemandes des deux Amériques éditent les livres scolaires, les ouvrages religieux, les travaux littéraires et scientifiques, les atlas économiques, les cartes géographiques, les albums artistiques et les classiques allemands.

Et nous?

Si nous n'acceptons pas la lutte des rotatives, à quoi nous aura-t-il servi de vaincre dans la lutte des tranchées?

« Nous ne savons pas nous faire aimer », disait Bismarck; ne pas être aimé malgré des milliers de journaux multipliant quotidiennement des millions d'œillades; voilà, en effet, de quoi désespérer les soupirants.

On nous aima, nous autres, qui ne disposions d'aucun poulet. On nous aima généreusement, d'instinct, jusqu'au sang.

------

1. Paris possédait, en 1914, deux journaux boches.

Mais alors, est-ce qu'il nous est maintenant impossible de répondre à ces élans en nous continuant par la presse dans le souvenir de tous les hommes?

Ceux qui nous aimèrent ne comprennent pas qu'il en puisse être autrement.

CHAPITRE IV

La poste. — Les télégraphes et les téléphones en Argentine.

Il convient de rassurer les personnes qui ne peuvent se déplacer de 10 kilomètres sans se promettre des cartes postales et toutes celles plus nombreuses encore qui, ayant lu Chateaubriand, se demandent avec inquiétude si les Natchez du Mississipi n'ont point fait école sur les rives du Parana.

Passe encore d'aller s'égarer dans tous ces ranchos d'Indiens, mais enfin nous voudrions savoir si en cas d'enlèvement nous pourrions, par poste ou par fil, nous faire adresser la rançon salvatrice. Tout est là.

J'entends bien, fichtre ! Mais c'est lamentablement confondre Buenos-Ayres avec les Balkans.

Quant au reste, bon nombre de nations européennes pourraient envier à la République Argentine son organisation postale, télégraphique et téléphonique.

a) POSTES. — Le mouvement postal de l'Argentine est actuellement de 950 millions de lettres chaque année manipulées par 12.000 employés. Des services rapides d'automobiles postales desservent un grand nombre de localités, notamment dans les provinces et territoires de *Neuquen, Buenos-Ayres, Santa-Cruz, Cordoba, Salta, Los Andes, Mendoza, San Luis, Santiago del Estero.*

Une quinzaine de wagons-postes, du modèle le plus récent,

sont attachés aux grandes lignes et 140 bateaux-postes secondent le transport des courriers [1].

b) TÉLÉGRAPHES. — La première ligne télégraphique mise à la disposition du public fut celle de Buenos-Ayres, en 1868. La longueur actuelle des lignes approche de 100.000 kilomètres, assurant annuellement la transmission de 6 millions de télégrammes. 6.000 employés de tous ordres sont affectés à ce service.

c) TÉLÉPHONES. — La première ligne téléphonique argentine date de 1881. Aujourd'hui, la jeune république a devancé l'Espagne et le Portugal pour le nombre des téléphones (63.750) [2] et elle occupe le douzième rang dans le monde pour la longueur des lignes téléphoniques (297.000 kilomètres) [3]. Il est à peine besoin d'ajouter que le nombre des abonnés est proportionnel à l'importance de la population des localités envisagées.

d) RADIOTÉLÉGRAPHIE. — La République Argentine fait partie de la Convention radiotélégraphique internationale signée à Berlin en 1906 et qui assure, entre les pays signataires, des transmissions régulières.

Auprès de ces services normaux des P. T. T. argentins existent des services annexes et indépendants plus spécialement administratifs : communications des stations météorologiques, avis sémaphoriques, observations fluviométriques, service des incendies.

Il existe même, auprès de la Direction générale de l'Agriculture,

---

1. De plus longs aperçus exigeraient l'édition d'un véritable annuaire. Les commerçants français qui voudraient obtenir des renseignements complémentaires peuvent se procurer l'Indicateur des Postes et Télégraphes (*Indicador de Correos y Telegraphos*) que la Direction générale met en vente dans tous les bureaux argentins. Ils y trouveront la nomenclature de toutes les localités desservies.

2. Espagne, 25.000; Portugal, 6.770.

3. C'est plus que la France n'en possédait en 1898. Cette même année on enregistrait, chez nous, 42.263 abonnés.

un bureau de défense agricole qui reçoit de tout le pays les avis concernant l'orientation des vols de sauterelles et le repérage des fâcheux acridiens.

Nous pouvons nous demander maintenant quelle place occupe la France dans les relations postales de la République Argentine.

Le tableau suivant nous renseigne, bien que les chiffres se rapportent à l'année 1909. Ils ont varié depuis considérablement, mais comme cette augmentation s'étend à l'ensemble des directions, la place des nations citées peut être considérée comme n'ayant point varié.

L'ARGENTINE envoie DANS LES PAYS SUIVANTS	NOMBRE de LETTRES	NOMBRE de PAQUETS et imprimés.
Italie	4.900.000	1.339.000
Espagne	3.900.000	1.140.000
Uruguay	3.500.000	1.700.000
Angleterre et Canada	2.900.000	1.300.000
France	2.900.000	1.100.000
Allemagne	2.800.000	1.100.000
États-Unis	2.300.000	2.200.000
Brésil	2.100.000	1.100.000
Chili	1.300.000	1.100.000
Paraguay	1.300.000	800.000
Bolivie	1.100.000	700.000
Belgique	560.000	250.000
Suisse	490.000	260.000

La lecture de ce tableau nous montre immédiatement l'importance de l'immigration française car (en dehors des lettres strictement commerciales) le courrier classe dans l'ordre les grands mouvements migratoires : Italie, Espagne, France.

CHAPITRE V

L'argent en Argentine.

L'argent est à l'origine de toute entreprise. Ce qui est vrai pour les particuliers l'est pour les nations. Et la concurrence s'exerce dans ce domaine commé dans tous les autres.

Comment se présentait l'Argentine il y a moins d'un siècle? Exactement comme une terre de colonisation aux dimensions de 3 millions de kilomètres carrés, à mettre en valeur.

La besogne appelle l'outil et l'outil l'argent, nerf de la guerre et de toutes les pacifiques conquêtes économiques.

Quant après examen, investigations, calculs et inventaires les autres nations, toujours à la recherche de marchés et de débouchés nouveaux, furent convaincues de la solidité des rendements argentins, elles n'hésitèrent point à lui fournir le concours de leur épargne aux fins de tous les profitables développements envisagés.

Les concours s'offrirent aussitôt et généreusement.

On estime qu'à ce jour, les nations européennes suivantes ont placé en Argentine :

	Francs.	
Angleterre......................	8 milliards.	
France...,....................	4	
Empire allemand...............	1	500 millions.
Belgique.....................	1	

Les autres nations s'inscrivant pour des valeurs inférieures à 100 millions, je ne les rappelle que pour mémoire.

Nous fixerons donc à 15 milliards de francs, en chiffres ronds, l'apport de quatre nations parmi lesquelles la France est au second rang.

Sous quelles formes sommes-nous intervenus? J'ai déjà cité quelques-uns de nos établissements. D'autres sont à signaler.

En dehors de plus de 20 emprunts (une trentaine de valeurs argentines en fonds d'États sont cotées à la Bourse de Paris), il faut faire intervenir toute la liste de nos valeurs industrielles dont l'énumération couvrirait plusieurs pages de ce volume.

Nous sommes, en effet, représentés dans toutes les entreprises : banques, chemins de fer, travaux publics, ports, mines, gaz, électricité, agriculture, élevage, commerce, industries particulières.

Est-ce une situation favorable au point de vue strictement national, j'entends de notre commerce général?

Il est permis de répondre en normand, oui et non, encore qu'il soit bien malaisé de savoir le montant réel des achats et des ventes intéressant la France et l'Argentine.

Mais en restant sur le terrain du contrôle officiel on constate que, dans une décade normale (1902-1911), les exportations de l'Argentine pour la France ont *toujours* été supérieures aux importations de la France en Argentine.

Si la différence était peu sensible, mettons à quelque 50 millions près, il n'y aurait pas lieu de trop s'émouvoir. Mais dans la décade prise comme exemple, il s'agit de plus d'un demi-milliard de francs au bénéfice des exportations de l'Argentine à destination de la France.

Ce n'est pas là pour nous la révélation d'une situation commerciale entièrement satisfaisante. Par contre, c'est un indice entre cent de la prospérité de la jeune république sud-Américaine.

Passe encore que les Anglais qui arrivent en tête des capitaux

Les capitaux placés en Argentine
Car l'Intelligence
la Technique
les Capitaux
et les bras
de tous
sont solidaires
dans les entreprises
humaines
Grande-Bretagne
8 milliards
France
4 milliards
Allemagne
1 milliard
500 millions
Belgique
1 milliard
sans compter la part
des autres nations

engagés arrivent également en tête du commerce avec l'Argentine. En bonne logique, nous devrions venir après eux dans le chiffre des échanges puisque nous les suivons dans les capitaux exportés.

Il n'en est rien.

A qui la faute? A personne et à tout le monde.

A personne, parce qu'il est incontestable que les nations apportent des tempéraments particuliers dans leurs relations d'affaires. A tout le monde, parce que du côté de l'Argentine il n'y avait aucune urgence à préférer Essen au Creusot et que du côté français il y avait une nécessité positivement vitale à disposer d'une marine marchande pouvant, — ne fut-ce que de très loin, — concurrencer Hambourg et, par ainsi, garantir notre fret.

Si je fais intervenir la comparaison d'Essen et du Creusot, ce n'est point pour rappeler que l'armée de la République Argentine porte l'uniforme *feldgrau*.

Nous pouvons penser que cet uniforme fut assez pauvrement illustré dans cette guerre de la liberté des peuples et que les immigrés et fils d'immigrés, placés dans l'obligation du service militaire argentin, répugneront de longtemps à se camoufler en Boches pour manœuvrer le Mauser et le Krupp, récemment braqués contre leurs foyers.

Nous pouvons penser cela et nous avons raison de le penser. Rien, toutefois, ne nous donne le droit de critiquer l'organisation, même vestimentaire, d'une armée étrangère.

Et si l'Argentine a des raisons profondes de préférer le gris-souris au bleu horizon et le 77 au 75, il ne nous appartient pas de les discuter en nous engageant dans le conflit éternel et vain des sentiments et des réalités.

J'ai dit, dans un autre chapitre, combien la nation argentine demeurait fidèle à l'idée française, au goût français, à tout ce qui chez nous consacre, chez elle, la délicate beauté de notre passé et la vigoureuse fermeté de notre avenir.

Aussi bien la question, ici, est autre. Elle ne s'applique qu'à des faits d'ordre économique qui empruntent aux nouveaux classements établis dans le monde une gravité toute particulière.

Nous sommes au quatrième rang dans le tableau du chiffre d'affaires que l'Argentine a dressé de son commerce extérieur.

Nous venons après la Grande-Bretagne, l'Allemagne et les États-Unis. Et quand nous apparaissons, — je l'ai montré, — c'est pour nous inscrire en déficit d'importations de nos produits.

C'est le contraire pour l'Allemagne. L'Argentine est pour elle un marché où elle vend beaucoup plus qu'elle n'y achète. Or, l'équation des efforts respectifs de la France et de l'Allemagne se pose ainsi.

a) La France engage 4 milliards dans l'essor argentin, les appuie du travail de 196.000 Français immigrés et s'exténue à acheter en Argentine sans contre-partie bénéficiaire équivalente.

b) L'Allemagne engage 1.500 millions dans l'essor argentin, les appuie du travail de 47.000 Allemands immigrés et bénéficie d'un tel excédent dans ses exportations qu'elle se classe immédiatement après la Grande-Bretagne qui a pourtant engagé 8 milliards !

Il n'y a plus qu'à faire état de ces données paradoxales pour résoudre le problème.

Je ne m'en charge pas et, venant de le soumettre à la sagacité du public, je le confie modestement à l'habileté des économistes.

Vous pensez bien que cette situation n'a pu leur échapper à la lecture des statistiques dont je vous fais grâce.

Il en est une pourtant qu'il serait bien dommage de ne point reproduire tant elle comporte d'enseignement simplement visuel. La voici :

En trente-quatre années (1876-1910), les nations ci-dessous ont augmenté le pourcentage de l'importation de leurs produits dans la République Argentine suivant l'ordre ci-après[1] :

Allemagne	3.302 0/0
États-Unis	2.391 —
Belgique	1.258 —
Italie	1.234 —
Grande-Bretagne	1.130 —
France	302 —

Quel commentaire pourrait convenir à ces résultats de l'arithmétique officielle? Mieux vaut avouer de suite que nous pratiquons, en affaires, une politique de renoncement et que, quelle que soit l'importance de nos placements à l'étranger, ils ne remplissent qu'imparfaitement le rôle excitateur qu'on aimerait à leur reconnaître.

La partie est-elle perdue? Non, tant que notre effacement n'est pas complet.

Personnellement je ne veux croire, — du côté boche, — qu'à des avidités impérialistes nées des situations de 70 et nourries dans l'attente de satisfactions qui ne sont pas venues.

L'Allemagne a cru à la fraîcheur persistante des lauriers qu'elle avait cueillis au Danemark (1864), en Autriche (1866) et en France (1870). Ses pastilles incendiaires (1914) mirent le feu, par mégarde, à cet herbier de gloires impériales dont les cendres voltigent aujourd'hui de Reims à Louvain.

Que pouvions-nous après 1870? Nous étions des vaincus sans en avoir l'âme, mais enfin des vaincus tout de même. Nous savions, nous sentions que l'œuvre de force de nos ennemis ne se maintiendrait que par la force. Eux, conservaient le traité de Francfort dans la « poudre sèche » et n'en remuaient les pages

---

1. Extrait des publications du *Département national de statistique.*

qu'à l'aide du « glaive aiguisé ». Nous n'en appelions, nous autres, qu'à la « justice immanente » et à la « victoire du droit », tout en prenant les précautions de l'honnête citoyen qu'un premier cambriolage de sa maison a renseigné sur l'élasticité de la morale individuelle.

Ainsi gênés et menacés, nous menions une existence passive et visiblement déclinante que l'affaissement subit de notre natalité pouvait à tout instant rendre précaire.

Qu'en cet état nous ayons pu, seuls au début, soutenir le choc de la colossale machine de guerre qu'un peuple de 80 millions d'hommes avait mis cinquante ans à bourrer d'explosifs, c'est bien là le miracle, en effet.

Les causes premières engendrent les causes secondes.

Les inquiétudes de l'avenir, l'attente de l'agression, le perpétuel qui-vive dans lequel nous nous maintenions, — sachant qu'il s'agirait pour de bon, cette fois, de vaincre ou de mourir, — tout cela nous privait d'apporter à nos intérêts économiques le soin qu'ils exigaient. Nous laissâmes aller. Ce fut l'atonie.

Après tout, — excuse tenue pour suffisante, — il n'y avait pas que nous dont les efforts étaient bloqués. L'Angleterre, malgré le maintien de sa traditionnelle suprématie maritime, ne l'était-elle point?

Dès 1907, Hambourg battait Londres par une avance de 2 milliards dans la valeur du trafic. En vingt-cinq ans, le tonnage du port allemand augmentait de 600 0/0. La flotte de commerce attachée à Hambourg était, à elle seule, plus importante que toute la flotte des vapeurs français réunis.

Quatre ans auparavant (1904), 1.099 bâtiments allemands, forts de 2.500.000 tonnes, avaient entamé la lutte avec le pavillon anglais, maître incontesté du port d'Anvers. Ce fut la *Norddeutscher Lloyd* qui triompha. L'accaparement intérieur suivit. 10 sociétés allemandes, disposant de 300 grands vapeurs fluviaux, assurèrent la conquête germanique par l'Escaut.

Et les chalutiers britanniques durent eux-mêmes s'incliner devant le *Kaiserin-Augusta-Victoria* que ses 25.500 tonnes consacraient le plus grand paquebot du monde.

Que la doctrine pangermaniste pût s'installer à la faveur de ces succès, en vérité, il le faut reconnaître.

Le mot pangermanisme peut signifier domination ou, simplement, groupement. Mieux vaut associer les deux termes pour leur donner un sens car le pangermanisme n'est autre chose, en effet, que le *groupement* de tous les Allemands leur permettant d'imposer, sur un point quelconque du globe, leur *domination* économique ou politique.

D'autre part, les Allemands dont j'ai déjà signalé, au début, la tardive apparition dans les entreprises coloniales ne pouvaient espérer contre-balancer la toute-puissance britannique dans ses installations fixes.

Que représentaient leurs 2.600.000 kilomètres de terres exotiques en face des 30 millions de kilomètres carrés possédés par la Grande-Bretagne?

Aussi bien l'Allemagne songea-t-elle à développer son extension, en mobilisant ses immigrés en vue de la création de colonies occultes dont l'influence se conjuguait avec celle de ses colonies officielles.

Le coucou germain allait déposer ses œufs dans le nid chaud que l'activité de devanciers concurrents avait péniblement construit dans la sylve intertropicale.

Où se trouvent les villes de Hamburgerberg, de Blumenau, de Germania, de Teutonia et de Neu-Berlin? Au Brésil.

Où se trouvent le Kaiserstuhl, Rosenthal et Neu-Mecklembourg? En Australie.

Où se trouvent le Nouveau-Hanovre, Munden, Hermannsburg et New-Germany? Au Cap.

On pourrait continuer le questionnaire en visitant toutes les contrées du globe.

L'Allemand s'est ainsi installé chez les autres avec ses clubs, ses écoles, ses temples, ses sociétés de géographie et de sciences, ses sociétés de tir, ses orphelinats, ses théâtres, ses chorales, ses bureaux de placement, ses hôpitaux et ses dames diaconesses. Il a ses banques, ses compagnies de navigation, ses bibliothèques, ses offices d'informations commerciales et d'espionnage, ses organismes d'immigration, le tout servi par une presse dont les milliers d'organes érigent la doctrine d'une sorte de protectorat mondial du Reich sur toutes les nations de l'univers.

L'épervier passe alternativement des mains de Delbrück, directeur de l'Office statistique, à celles de Tirpitz, grand-amiral, qui le repasse à Sulf, chargé des intérêts coloniaux du Baal pangermaniste inassouvi.

Et Sulf a dit : « Le plus grand océan doit être commandé par la plus grande nation. Le pavillon allemand flottera d'une rive à l'autre du Pacifique. »

Oui, il n'y avait pas que nous dont les efforts étaient bloqués. L'Angleterre aussi avait senti le vent du boulet.

Et qu'il soit résulté pour tous, — depuis 1870, — un état de torpeur, comme une sorte d'hypnose provoquée, voilà qui est parfaitement compréhensible. On se fût endormi pour bien moins.

Et je reprends la question en me plaçant en face de nos intérêts et de notre action en Argentine.

Non, certes ! la partie n'est pas perdue. Ni ici, ni ailleurs.

La victoire commune a enlevé le poids qui pesait sur le monde. Il nous est permis maintenant de monter la garde au Rhin et de remonter bien d'autres fleuves, dont le Parana. Avec la liberté reconquise du mouvement, nous retrouvons notre complet dynamisme. Si certains tarifs douaniers nous gênent, nous les modifierons. S'il s'agit d'abaisser les frets, nous construirons. Si les articles qui nous sont demandés nous manquent, nous les produirons. Si notre représentation est insuffisante, nous la doublerons. Tout cela est affaire d'organisation, d'adaptation, de travail. Quant à l'économie, on connaît les vertus de notre bas de laine.

Nous est-il impossible de trouver des motifs de confiance dans ces résolutions, dans ces nécessités fondamentales de relèvement? Des moyens nouveaux conviennent à une ère nouvelle. On peut croire que nous y aurons recours puisqu'il y va du rétablissement de notre prospérité. Voyons maintenant quelques rouages du mécanisme financier.

d) SYSTÈME MONÉTAIRE DE L'ARGENTINE. — Ce système monétaire repose sur la base idéale d'un étalon d'or dont l'unité est la *piastre or* pesant 1 gr. 6129 et au titre de 900.

Cette *piastre or* est divisée en 100 *centavos* équivalant à 5 francs.

C'est une loi du 5 novembre 1881 qui a créé cette unité mais en spécifiant que *seules pourraient être frappées des pièces de 5 piastres or et 2 1/2 piastres or*. La première pièce est dite *argentin*[1] et la seconde *demi-argentin*.

Il est d'usage, dans le commerce extérieur, de traiter sur la base de la piastre or.

A l'intérieur, les paiements s'effectuent généralement à l'aide de piastres papier, billets d'État ayant cours légal illimité[2]. La piastre papier vaut 44 *centavos* or (loi du 4 novembre 1899). La stabilisation de la valeur de la piastre papier est donc assurée.

Il existe une *Caisse de conversion* qui émet et délivre, à toute personne qui s'adresse à ses guichets, des piastres papier dans la proportion de une piastre papier pour 44 *centavos* or. Par

---

1. Au titre légal de 900, titre réel, 899\8. Valeur réelle, 24 fr. 925.
2. Billets de 1, 5, 10, 50, 100, 500, 1.000 piastres papier.

réciprocité, elle remet de l'or en même proportion contre paiement en piastres papier[1].

Les monnaies d'or étrangères[2] donnent les équivalences
suivantes :

France, 20 francs = 4 piastres or.
Allemagne, 20 mark = 4,94 piastres or.
Angleterre, £ = 5,04 piastres or.
États-Unis, une aigle ($ 10) = 10,364 piastres or.

Pour faciliter les traductions de certaines valeurs, voici, pour
les pièces d'or et d'argent, les concordances relatives à six États :

MONNAIES D'OR ET D'ARGENT	POIDS GRAMMES	VALEUR au PAIR
RÉPUBLIQUE ARGENTINE		
Or... Argentino (5 pesos)	8,064	25 »
Or... 1/2 argentino (2 1/2 pesos)	4,032	12 50
Arg.. Peso	25 »	5 »
Arg.. 50 cents	12,5	2 50
Arg.. 20 cents	5 »	1 »
Arg.. 10 cents	2,5	0 50
Arg.. 5 cents	1,25	0 25
Monnaie de compte : peso		5 »
FRANCE		
Or... Pièce de 100 francs	32,258	100 »
Or... Pièce de 50 francs	16,129	50 »
Or... Pièce de 20 francs	6,452	20 »
Or... Pièce de 10 francs	3,226	10 »
Or... Pièce de 5 francs	1,612	5 »

1. La guerre détermina, en Argentine, des lois dites *de circonstance* qui
suspendaient la remise de l'or contre papier monnaie.
2. Elles ont cours légal en Argentine au taux indiqué ci-dessus.

LA LIGNE IDÉALE PARIS-BUENOS-AYRES

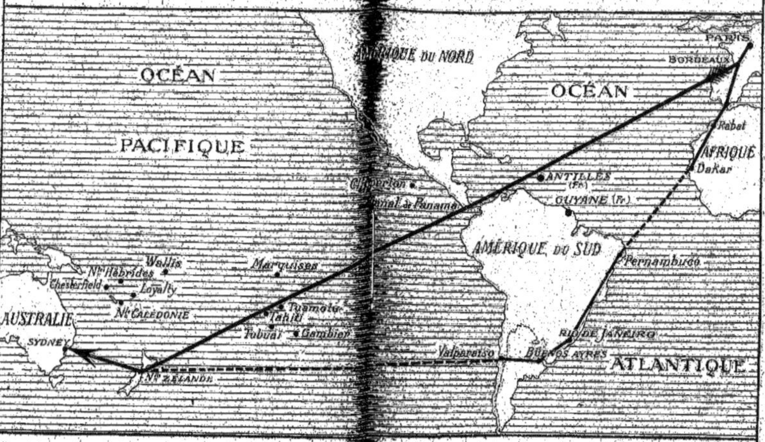

Le triangle Paris-Buenos-Ayres-Sydney enserre une surface qui [illegible] bien réservée à l'action économique de la France. Notre marine est maîtresse de la ligne maritime Bordeaux-Sydney car toutes les escales sont françaises soit [illegible] Antilles, soit par nos établissements du Pacifique. D'autre part, on peut escompter la construction de la voie ferrée Oran-Dakar ou Tanger-Dakar. Dans ce [illegible]aris et Buenos-Ayres seront rapprochés au plus court d'un tracé géographique.

MONNAIES D'OR ET D'ARGENT	POIDS GRAMMES.	VALEUR au PAIR
FRANCE *(Suite).*		
Arg.. Pièce de 5 francs	25 »	5 »
Arg.. Pièce de 2 francs	10 »	1 86
Arg.. Pièce de 1 franc	5 »	0 93
Arg.. Pièce de 0 fr. 50	2,5	0 46
Monnaie de compte : 1 franc		1 »
ANGLETERRE		
Or... Souverain (20 shillings, livre sterling)	7,988	25 22
Or... 1/2 souverain (10 shillings)	3,994	12 61
Arg.. Couronne (5 shillings)	28,276	6 25
Arg.. 1/2 couronne	14,138	3 15
Arg.. 2 florins (4 shillings)	22,62	5 04
Arg.. Florin (2 shillings)	11,31	2 52
Arg.. Shilling (1 shilling)	5.655	1 26
Arg.. 6 pence (1/2 shilling)	2,828	0 63
Monnaie de compte : guinée (21 shillings)		26 48
ÉTATS-UNIS		
Or... Double aigle (20 dollars)	33,436	103 65
Or... Aigle (10 dollars)	16,718	51 83
Or... 1/2 aigle (5 dollars)	8,359	25 91
Or... 2 1/2 dollars	5,015	12 95
Or... 1/4 aigle (2 1/2 dollars)	4,179	12 95
Or... Dollar	1,672	5 18
Arg.. Dollar (100 cents)	22,729	5 34
Arg.. 1/2 dollar (50 cents)	12,5	2 50
Arg.. 1/4 dollar (25 cents)	6,25	1 25
Arg.. 20 cents (20 cents)	5 »	1 »
Arg.. Dime (10 cents)	2,5	0 50
Monnaie de compte : dollar de 100 cents		5 1825

MONNAIES D'OR ET D'ARGENT	POIDS GRAMMES	VALEUR au PAIR
BRÉSIL		
Or... 20.000 reis	17,93	56 15
Or... 10.000 reis	8,96	28 07
Or... 5.000 reis	4,48	14 03
Arg.. 2.000 reis	25,5	5 19
Arg.. 1.000 reis	12,75	2 60
Arg.. 500 reis	6,375	1 30
Monnaie de compte : milreis		2 832
CHILI		
Or... 20 pesos	11,982	37 83
Or... 12 pesos	7,988	18 91
Or... 5 pesos	3,994	9 46
Arg.. Peso (100 centavos)	20 »	5 »
Arg.. 20 centavos	4 »	1 »
Arg.. 10 centavos	2 »	0 50
Arg.. 5 centavos	1 »	0 25
Arg.. 1 decimo	2,5	0 50
Arg.. 1/2 decimo	1,25	0 25
Monnaie de compte : peso de 100 centavos		5 »

On trouve en circulation, en Argentine, des monnaies de nickel de 5, 10 et 20 centavos ainsi que la monnaie de bronze de 1 centavo et de 2 centavos.

b) Les compagnies par actions. — Selon une étude faite par la *Direction générale du Commerce et de l'Industrie* (Ministère de l'Agriculture) sur les capitaux placés dans les compagnies *par actions* établies en Argentine jusqu'en 1917, l'Actif se présente ainsi :

NATURE	COMPAGNIES Nationales	COMPAGNIES Étrangères
Industrielles.........	$ or 246.604.700	$ or 244.838.700
Commerciales........	— 587.852.600	— 675.976.900
Chemins de fer......	— 9.930.700	— 1.351.346.700
Total.....	$ or 844.388.000	$ or 2.272.162.300

En 1917 il y avait, en Argentine, 840 *compagnies par actions*, dont 581 soit 69 0/0 nationales et 259 soit 31 0/0 étrangères.

Aperçu du Capital-Actions effectivement versé de ces compagnies :

NATURE	COMPAGNIES Nationales	COMPAGNIES Étrangères
Industrielles.........	$ or 133.474.000	$ or 97.179.700
Commerciales........	— 316.105.900	— 202.362.400
Chemins de fer......	— 9.928.600	— 1.286.371.100
Total.....	$ or 459.508.500	$ or 1.585.913.200

Parmi ces 259 compagnies étrangères : 150 sont de nationalité britannique; 28 sont de nationalité nord-américaine; 25 sont de nationalité belge; 19 sont de nationalité française; 12 sont de nationalité allemande et 25 d'autres nationalités.

Le capital britannique occupe aussi le premier rang en ce qui concerne le capital effectivement versé, soit 92 0/0 du total des compagnies étrangères puisqu'il réunit :

Entreprises commerciales et ch. de fer.. $ or   1.372.137.900
—   industrielles...............   —   81.602.400
                                          $ or   1.453.740.300

Le *capital français tient le second rang*, suivi du belge, du nord-américain, du chilien, de l'allemand et du hollandais.

L'action des capitaux étrangers se manifeste ici très visiblement et nous ramène au tableau de préséance que nous avons publié précédemment.

c) LES BANQUES. — Elles sont nombreuses. J'en citerai quelques-unes en dehors des banques françaises pour montrer la variété des origines[1]. On conçoit que je ne puisse citer ici la multitude des banques existantes.

Anglo South American Bank.
British Bank of S. America.
Banco de la Nacion Argentina.
Banco de la Provincia de Buenos-Ayres.
Banco Aleman Transatlantico.
Banco El Hogar Argentino.
Banco Popular Italiano.
Ernesto Tornquist Co. Ltd.
London and Brazilian Bank.
Nuevo Banco Italio.
Popular Argentino.
Royal Bank of Canada (succursale).
Etc., etc.

L'établissement financier officiel de la République Argentine est le *Banco de la Nacion Argentina.*

En 1918, la France et la Grande-Bretagne demandèrent à la *Banco de la Nacion Argentina* de leur consentir une première avance pour achats de denrées de $ or 200 millions.

---

[1] La plupart ont leur siège à Buenos-Ayres.

Le 4 février 1919 une seconde convention était conclue pour une nouvelle avance de 200 millions de piastres or. L'Italie se joignait à la France et à la Grande-Bretagne.

L'emprunt fut consenti aux conditions suivantes : la République Argentine ouvrait un crédit de 80 millions de piastres or argentin à la République française, le même crédit était offert à la Grande-Bretagne. L'Italie en acceptait un de 40 millions de piastres or. Les sommes prêtées portaient intérêt à 5 0/0 acquitté chaque trimestre.

A vingt-quatre mois de la signature les trois gouvernements emprunteurs doivent acquitter à Buenos-Ayres, et en or, le solde débiteur de leurs comptes. Il est spécifié que ces crédits doivent être employés à l'achat de produits argentins, et non pas exclusivement agricoles.

Voté par la Chambre des députés, ce projet rencontra au Sénat argentin une assez vive opposition amenée par la crainte d'une augmentation de la circulation fiduciaire, puis il fut finalement accepté.

d) LA CAISSE DE CONVERSION ET L'OR. — En avril 1919, comme garantie d'une circulation fiduciaire de : $ papier 1.163.944.679.51, la *Caisse de Conversion*
disposait de...................................... $ or 279.465.449 36
les dépôts effectués dans les Légations argentines à Londres, Paris, Washington, Rome et ceux faits dans la *United States Federal Reserve Bank* s'élevaient à..... — 103.742.188 07
le dépôt immobilisé dans les caisses du *Banco de la Nacion Argentina* formant partie du fonds de conversion, était de.................................... — 10.000.000 »
                                                    $ or 393.207.637 43

La réserve d'or était donc d'environ 76.78 0/0 de la parité des billets en circulation.

Les importations d'or se sont élevées durant l'année 1918 à.......................... \$ or   17.873.450   »
tandis que les exportations autorisées par la loi du 12 août 1914 en faveur de voyageurs quittant le pays, de même que pour le paiement de frets et passages, ont atteint..   —   85.466   »

Il restait donc un solde en faveur du pays de.......................... \$ or   17.787.984   »

L'or déposé dans les banques locales y compris la *Banco de de la Nacion Argentina* s'élevait au 31 mars 1919 à \$\$ or 54.134.800 (1).

e) Caisse d'Épargne postale. — Au 1er janvier 1919 le nombre des déposants était de 256.754 pour une somme de \$ papier 14.805.283,85.

---

1. Je dois ces renseignements au rapport n° 144, que l'importante maison de banque *Ernesto Tornquist et Cie* de Buenos-Ayres, a bien voulu me communiquer.

CHAPITRE VI

L'armée. — La flotte.
La marine marchande. — L'aviation.

ARMÉE. — Le service militaire personnel est *obligatoire* (1) pour tous les citoyens argentins âgés de 20 à 45 ans accomplis. (Loi du 28 septembre 1905, modifiée en 1907.)

DURÉE DU SERVICE. — Tout homme reconnu apte doit accomplir un an de service actif. Il appartient ensuite à la Garde nationale pendant dix ans, puis à la Garde territoriale pendant cinq ans.

COMPOSITION DE L'ARMÉE ACTIVE. — En temps de paix l'Armée active comprend 5 divisions. Avant la guerre (1913) elle comptait : 20 régiments d'Infanterie à 2 bataillons; 9 régiments de Cavalerie à 4 escadrons; 5 régiments d'Artillerie de campagne à 2 sections et à 2 batteries; 1 régiment d'obusiers de campagne; 2 groupes d'Artillerie de montagne; 5 bataillons du Génie — chaque bataillon à 1 compagnie de sapeurs, 1 compagnie de pontonniers, 1 compagnie de télégraphistes — et un bataillon de chemin de fer à 2 compagnies.

Font partie de l'active les différents services : Santé, Justice militaire, Écoles et Établissements militaires, École d'aviation, etc...

---

1. Des exceptions sont prévues qu'il est inutile d'énumérer ici et qui concernent les soutiens de famille, les membres du clergé, etc...

ARMEMENT. — *Infanterie* : Fusil Mauser, modèle 1891, calibre 7.65, magasin à 5 cartouches ; mitrailleuse, calibre 7.65. Le fusil est également du modèle argentin 1909, cartouches S.

Cavalerie : Carabine, sabre, lance.

Artillerie : Canon Krupp du calibre 75 millimètres, modèle argentin 1909 ; obusier de campagne à tir rapide de 105 millimètres ; canon de siège à tir rapide de 130 millimètres.

EFFECTIFS. — A l'effectif de paix (budget 1913) l'Armée permanente comprend 6 généraux de division, 12 généraux de brigade, 70 colonels, 150 lieutenants-colonels, 200 majors, 320 capitaines, 220 premiers-lieutenants, 300 lieutenants, 144 sous-lieutenants ; 20.000 hommes.

En réunissant les 8 classes de l'armée de ligne on obtient un effectif de 170.000 hommes. Les 10 classes de la Garde nationale donnent 215.000 hommes.

En cas de mobilisation la République Argentine disposerait d'une armée nombreuse et compacte d'hommes âgés de 20 à 40 ans.

LA FLOTTE DE GUERRE

En 1906 : La Marine nationale avait un déplacement de 56.636 tonneaux et un armement de 320 canons.

En 1913 : Déplacement, 147.551 tonneaux. Armement, 429 canons, pour un ensemble de 41 bâtiments.

En 1917 : Déplacement, 118.546 tonneaux. Armement, 450 canons pour un ensemble de 35 bâtiments, comprenant les vaisseaux de ligne, cuirassés (2), croiseurs cuirassés (4), croiseurs protégés, croiseurs torpilleurs, canonnières fluviales, contre-torpilleurs, torpilleurs, gardes-côtes, navire-école, bâtiment du service hydrographique, torpilleur porte-mines.

La flotte auxiliaire déplace environ 30.000 tonneaux.

Le personnel de la flotte de guerre comprend : 1 amiral, 2 vice-amiraux, 7 contre-amiraux, 22 capitaines de vaisseaux, 45 capitaines de frégate, 70 lieutenants de vaisseau, 70 lieutenants de frégate, 40 enseignes de vaisseau, 35 enseignes de frégate, 45 gardes de marine, 30 élèves de l'École navale embarqués sur le navire-école; 7 ingénieurs de la Marine, 120 ingénieurs mécaniciens, 27 ingénieurs électriciens, 3 ingénieurs torpilleurs, 46 médecins de la Marine, 9 pharmaciens, des aumôniers et des comptables.

MARINE MARCHANDE

En 1912 : 446 vapeurs jaugeant 120.882 tonnes et 1.241 navires à voiles représentant 96.898 tonnes.

En 1914 : La marine marchande de la République Argentine comprenait 244 vapeurs réunissant ensemble 188.892 tonnes et 69 voiliers représentant 32.789 tonnes.

En 1916 : Du fait de la guerre, un fléchissement se manifeste. On ne compte plus que 146 vapeurs réunissant 136.788 tonnes et 70 voiliers faisant 32.070 tonnes.

En 1917 : La marine marchande réunit :

11 vapeurs de plus de............................	2.000	tonnes.
16 — de............................	1.000 à 2.000	—
10 — de............................	600 à 1.000	—
10 — de............................	400 à 600	—
17 — de............................	200 à 400	—
39 — de............................	100 à 200	—

Il convient d'ajouter à cette liste un certain nombre de voiliers.

Si nous considérons le mouvement des ports de la République deux années avant la guerre, nous constatons aux entrées 32.407 vapeurs jaugeant 22.845.340 tonnes et 17.782 voiliers représentant 2.233.620 tonnes. C'est un ensemble de plus de 50.000 navires de toutes les nationalités.

Les principaux ports sont : *La Plata, Buenos-Ayres, Campana, Zarate, San-Nicolas, Villa Constitucion, Rosario, San-Lorenzo, Diamante, Santa-Fé, Colastiné, Parana, Esquina, Goya, Bella-Vista*, etc.

Au-dessus de *Buenos-Ayres*, les ports défilent sur le Parana jusqu'à la hauteur de *Corrientès* en s'étageant ainsi du 27e au 35e parallèle.

C'est une disposition remarquable de ports intérieurs abondamment pourvus de voies ferrées transversales permettant l'évacuation rapide des produits.

Il devient assez difficile de s'y reconnaître dans le tonnage international pris comme base de comparaison.

Pour la première fois, au cours de sa longue histoire maritime, l'Angleterre n'est plus au premier rang. La guerre a tout bouleversé. Alors que la Grande-Bretagne perdait la moitié de son tonnage marchand, le Japon augmentait le sien de 25 0/0 et les Américains possèdent actuellement environ 4 millions de tonnes de plus qu'au début de la guerre. Je ne dis rien de la France. Il y a cinquante ans, notre flotte marchande figurait au second rang. Au début de la guerre, nous étions tombés au cinquième. Et maintenant on devine où nous en sommes, puisque nous avons perdu 920.000 tonneaux de jauge. Il est vrai qu'on a commencé à s'apercevoir qu'une flotte de commerce nous était indispensable en réservant 2 milliards à sa construction. Cette détermination tardive coûte cher aux contribuables.

Nous donnions 1 million par jour, *avant* la guerre, aux flottes marchandes étrangères pour transporter nos marchandises. Nous avons, *pendant* la guerre, payé à ces mêmes marines bien près de 4 *milliards de frets* en une seule année. Que n'avons-nous commencé par appliquer à la construction ces sommes monstrueuses [1] ;

Ces réflexions nous amènent, tout naturellement, à penser que l'Argentine, — maîtresse par Buenos-Ayres du plus grand port de l'Amérique du Sud, — saura s'affranchir à temps des frets étrangers. Cet effort lui sera singulièrement facilité par la richesse de son sous-sol en huiles minérales et dont l'inventaire est à peine commencé.

Il importe assez peu que les moteurs de l'avenir, — ceux de la marine et ceux de l'industrie, — se prononcent pour le pétrole, pour le mazout ou pour l'alcool. L'Argentine possède ces trois carburants par ses puits et par ses cultures.

Elle est donc assurée de ne jamais manquer d'aliments pour les chaudières de sa flotte. Par surcroît, elle s'affranchit des États-Unis, maîtres, comme on sait, du marché de la houille et des huiles. Et ce n'est point là un mince avantage pour une nation qui fait ses débuts dans le monde avec un éclat que, d'ailleurs, personne ne lui conteste.

D'autre part, et pourvu que mon expression soit prise au sens géographique le plus absolu, je dirai encore que, placée en sandwich entre l'Atlantique et le Pacifique, l'Argentine peut s'assurer les suprématies que sa position commande.

---

1. Un seul exemple de notre déchéance en matière de transports maritimes pendant l'année 1918, 2.522 navires ont transité dans le canal de Suez avec un tonnage global de 9.251.601. Or, le pavillon britannique couvrait 7.356.371 tonnes, le pavillon japonais 501.524 tonnes et le pavillon italien 476.867 tonnes. La part du pavillon français fut de 380.269 tonnes. Les Italiens nous devançaient qui n'ont que l'Érythrée sur cette route, alors que nous avons à desservir de ce côté nos Établissements de l'Océanie, la Nouvelle-Calédonie, la côte des Somalis, Madagascar et l'Indo-Chine !

La distance n'est pas plus considérable de Buenos-Ayres au Cap que de New-York à Bordeaux et, pour atteindre l'Australie, un bateau quittant le grand port argentin ne saurait être devancé par un bateau parti de New-York et qui franchirait le canal de Panama. Ces réalités comptent, on peut le croire, dans les seules batailles qui ne cessent jamais : les batailles économiques.

Buenos-Ayres qui, par le tonnage, se place au dixième rang des ports du monde pourrait bien, sous peu, monter en grade, d'autant que jusqu'ici il regarde peu à la dépense chaque fois qu'il s'agit de s'adapter et de s'outiller. Il lui en coûte déjà près d'un demi-milliard. C'est de l'argent bien placé.

La guerre, loin de calmer l'esprit de concurrence, n'a fait que le surexciter.

Croire que l'Allemagne renonce à son rôle de « grand courrier » maritime est une chimère.

On la reverra sur les mers avec un pavillon différent, voilà tout. Mais elle sera exacte au rendez-vous des grandes luttes économiques.

D'ailleurs, elle a pris soin d'en aviser toutes les nations sous la signature d'un de ses spécialistes. Voici le passage :

« Notre Gouvernement s'est engagé, par le traité de Versailles, à livrer tous les navires marchands de plus de 1.600 tonnes et la moitié des navires marchands de 1.600 à 1.000 tonnes. Au 1er août 1914, l'Allemagne possédait 5.168.600 tonnes de marine marchande : il ne lui en reste plus que 501.900 tonnes, soit un dixième ! Elle avait, avant la guerre, 78.846 marins ; 15.000 à peine trouveront du travail maintenant. L'avenir de notre marine marchande se présente donc sous un jour assez sombre. Mais il ne serait pas digne d'Allemands de nous reposer dans le désespoir. Nos grandes Compagnies de navigation, à la tête desquelles se trouvent toujours la *Humburg Amerika* et le *Norddeutscher Lloyd*, sont remplies d'entrain et d'esprit d'entreprise. Il ne leur convient pas de préciser encore leurs plans de reprise du travail et de reconstitution complète. Mais, selon l'esprit allemand, elles ont décidé de passer outre à tous les obstacles, de travailler avec un invincible optimisme à rebâtir tout ce qui a été détruit et à reprendre leur place dans la concurrence mondiale. Elles n'ont jamais eu la pensée de se livrer à des mains étrangères; elles n'ont jamais pensé à passer aux mains des capitalistes américains. Elles resteront allemandes, avec tout leur capital, qui est intact. Le directeur de la *Hamburg Amerika* l'a déclaré avec fermeté. Son plan est d'acheter tous les navires qu'il trouvera et d'en faire reconstruire autant qu'il pourra [1]... »

C'est là un encouragement à l'effort dont nous pouvons faire notre profit en stimulant nos constructions.

L'AVIATION. — L'Argentine possède une École militaire d'aviation utilisant les appareils français. En dehors d'une cinquantaine de pilotes ayant reçu leur brevet au titre de l'aéronautique, on ne compte pas moins de 150 pilotes-aviateurs dont quelques-uns ont enlevé des records mondiaux enregistrés par l'Aéro-Club argentin.

En septembre 1919, une mission française, ayant à sa tête le commandant Précardin, est arrivée en Argentine pour y faire connaître les modèles de notre industrie de l'air.

Rappelons à ce propos qu'au Brésil, une autre mission française conduite par le colonel Magnin, créa, la même année, une très importante École d'aviation à Rio-de-Janeiro. Fin 1919, on y comptait déjà une quarantaine d'appareils.

Pour ces deux nations, Argentine et Brésil, aux immenses étendues, l'aviation apporte des réalités de transport rapide dont les bienfaits sont incalculables à tous les points de vue.

L'industrie française de l'aviation peut, dans l'Amérique du Sud, se créer d'importants débouchés et gagner en avions ce que le voisinage des États-Unis lui fait perdre en voitures automobiles.

----

1. Capitaine PERSINS, *Berliner Tageblatt*, 30 septembre 1919.

TABLE DES MATIÈRES

PREMIÈRE PARTIE

DEUXIÈME PARTIE

Comment aller en Argentine ?

TROISIÈME PARTIE

Que faire en Argentine?

QUATRIÈME PARTIE

En Argentine.

Paris. — Imp. PAUL DUPONT (Cl.). 703-1-20.

Le Livre qui a déclenché la Colonisation Française au Maroc

www.ingramcontent.com/pod-product-compliance
Lightning Source LLC
LaVergne TN
LVHW010105070726
842525LV00017B/493